儿童哲学

《儿童哲学》编委会名单

总主编：刘丙辛　刘飞

本册主编：曹静　张龙　毛春苗

编　委：刘飞　穆英　李仁国　李屹立　李丽红
　　　　辛士红　杨媛　曹静　毛传兵　毛春苗
　　　　张龙　张宏　丁兆辉　于亚玲　王蕙
　　　　马海莲　刘军　刘文娥　张健　于芳

（成书时按照姓氏笔画排序）

上

红旗出版社

红旗出版社
RED FLAG PRESS
推动进步的力量

图书在版编目（CIP）数据

儿童哲学/刘丙辛，刘飞主编 .
—北京：红旗出版社，2018.4（2020.6重印）
ISBN 978 - 7 - 5051 - 4600 - 6
Ⅰ. ①… Ⅱ. ①刘…②刘… Ⅲ. ①儿童教育 - 教育哲学 - 研究 Ⅳ. ①G61 - 02
中国版本图书馆 CIP 数据核字（2018）第 057648 号

书　　名	儿童哲学			
主　　编	刘丙辛　刘　飞			
出 品 人	唐中祥		封面设计	李　妍
总 监 制	褚定华		装帧设计	张春生
责任编辑	毛传兵　于鹏飞		插图指导	杨瑜梅子　马金山
出版发行	红旗出版社		地　　址	北京市沙滩北街 2 号
邮政编码	100727		编 辑 部	010 - 57274617
E - mail	hongqi1608@126. com			
发 行 部	010 - 57270296			
印　　刷	河北锐文印刷有限公司			
开　　本	787 毫米×1092 毫米	1/16		
字　　数	400 千字		印　　张	25. 5
版　　次	2018 年 7 月北京第 1 版	2020 年 6 月河北第 4 次印刷		
ISBN 978 - 7 - 5051 - 4600 - 6			定　　价	78. 00 元（上下册）

欢迎品牌畅销图书项目合作　联系电话：010 - 57274627

凡购本书，如有缺页、倒页、脱页，本社发行部负责调换

儿童哲学是孩子们的理想国

芳草地国际学校校长   刘 飞

何谓哲学？

亚里士多德说：人都是由于惊奇而开始哲学思维的……一个感到困惑和惊奇的人，便自觉其无知。爱因斯坦这样谈论哲学：哲学显然就可以被认为是全部科学之母。海德格尔说：让哲学主题回到世间人际的情感中来吧，让哲学形式回到日常生活中来吧。胡适在《中国哲学史大纲》中称：凡研究人生切要的问题，从根本上着想，要寻一个根本的解决。这种学问叫作哲学。

综上，哲学是最本真、最美丽的情感；哲学是关于思维的学问，其是由惊奇开始的；哲学是一切学科的基础和源头……这对正确认识儿童哲学很有帮助。

儿童最真、最善、最美！这是儿童哲学的起点。传统启蒙读物《三字经》开篇即道，"人之初，性本善"，妇孺皆知；耶鲁大学婴儿认知中心研究表明，"6个月大和10个月大的婴儿一边倒地喜欢'好人'多过'坏人'"，这"可能为小孩子形成更抽象的是非概念打下了重要基础"（摘译自《史密森尼学会会刊》），从科学角度诠释了儿童本源的美好。《三字经》中还谈到"性相近、习相远"，"人不学、不知义"。如果说孩子出生即有好恶感是本能，那通过学习怎样让孩子"知真知善知美""习真习善习美"，则是后天特别是学校教育责任之所在，儿童哲学恰恰为孩子们推开了这样一扇门。儿童是天生的哲学家，他们有自己的哲学。儿童的想法多是很浅显的，但质朴而纯真，其中往往孕育着哲学的温情与光芒。教师对孩子自发表现出来的兴趣予以关注、鼓励和引导，并通过儿童哲学课的学习，将正确的世界观、人生观、价值观有序地科学地传递给他们，这对于落实立德树人的根本任务，对于孩子全面发展都太过重要。具体到实际问题：我从哪里来，喜、怒、忧、思、悲、恐、惊，好与坏，美与丑，自由与规则，品德与生活，品德与社会，科学与艺术，自然与宇宙……皆可成为儿童哲学的学习内容。通过儿童哲学，引领孩子走进多彩的世界、丰富的生活。

好奇是儿童的天性，儿童哲学从好奇开始。儿童哲学创始人李普曼认为：由于哲学最质朴的特质并非专有名词或术语，而是向生活不断地发问，因此哲学所要求的探究精神对于仅有极为有限的生活经验、对许多事物都感到新奇和困惑且不停地追问"为什么"的儿童来说，恰恰是颇为适合的。确实如此，开设儿童哲学的目的，就在于要给儿童的好奇和追问一个基本的、最真实的回答，而这并不是要给出所谓的标准答案，更多的时候可能就是一个方向、一种启迪。在这样的课上，老师会想办法营造氛围、消除顾虑，让孩子敢于发问；激发质疑兴趣，让孩子想问；教给学生基本思考方法，让孩子会问。儿童是带着强烈的好奇心和求知欲走进学校的，儿童哲学教学则重在赏识好奇、激活潜质、呵护求知欲，分享发现的快乐。

哲学是一切学科的基础和源头，儿童哲学则是培养学生学科核心素养的最佳平台。发展孩子们核心素养需要从关注学科素养做起。学科核心素养是学生在某一学科学习中所获得的知识、技能及形成的相关素质和修养。学科不同，学科核心素养肯定有别，但大道相通。如何在学科教学中落实核心素养的要求？要关注思维、表达与实践，这正是儿童哲学教学的着眼点。李普曼主张教育应是一个探究的过程，在过程中引发学习者的思考。他认为思考教育不仅具有学术意义，而且应作为处理生活经验的工具。任何一门学科的教学都应该是思维训练课，从儿童哲学中获得的思维训练，对各个学科的学习都大有益处。

每一个学科的教学都应该成为语言表达课。言语是思维的物质外壳，有想法表述不清，思维会受到限制；而学科表达能力不强，就很难把握住学科本质。儿童哲学课教学，老师非常重视学生语言表达，起到基础学科的作用。注重实践是儿童哲学突出的特点之一，老师在教学中讲究知行合一、学以致用，让学生将课上所学和自己的生活真正联系起来，锻炼其处理实际问题的能力。离开现实生活与实践，核心素养的培养就失去了发展的根基，这对各个学科都是一种启示。

儿童哲学更加关注至真至善至美、关注儿童好奇的天性、关注学习的本质，是孩子们的理想国。在这里，他们可以更加自信地站在众人面前。

目录

1

第一章　做有智慧的人

第一节　哲学是爱智慧
——大智慧的毛泽东

学习目标

初步了解哲学的含义就是爱智慧。

问题引导

要学习哲学，首先要知道什么是哲学。

激趣导入

同学们，我们从今天开始，要学习一门大学问。你们知道这大学问是什么吗？说这个学问大，是指它告诉我们整个世界是什么样的，告诉我们一个真实的世界，指导我们用科学的方法解决生活中的各种问题，做正确的事情。这个学问就是哲学。

现在我要用伟大的科学家、哲学家爱因斯坦的事迹出一道题来考考你们。

他说："两个人同时从烟囱里钻出来，一个人身上很脏，一个人身上很干净，请想想谁会先去洗澡？为什么？"

引导思考

那么，到底谁会先去洗澡呢？

该怎样思考这个问题呢？我们根据真实的情况想一想，两个人同时从烟囱出来，怎么会一个脏一个干净呢？问题本身就不符合真实的情况。天才的爱因斯坦为什么要提出这样的问题呢？其实，他就是要考验人们想问题是不是能从真实情况出发。如果不从实际情况出发，肯定不会有正确的答案。这个问题就是一个哲学问题。

自古以来，人们就把哲学叫作爱智慧。

智慧和聪明一样吗？不一样。一个聪明的人可以用他的聪明做坏事，就是我们常说的聪明反被聪明误。比如，有的人电脑玩得很熟练，相当聪明，如果他用自己的这一特长去做坏事，这样的人就是聪明的傻瓜，而不是有智慧的人。智慧就是讲真实、讲善良、讲美好，就是真善美。爱智慧就是对智慧的真诚热爱，是指从真实的事实出发，用正确的方法做正确的事，为人类谋福利。

学哲学可以锻炼我们的能力、激发我们的好奇心和增长我们的智慧，使我们成为一个有智慧的人。

导入语

那么什么是有智慧呢？

哲理故事

大智慧的毛泽东

毛泽东是中国人民的伟大领袖，我们称他为毛主席。

抗日战争胜利后，国民党反动派一心想消灭中国共产党领导的人民军队，大举进攻解放区，达到统治全中国的目的。

1947 年 3 月，国民党胡宗南 25 万大军气势汹汹，从南、西、北三面进攻延安，而延安的人民军队不到 3 万人，怎么办？延安是解放区的"首都"，广大军民决心保卫延安，把敌人消灭在延安城外。而毛主席的战略决策是：不计一城一地得失，暂时撤离延安，布下一个诱敌进来的大口袋，采取"蘑菇战术"、用运动战把敌人一点一点消灭掉，歼灭敌人的有生力量。

对于主动撤出延安，有不少人想不通，他们认为，丢了延安，就是丢了革命。毛泽东对此打了一个很有意思的比方：有一个人，武艺特别高，背着一个装满金银的沉沉的大包袱，碰见了强盗。如果他舍不得丢掉他的大包袱，他的手脚就不会灵便，武艺再高也打不赢，没准还送了性命。如果他扔掉包袱，轻装上阵，那他既可以打败强盗，也可以保住他的金银财宝。我们暂时放弃延安，就是把包袱让给敌人背上，使自己打起仗来更主动，更灵活，这样就能大量消灭敌人，到了一定的时机，再举行反攻，延安就会重新回到我们的手里。

毛泽东还鼓励广大战士说，我们打仗，不在于一城一池的得失，而在于消灭敌人的有生力量。存人失地，人地皆存；存地失人，人地皆失。敌人进延安是握着拳头的，到了延安，他就要把指头伸开，这样就便于我们一个一个地切掉它。要告诉同志们，少则一年，多则两年，我们就要回来，我们要以一个延安换取全中国。

3 月 19 日撤出延安后，毛泽东在陕北指挥作战。不出所料，人民军队连连打胜仗，经过一年一个月零三天，就是 1948 年 4 月 21 日，延安又回到人民手中。

毛泽东回延安，以战略家的胆识和智慧，以不足敌人三分之一的兵力，乘胜作战，在长江以北，打胜了三大战役后，又乘胜打过长江，捣毁了蒋介石的政权，蒋介石逃往台湾孤岛，全国解放。

引导思考

1. 从哪些内容可以看出毛泽东的大智慧？为什么？
2. 毛泽东的大智慧告诉我们一个什么哲学道理？

启发认识

任何事物存在着复杂的矛盾，但仍然有主要矛盾和次要矛盾之分。毛泽东说，解决问题一定要抓住主要矛盾，次要矛盾就迎刃而解。在面对国民党反动派对延安的大举进攻，当军民决心保卫延安时，毛泽东主张撤出延安，把消灭敌人的有生力量作为主要矛盾。把敌人一部分一部分地消灭掉，打败了来犯敌人，促进矛盾的转化，延安又回到人民手中。

毛泽东智慧出众，胆识超群，最重要的是他找到获得智慧的正确方法，就是运用唯物辩证法解决问题的智慧。

毛泽东运用唯物辩证法，在实践中总结经验，寻找规律，创造性地解决问题的大智慧：通晓历史规律的深远眼光；深厚的马克思主义哲学素养；通古博今的丰富知识；勇于开拓创新的胆略；百折不挠的意志；集思广益的品格。

——选自《毛泽东大智典》

拓展理解故事

精彩的比喻

2016 年，G20 峰会在我国杭州举行，中国为世界经济的发展贡献了自己的方案和智慧，举行有中国特色的精彩纷呈的欢迎晚会。

德国总理默克尔对习近平主席说："主席啊，你们把峰会开得这么好，明年我都不知怎么开了。"习主席微笑着回答："这就好比德国的啤酒和中国的茅台，各有各的味道。"

引导思考

习近平主席的精彩比喻体现了怎样的智慧？

启发认识

习近平主席的智慧体现在，回答默克尔总理时，他没有说"你们会开得更好""希望你们开得更好"这类的套话，而是根据召开峰会的时间、地点、任务的不同，以"德国啤酒"和"中国茅台"的不同特点为比喻，实事求是地运用矛盾的特殊性，表达出德国一定会以自己的特色开好峰会的智慧。

这种不骄不躁、平等互鉴、独特纯朴的比喻，表达了对德国人民和德国总理的尊重和友善，体现了中华民族的大气、平和、从容、有理有节的国民心态。

实践平台

自古以来，有许多大哲学家，他们的哲学观点不一样。看法接近的，又组成不同的哲学派别。我们学的哲学是现今最好的哲学，就是马克思的哲学，叫马克思主义哲学。

卡尔·马克思

马克思出生在德国的特利尔城。他是哲学家、经济学家、理论家和革命家。

他的父亲是有名的律师，对他影响很大。上中学的时候，他在作文中写道：如果人只为自己而工作，他也许能成为有名的学者、绝顶聪明的人、出色的诗人，但他绝不能成为伟人；如果我们选择为全人类谋福利的职业，我们的幸福将属于千万人。

马克思

他在大学时学习兴趣非常广泛。他酷爱哲学，同时还学习了经济学和历史、数学、外语、文学等。除此之外，他还特别会写诗。马克思学习的是法律，而他写的毕业论文却是哲学内容。后来，他获得了博士学位。

毕业后，他在《莱茵报》当主编。他认清了当时反动政府只为少数富人着想，欺负大多数工人。他提出，要建立一个人人平等的共产主义社会，必须用正确的理论来指导。为此，他深入钻研哲学、经济学等。最终他创立了马克思主义哲学，指导全人类走向幸福生活。

迄今为止，有许多伟人为人类做出很大贡献，他们都学习了马克思主义理论。中国共产党就是以马克思主义理论为指导，才把中国建设成为这么美好的社会主义国家。

直到现在，越来越多的人在学习、研究马克思主义哲学。马克思是全世界公认的伟人。

引导思考

你认为马克思为什么会成为对人类有贡献的伟人呢？

启发认识

就是因为他有着为全人类谋幸福的理想，并为之刻苦学习和研究，最终，创立了马克思主义哲学理论，指导人类走向幸福。所以，他的哲学是真理，是有良心的哲学。正因如此，他才能成为全世界公认的伟人，成为最有智慧的人。

亲子互动

请你问问家长学过哲学吗？学哲学有什么用？

教学感悟

给小学生讲什么是哲学以及为什么学哲学，只能以哲学的原意，即爱智慧为出发点，初步了解智慧的含义。

用故事中包含的哲学道理启发他们对哲学有一个初步的了解，并告诉学生我们学的是马克思主义哲学，知道马克思主义哲学不仅告诉我们世界是什么样的，还要用科学的方法解决生活中遇到的各种问题，改造世界。只有这样，才能成为有智慧的人。

哲思哲理

哲学是通过一系列特有的概念、范畴和系统的逻辑论证而形成的思想体系，是系统化、理论化的世界观，是以整体方式把握人与世界关系的理论体系。哲学是关于自然、社会和思维发展的普遍规律的科学。

马克思主义哲学既是世界观又是方法论。认识世界的目的是为了改造世界，改造世界必须要有科学的方法。马克思主义哲学是世界观和方法论的辩证统一。

任何一种哲学思潮、哲学体系都是时代的产物。马克思主义哲学也是如此。马克思主义哲学是 19 世纪中叶社会发展的必然产物。它在科学实践观的基础上实现了对旧哲学的全面清算和批判继承，使唯物主义和辩证法、唯物主义自然观和历史观达到高度统一，使科学性和革命性达到高度统一。马克思主义哲学的这一基本特征，充分表明了哲学史上这一变革的实质和意义。

马克思主义哲学不仅解释了世界，更重要的是强调改造世界。马克思始终关注改造世界的实践活动及其内在规律并把实践的观点作为新唯物主义首要的和基本的观点。在这个意义上，马克思主义哲学又是实践的唯物主义。

马克思主义哲学的批判精神使它成为一个不断发展的理论体系。所以马克思主义哲学具有与时俱进的理论品质。它随着实践、科学以至哲学本身的发展而不断发展，至今仍是我们时代的真理和良心。这是马克思主义哲学的精神实质，是建设中国特色社会主义的指南。

恩格斯说："一个民族要想站在科学的最高峰，就一刻也不能没有理论思维。"

习近平总书记说，学哲学、用哲学，是我们党的一个好传统。并强调，"努力把马克思主义哲学作为自己的看家本领"，要求我们："必须不断接受马克思主义哲学智慧的滋养，更加自觉地坚持和运用辩证唯物主义世界观和方法论，增强辩证思维、战略思维能力，努力提高解决我国改革发展基本问题的本领。"

第二节　做有智慧的人
——学习哲学的好榜样

学习目标

初步懂得用科学的方法做正确的事情，做有智慧的人。

问题引导

什么叫有智慧？

激趣导入

古希腊有一位大哲学家叫泰勒斯，有一次在仰望星空的时候，掉进了脚下的土坑。看到这一情况的女佣嘲笑他：哲学家连地上的土坑都看不见，还看什么宇宙？这成了讽刺这位哲学家的趣事。

引导思考

同学们怎么看这件事？

启发认识

有些人认为哲学没用，是空道理。

导　入　语

女佣人的认识对吗？哲学有用吗？有什么用？

哲理故事

泰勒斯的妙计

泰勒斯为了改变人们认为哲学无用的看法，就做了一件事情，来证明哲学的作用。

泰勒斯的家乡盛产橄榄油。在大家都认为橄榄产量一年不如一年的时候，榨油机就没用了。泰勒斯花很少的钱，把榨橄榄油的机器全买了下来。到了第二年，橄榄出乎人们意料地获得了大丰收。家家户户都需要榨油，都要用榨油机。这时泰勒斯的价值就体现出来了，由于他懂哲学，用哲学的道理预测出了气候的变化，橄榄会丰收，利用橄榄的收获量与人们对榨油机需求之间关系的变化规律，赚了一大笔钱，把人震住了，让人们认识到了哲学的用途。

后来，有个大哲学家对泰勒斯的做法评价道：学哲学的人可能会掉进土坑，但不学哲学的人本来就在土坑里，从来都没有出来过，从来也不知道要出来。

引导思考

1. 泰勒斯用什么方法赚了一大笔钱？为什么说他把人震住了？

2. 泰勒斯用哲学赚钱，只是为了自己发财吗？

3. 你怎么看大哲学家对泰勒斯的做法的评价？

启发认识

1. 泰勒斯运用哲学的方法，预测出了气候变化，知道了橄榄的收获量与人们对榨油机需求之间关系的变化规律，让人们认识到了哲学的用途。

2. 泰勒斯不是为了自己发财，只是为了证明哲学有用，哲学家有更高的追求。这更高的追求就是真诚地爱智慧，做一个有智慧的人。

3. 大哲学家说的意思是，学哲学的人是容易获得智慧的人，站得高看得远，而不学哲学的人，本来就很难获得智慧，也不清楚什么是智慧，因此，很难成为一个有智慧的人。

拓展理解故事

学习哲学的好榜样

李瑞环

李瑞环曾是我们国家的领导人，一位政治家。

他从工作开始就学习哲学，对哲学有浓厚的兴趣。他原来只是个建筑公司的工人，由于学哲学，他的思维方式发生改变，他敏锐地发现了做木工活的关键点，从而发明了"放大样"的好方法。当时，人们称他为青年"鲁班"。他说："哲学这门学问说来也神，你工作越变化、越新，它显得越有用；你的地位越高、场面越大，它的作用越大；你碰到的问题越困难、越复杂，它的效力越神奇；面对的问题越关键，它发挥的作用越重要。"

他之所以能从一名工人成长为政治家，学习哲学是其重要原因之一。他总结自己学习哲学的经验，写了《学哲学用哲学》一书，受到广大读者的欢迎。后来，他又写了《务实求理》，让读者从中感受到马克思主义哲学的伟大作用。

格拉肖

格拉肖是美国著名的微粒子物理学家，诺贝尔物理学奖获得者。

他学习毛泽东的哲学观点，研究基本粒子。基本粒子用最简单的话说，就是任何东西都可以分成无数的小颗粒，越分越小，可以无限地分下去，无止境地小。格拉肖在科学研究中发现了更小的粒子。

他提议，这个更小的粒子要以毛泽东的名字命名，叫"毛粒子"。这既是科学家对毛泽东的敬意，也是说研究科学要以哲学为指导。

钱学森

钱学森被誉为"中国航天之父"和"火箭之王"，是我国功勋卓著的人民科学家。钱学森在晚年时十分关注中国的教育问题，提出了大成智慧教育思想。这一思想是以科学的哲学为指导，把理、工、文、艺结合起来走向大成智慧的过程。这一教育思想的目的在于使人们面对浩瀚的宇宙和神秘的微观世界，面对新世纪各种飞速发展、变幻莫测而又错综复杂的事物时，能够迅速做出科学、准确而又灵活、明智的判断与决策，并能不断有所发现、有所创新。

引导思考

你听了这几个学习哲学好榜样的故事，有什么想法？想学哲学吗？

启发认识

学习哲学的人都爱追求真理，拥有超凡的智慧，并能为社会做贡献，成为最有成就的人。让我们一起来学习哲学吧。

实践平台

同学们，我出个题考考你们，看谁最有智慧。

分装蛋糕

把三块一样大的蛋糕，装在四个盒子里面，每个盒子里都必须有蛋糕。

引导思考

同学们，请问该怎样分装蛋糕？

启发认识

要解决这个问题，首先要特别注意题中给的条件呦！都有什么条件呢？

1. 三块一样大的蛋糕。就是不能把任何一块蛋糕切开。

2. 四个盒子。这是隐藏的一个条件，是考验我们智慧的关键，就是没规定四个盒子都必须一样大，只要能装下蛋糕，不分大小。这就给我们提供一个解决问题的机会。再把这两个条件结合起来，先把蛋糕各装在一个盒子里，然后，再把装蛋糕的三个盒子一起装到大盒子里。这样，三块蛋糕不就装到四个盒子里了嘛！一般，我们可能想的是四个单独的盒子，而将三个小盒子套进一个大盒子了，这就是智慧。

这里告诉我们一个哲学道理：不管解决什么问题，首先要从给的实际条件进行分析。

亲子互动

请同学们用《分装蛋糕》的问题来考考家长，然后给他们讲讲这个问题是怎么解决的。

教学感悟

怎么学哲学，对小学生来说是一个很重要的问题。"榜样学习"是小学生认知和思维的特点。以榜样的力量引起他们对学哲学的兴趣，从中感受、体验和感悟，知道学哲学能学会思考，做事情就有好办法，还能有创造性，能把事情做精彩。

哲思哲理

学习马克思主义哲学是为了树立正确的世界观、人生观和价值观，确立辩证的思维方法。辩证思维是一切科学思维的核心。学好辩证法，可以克服思想和工作中的主观主义和教条主义，树立正确的学风，从而把握马克思主义的立场、观点和方法。

第二章　想问题做事情要从实际出发

第一节　我们生活在多姿多彩的世界
——地球爷爷的手

学习目标

初步了解哲学中物质概念的内涵，知道我们生活在一个多姿多彩的物质世界。

问题引导

我们学习哲学是为了增长智慧。怎样才能增长智慧呢？就是想问题做事情要从实际出发，我们要想做到这一点，就要知道我们生活在一个怎样的世界。

激趣导入

同学们，我们一起来讨论问题吧。

第一个问题是地球上都有什么？宇宙上呢？

地球上有高山、大海、大河，奇妙的动物和许许多多美丽的植物，还有一年四季的变化，大自然是一幅多姿多彩的画卷，它还有许多的秘密等着我们去发现。

宇宙有无数的星星和银河系。夜晚的天空闪烁着万千变化的星光，其中有许多的秘密我们还没有发现。从地球到宇宙存在着千姿百态、变幻莫测的神秘现象。

第二个问题，你们能把香蕉、苹果、鸭梨之类的东西用一个词语表达出来吗？你们还能举出哪一类的东西可以用一个词语来表达呢？

同学们说用"水果"进行表达，很好。你们举出这么多的例子，真有智慧。

🧑 引导思考

我们能不能用一个词语把地球上所有的东西，以及整个宇宙里所有的星体都概括起来呢？如果能，这个词语的内容可就是世界上最丰富的。

🧑 启发认识

这个词就是"物质"。在语文中，"物质"叫词语；在哲学中，"物质"叫概念。经过讨论，同学们都知道了我们生活在一个多姿多彩的世界。

🧑 导　入　语

我们说的"物质"，好像只有看得见、摸得着的，并且与我们的生活息息相关的东西。我们看不见、摸不着但能感觉到的东西，算不算"物质"呢？

🧑 哲理故事

地球爷爷的手

小猴和小兔是好朋友。

一天，他俩在树下玩，跳啊，唱啊，真高兴！玩了一会儿，小猴说："小兔，我请你吃桃子吧。"

是啊，树上的桃子又大又红，一定很好吃。

小猴对正在树上的猴爸爸说："爸爸，请您给我们摘几个桃子，好吗？"

猴爸爸还没有回答，也没有动手，只见几个桃子自己从树上掉了下来。

　　小兔说："猴伯伯，谢谢您！"

　　猴爸爸笑着说："别谢我，这是地球爷爷帮的忙。"

　　小猴觉得很奇怪："地球爷爷怎么帮忙啊？"

　　小兔也说："是呀，地球爷爷怎么帮忙呢？他又没有手。"

地球爷爷的手

　　地球爷爷说话了："不，我有手，而且有很大很大的力气，能让成熟的桃子掉下来，能让踢到半空的足球掉下来……我的手，就是你们看不见的地心引力啊！"

　　地球爷爷的话刚说完，几个桃子又从树上掉了下来。

　　　　　　　　　　　　　　——选自（人教版《语文》一年级下册）

引导思考

1. 地球爷爷的手是什么？你感觉到了吗？

2. 如果没有地心引力，会怎么样呢？

3. 我们看不见引力，摸不着引力，而它确实存在着，这算不算物质呢？

4. 你还能列举出像"地心引力"一样的东西吗？

启发认识

1. 地球爷爷的手是地心引力。桃子和苹果等果实成熟后往下掉，都是受到地心引力的作用。虽然我们看不见、摸不着，但它确实存在着。

2. 如果没有地心引力，地球上的一切东西都会在宇宙中飘着，就像空间站的人都飘着一样。有一篇课文《太空生活》，说的就是这个道理。

3. 地心引力确实存在着，应该算物质。物质不仅指实物，还包括像引力这样实实在在地存在着的东西。虽然我们看不见、摸不着，但能感觉到。这样一来，物质概念的内涵就丰富了，只要是存在着的东西都被包括在里边。比如风、空气等。

拓展理解故事

黑　　洞

　　人们在观察宇宙中的天体运动时，发现有的星体按自己的轨道有规律地运动着，可是走着走着，轨道就偏了，不久就不见了，从此这些星体就在宇宙中消失了。科学家经过长期观察，发现过很多次这样的现象。于是，科学家就把星体消失的地方叫"黑洞"。

　　黑洞是一种引力极强的天体。说它黑，是指它就像个无底洞，任何星体一旦掉进去就再也不能逃出来了，甚至连光走到这里也同样会消失。那么，怎样才能知道黑洞在哪儿呢？科学家认为，可以通过测量它对周围天体的作用和影响来间接地观测或推测它的存在。现在，科学家用高倍望远镜观察和科学测算发现，宇宙中大部分星系，包括我们居住的银河系中心都隐藏着黑洞，虽然人们不能直接看到它，但它确实存在着，它的特性需要进一步观察和研究。

引导思考

你认为"黑洞"是物质吗？为什么？

启发认识

我们现在虽然还无法观察到"黑洞"，但它确实存在着，随着科学的发展，人们一定会找到它。所以，它是物质。现在看，尽管我们不能直接观察到的他，但通过各种表现，它确实存在着。因此，说到物质，不管我们是否直接看到、摸到、感受到，不管用什么科学方法，只要知道它确实存在，哲学上都叫物质。

实践平台

画 风

宋涛、陈丹、赵小艺在一起画画。他们在洁白的纸上画了房子、太阳、大树。陈丹还在树上画了几只小鸟。

宋涛说："谁能画风？"

陈丹说："风，看不见，摸不着，谁也画不出来。"赵小艺眨眨眼睛，想了想，说："我能！"只见她在房子前面画了一根旗杆，旗子在空中飘着。

宋涛说："是风，风把旗子吹得飘起来了。"

陈丹说："我也会画风了。"说着，她在大树旁边画了几棵弯弯的小树。

宋涛想了想，他把画上的太阳擦去，画了几片乌云，又画了几条斜斜的雨丝，说："下雨了，风把雨丝吹斜了。"

赵小艺笑着说："我还能画！"她画了个拿风车的小男孩，风车在呼呼地转。

三个小朋友正说着、画着，忽然吹来一阵风，画中的景物好像都在动。一张张画显得更美了。

——选自（人教版《语文》二年级下册）

引导思考

风，看不见、摸不着，你怎么知道是有风呢？

启发认识

风有能吹动很多东西的表现。我们平时也能感觉到风在耳边呼呼地吹。通过它的表现，我们才知道有风的。所以，风是存在的。

通过以上学习，我们知道了：凡是存在的，都是物质。物质是分不同种类的。所以，我们生活在一个多姿多彩的世界。

亲子互动

请同学们回家问问家长，手机没有电线，是什么在传递信息呢？

教学感悟

辩证唯物主义的物质概念是很抽象的，根据心理学和发展心理学的知识表明：小学生已经初步具有了抽象思维和概括能力，而且他们生活在一个科学技术迅猛发展的时代，见识多，知识面广，能够初步知道哲学"物质"概念的内涵。

哲思哲理

辩证唯物主义的物质观是根据人类的长期实践，站在科学发展的最前沿，概括了自然科学发展、社会科学和思维科学发展的新成果而形成的。它是唯物主义发展的产物，是全新的辩证唯物主义的物质观。

辩证唯物主义物质观认为，物质是独立于人的意识之外而又为人的意识所能感觉到的、能认知的客观实在。客观实在性是物质的根本属性，强调世界统一于其物质性。马克思主义哲学物质观为我们认识世界奠定了现实的唯物主义基础。

第二节　先有实物后有认识
——理念鸡能吃吗？

学习目标

1. 初步懂得先有物质后有人的认识。

2. 知道"先有认识后有万事万物"这个观点是错的。

3. 初步知道现在认识不了的事物，今后随着科学的发展人们一定会认识到。

问题引导

我们生活在一个多姿多彩的物质世界，那么是先有世界上的万事万物，还是先有人们对它们的认识？比如，是先有苹果还是先有对苹果的认识？

激趣导入

同学们，我手里拿的是什么？请大家仔细看看它是什么样的？

噢，是苹果。你们把它的样子说得很全面。当你们看到这个实实在在的苹果后，你们对这个苹果的样子有了认识。请你们说说是先有了实实在在的苹果，还是先有了对苹果的认识呢？

启发认识

同学们看到了我手中的苹果，对它的样子有了认识。看来，只有看到了这个实实在在的苹果，然后才有你对它的认识。所以，是先有了苹果，而后，才有了对它的认识。

导入语

可是，有的哲学家却与我们的认识相反。他们偏说先有对实物的认识，后有实物的存在，也就是说，认识决定实物的存在。听听下面一个从古希腊流传至今的故事。

哲理故事

理念鸡能吃吗？

在古希腊有一个年轻人，跟大名鼎鼎的哲学家柏拉图学了三年的哲学，终于回家了。他爸爸很高兴，就做了一只鸡给他吃。

鸡端上桌子，年轻人很兴奋，为了显示他学习的成绩，就指着桌子上的鸡对他的爸爸说："请您看看这是几只鸡？"他爸爸很纳闷，左看看，右看看，怎么看都是一只鸡，就对他儿子说："这是一只鸡呀！"儿子得意地说："这是两只鸡，一只是盘子里的鸡，一只是理念鸡。"他爸爸说："明明是一只鸡，哪来的理念鸡？"他儿子说："理念鸡才是真的呀！"他爸爸生气地说："那你吃理念鸡，我吃这只鸡！"说着把鸡端走了。

引导思考

请你们想一想，什么是理念鸡？理念鸡是真实存在的吗？

启发认识

　　这个年轻人说的理念鸡，就是对鸡的认识。实实在在的鸡，也就是盘子里的鸡。先有真实的鸡，才有对鸡的认识。理念鸡是对鸡这一类事物的总称，即是对所有的鸡，包括大鸡小鸡、公鸡母鸡、各种花色的鸡、世界各地的鸡的一个总体的概括，如同将香蕉、苹果等这一类事物概括为水果一样。能吃的是具体的香蕉、苹果等，而水果这个概念是对这一类事物的认识，是不能吃的。所以，这个年轻人把对事物的认识等同于实实在在的事物就错了。

　　但是，我们也不能全盘否定年轻人的看法。这个故事让我们懂得，实实在在的事物是可以被认识的，我们可以用概括的方法认识事物的特点，并根据事物的特点将事物区别开。比如，西红柿是不是水果？

拓展理解故事

没有感知到的事物不存在吗

　　英国有一位哲学家叫贝克莱。他说："存在就是被感知。"他以桌子为例。如果在书房里看见桌子并在它上面写字，说明写字的桌子就存在着；当我离开书房感觉不到桌子，桌子就不存在。

　　据说，贝克莱还有一个著名的笑话：一次，他和朋友在公园里散步。贝克莱一不留神，脚踢在一块石头上。朋友问贝克莱，这被踢的石头事先你并未感觉到它，这石头存在吗？贝克莱十分尴尬，为了挽回自己的面子，他便胡说道："当你的脚感到痛的时候，石头就存在，你没感觉到痛，石头就不存在。"

　　这是多么可笑啊！

　　按照贝克莱的观点，我们可以推出在贝克莱出生前，他的父母不存在的荒唐结论。

引导思考

　　你认同贝克莱的看法吗？为什么？

启发认识

我们都不认同他的看法。桌子、石头等，在人看到、摸到它之前本来就存在着，不是你看到了、摸到了、感知到了才存在的。人的感觉无法决定事物的存在，而是先有事物的存在，人才能感知它、认识它。比如，是先有地球还是先有对地球的认识？其答案不言而喻。先有地球后来地球上才有了人类，进而有了人对地球的认识。

实践平台

恐龙的灭绝

人类只有三四百万年的历史，而恐龙却在地球上生活了大约两亿年。与恐龙的历史相比，人类的历史可就短多了。关于恐龙灭绝的原因，人们仍在不断研究。

一种说法是，有一段时间地球上突然变得非常寒冷。恐龙身上没有皮毛来保暖，它们也不能借助冬眠来躲避严寒，因为耐不住严寒，它们就慢慢地消失了。

另一种说法是，宇宙行星撞上了地球，地球上一片黑暗，植物大量枯萎、死亡，那些以植物为食物的恐龙和其他动物，渐渐地死去了。随着食草类动物的减少，食肉类恐龙找不到足够的食物，也渐渐地灭绝了。

还有其他的种种说法，比如：地球上的哺乳动物越来越多，它们经常偷吃恐龙蛋，使恐龙渐渐灭绝；突然流行的传染病，使恐龙全部死亡；全球气温下降，使恐龙蛋只能孵出雄性的小恐龙……

这些说法都有一定的道理，但又不能让人完全信服。所以恐龙灭绝这个谜，至今还没能被解开。现今，人类只能在博物馆或者从电影和书籍中，来想象恐龙往日的辉煌了。

引导思考

同学们，为什么说恐龙灭绝是个谜？

启发认识

因为目前相关的研究观点都是对恐龙灭绝原因的种种猜测，还没有真实的科学依据，不能当作事实。但是，随着科学的发展，人们一定会知道恐龙灭绝的真实原因的。

亲子互动

没有根据的事不能乱说，请同学跟家长说说。

教学感悟

让学生了解思维与存在的关系，只有从哲学史发展的脉络中找到可以借鉴的故事入手。哲学的发展史正反映人的认识随着实践的深化而不断走向科学化。在这个过程中，人对世界的认识就如同一个人从孩童的幼稚认识走向成熟一样。所以，教哲学要从学生的认识实际和掌握的知识出发，让他们初步了解思维与存在的关系，从对主观唯心主义的批判中确立，是比较好的方法。

哲思哲理

哲学的基本问题即思维与存在的关系问题，是划分唯物主义和唯心主义的根本标准。哲学的基本问题贯穿全部哲学问题之中，它有两个重要方面。

第一个方面是思维与存在哪个是本质的、第一性的，哪个是派生的、第二性的；另一方面是关于思维与存在有没有"同一性"，即思维能不能反映存在，以及思维与存在能否相互转化的问题。马克思主义坚持思维与存在的唯物与辩证的同一性，认为存在是第一性，思维是第二性的。思维和存在的统一，是以存在为前提，以实践为基础的唯物辩证的相互转化过程，是彻底的唯物主义。

第三节　想问题做事情要从实际出发
——郑人买履

学习目标

知道想问题、做事情一定要从实际出发，做事情才能正确。

问题引导

有的人不从实际出发，只凭自己的想法想问题、做事情，你认为对吗？

激趣导入

有这么一个故事，叫"吃不着葡萄说葡萄酸"。

在一个炎热的夏日，狐狸走过一个果园，看见一大串亮晶晶多汁的葡萄。它正口渴，于是就冲上去，跳起来去摘葡萄。跳了三次都没有摘到。没办法了，只能没精打采地放弃。这时，它安慰自己说："我敢肯定，这葡萄是酸的。"

这个故事告诉我们一个什么道理？

引导概括

狐狸没办法摘到葡萄，就找了一个没有根据的说法为借口。比喻没有能力做事情的人，找一个借口来掩盖自己的无能。自己骗自己，这其实就是聪明的傻瓜。

导入语

听听下面的故事，这个人不管怎么想都觉得自己是对的。这就是另一个聪明的傻瓜的故事。

哲理故事

疑邻盗斧

　　有个人丢了一把斧子，怀疑是邻居的儿子偷走了。他看那邻居的儿子走路的样子像是偷了斧子，脸上的表情像是偷了斧子，说起话来也像是偷了斧子。总之，一举一动，没有一样不像偷了斧子。后来他在家里掏水沟，找到了这把斧子。过了几天，他又看见邻居的儿子，就觉得他的言行举止再也不像是偷斧子的了。

引导思考

　　这个成语故事告诉我们一个什么道理呢？

启发思考

　　这个丢斧子的人不做调查就凭想象怀疑邻居的儿子偷斧子，这是脱离事实的判断。当他找到斧子后，事实证明不是邻居的儿子所为，他又看邻居的儿子不像是偷斧子的。总之，他想问题没有从实际出发。如果仅凭想法而不从实际出发，做事情肯定不会成功，甚至会把好事变成坏事。

拓展理解故事

郑人买履

郑国有个人打算去买鞋。自己先量了量脚，记下尺码放在座位上，等到他去集市的时候却忘记带它。到了集市，他已经拿到了鞋子，才忽然想起来，说道："我忘记带尺码了。"说完，急忙回家去取。等他赶回来的时候，集市已经散了，最终没买到鞋。有人问他："你怎么不用脚去试试鞋呢？"他说："我宁可相信量好的尺码，也不相信自己的脚。"

引导思考

你对这个郑人"买履"的做法有什么看法？

启发认识

鞋子穿着合不合适，要亲自用自己的脚试一试。而郑人宁愿相信用自己的脚量出来的尺寸，也不相信自己的脚，犯了先有尺寸后有脚的错误，这也是聪明的傻瓜。

实践平台

从现在开始

狮子想找一个动物接替他做"万兽之王"。于是，他宣布："从现在开始，你们轮流当'万兽之王'，每个动物当一星期。谁做得最好，谁就是森林里的新首领。"

第一个上任的是猫头鹰。他想到自己成了"万兽之王"，神气极了，立刻下令："从现在开始，你们都要跟我一样，白天休息，夜里做事！"大家听了议论纷纷，可是又不得不服从命令，只好白天睡觉晚上熬夜。一个星期下来，动物们都叫苦连天。

第二个星期，轮到袋鼠上任了。他激动地说："从现在开始，你们都要跳着走路!"听了袋鼠的话,大家直摇头。可是又不得不服从命令,只好苦练跳的本领。

第三个星期,轮到小猴子当"万兽之王"。大家都非常担心:他会不会命令我们从现在开始,都得住在树上,成天抓着藤条荡来荡去?谁知,小猴子只说了一句话:"从现在开始,每个动物都照自己习惯的方式过日子。"话音刚落,大伙儿立刻欢呼起来。

狮子见了,笑眯眯地说:"不用再往下轮了。我郑重宣布,从现在开始,小猴子就是'万兽之王'了!"

——选自(人教版《语文》二年级上册)

引导思考

你认为猫头鹰、袋鼠和小猴子谁当"万兽之王"最好?为什么?

启发认识

大家一致认为是小猴子。因为他从动物的实际情况出发,而猫头鹰、袋鼠只是从自身的情况出发,不管别人的实际情况,当然动物们都不喜欢了。

亲子互动

与家长一起交流学习的体会,找一找自身有没有只凭想法做事的情况?结果怎样?今后怎么改正?

教学感悟

通过这节课学习,引导学生知道不能仅凭自己的想法做事。做事情一定要从实际情况出发,事情才能做成功。

哲思哲理

唯心主义把人的思维、精神、意识、观念视为第一性的东西,作为世界的本原。在思想方法上认为,在实践过程中,万事万物由人的主观意识决定,否认外部世界及其规律的客观存在。所以在行动上,夸大人的动机、目的、意识、意志的作用，只相信自己的主观臆断，自以为是，脱离实际情况，不从实际情况出发，只能导致实际工作的错误或失败。

克服唯心主义的思想方法和工作方法，要做到主客观的统一，主观认识要符合客观实际，必须根据实际情况制定工作的方针和采取相应的工作方法。

第四节　做个诚实守信的好孩子
——手捧空花盆的孩子

学习目标

引导学生要做个诚实守信的好孩子。

问题引导

想问题、做事情从实际出发，对自己来说，应该做一个什么样的好孩子呢？

激趣导入

如果轮到我们班某一个同学在校门口值周，有一个同班同学迟到了，记不记他的名字？如果记了，会给班里扣分；不记，又没尽到值周的责任。你说，该怎么办呢？

启发认识

迟到是事实，不应该隐瞒。如果怕给班里扣分而不记，就是说谎。这样，不仅是做值周生的不尽责，也失去了别人对值周生的信任，最终的结果是全班不讲诚信，这比丢分的错误还大。所以，宁愿扣分，也要实事求是。

导 入 语

我们都想做一个讲诚信的好孩子吗？

哲理故事

手捧空花盆的孩子

有一个年老的国王，他无儿无女，虽然贵为一国之君，但他却每天愁眉苦脸，因为他知道自己的身体已大不如从前了，如果有一天他真的死了，谁来继承他的王位呢？

国王把自己的心事告诉给了他身边的一个最忠诚的大臣，让他帮着出主意。那个大臣说："您可以从全国的孩子里挑选一个最诚实的孩子来继承您的王位呀！"

国王的眼睛突然一亮，他觉得这个办法不错。

这天，国王命人给全国所有11岁的男孩儿各发一粒花籽，如果谁能用这粒花籽种出最美丽的花朵，谁就可以继承王位。

有个叫宋金的孩子也领了一粒花籽回家了，他把花籽种在一个花盆里，每天精心地照料着，他多么希望花籽能快点儿破土发芽，然后开出美丽的花朵啊！

可是日子一天天过去了，花盆里没有一点儿动静，就连一棵小草都没有长出来。宋金急坏了，天天守在花盆边，盼着它快快发芽。

转眼两个月过去了，国王规定送花选王子的日子到了，可是宋金的花盆仍然空空的，什么都没有长出来。

这天，全国所有11岁的孩子都捧着开满鲜花的花盆来到皇宫，姹紫嫣红的花朵让人眼花缭乱，分不出到底哪盆花是最漂亮的。

国王眉头紧蹙地看着眼前这些手捧鲜花的孩子。突然，他发现在人群后面有一个小男孩儿手里捧着空花盆，并且他的头垂得低低的，好像很不好意思的样子。

国王走到他面前，面带笑容地问道："孩子，你叫什么名字？你怎么捧着空花盆？难道你没有种出花吗？"

孩子把头垂得更低了，他小声地说："我叫宋金，我把您送给我的花籽细心地种进花盆里，给它浇水、施肥，可是花籽就是不发芽，没有办法，我只好捧着空花盆了。"

国王听完哈哈大笑道："孩子，请你把头抬起来，让我仔细看看我们未来的王子。"

宋金简直不敢相信自己的耳朵，他抬起头惊诧地说："什么？您刚才说什么？难道这是真的吗？"

国王点了点头说："我是说你就是将来要继承我王位的王子，因为你是这些孩子中最诚实的一个，我把国家交给你是最放心的。"

原来，国王发给孩子们的都是煮熟了的花籽，它们根本就不会发芽，更别提开出漂亮的花朵了。其他的孩子也同宋金一样，种不出花来，可是他们为了能够当选，都偷偷地换了花籽，而诚实的宋金却没有那样做，因此得到了国王的赏识，被选为了王子。

🧑 **引导思考**

同学们，为什么做人要诚实守信，不能说谎？

🧑 **启发认识**

因为说谎不符合事实，只是自己的想法，事实不可改变，人们把你自己编的说辞与事实一对照，谎言就被揭穿了。说谎的人会失去别人的信任，只有做一个诚实的人，才能得到大家的信任。我们应该向宋金学习。

👩 **拓展理解故事**

我为你骄傲

一个风和日丽的下午，我和小伙伴躲在一位老奶奶家的后院，把一块块小石头扔上她家的房顶。我们看着石头像子弹一样射出，又像流星一样从天而降，觉得很开心，很有趣。

我拾起一块光滑的小石头，把它扔了出去。一不小心，石头砸在老奶奶家的后窗户上。我们听到玻璃破碎的声音后，就像兔子一样飞快地逃走了。

那天晚上，我一想到老奶奶家被打碎的玻璃就害怕，担心她知道是我干的。这以后，我还是和往常一样，每天给她送报纸，她也和往常一样，微笑着跟我打招呼，我却觉得很不自在。

于是，我决定把送报纸的钱攒起来，给她修理窗户。三个星期过去了，我已经攒了7美元。这些钱足够用来修理窗户了。我把钱和一张便条装进信封，在便条上向老奶奶说明了事情的经过，并真诚地向她道歉。

一直等到天黑，我才悄悄地来到老奶奶家门前，把信封投到她家的信箱里。我心里顿时感到一阵轻松。

第二天，我去给老奶奶送报纸。她微笑着接过报纸说："我有点儿东西给你。"原来是一袋饼干。我谢过她，然后一边吃着饼干，一边继续送报纸。

当饼干快要吃完的时候，我发现袋子里有一个信封。打开信封一看，里面是7美元和一张便条，便条上写着：我为你骄傲。

——选自（人教版《语文》二年级下册）

引导思考

老奶奶为什么要写"我为你骄傲"呢？

启发认识

因为主人公打碎了老奶奶家的玻璃，把自己送报纸挣的钱攒起来主动进行赔偿，并真诚地向老奶奶道歉。他是给老奶奶送报的，还能攒钱进行赔偿。这种诚实的品质很可贵。所以，老奶奶写"我为你骄傲"。

实践平台

请同学们想一想，你做过讲诚信的事吗？说一说，与大家分享你的诚信，并为你点赞！

老师引导同学为每一个讲诚信的学生点赞！

亲子互动

把你讲诚信的事情讲给家长听，让家长给你点个赞！

教学感悟

小学生正处在人生观、价值观形成的过程中，处在思想品德形成期，是立德树人的最好时机。学哲学是为了用哲学的观点为指引，学会思考，有正确的思想方法，从而指导行为的正确。对孩子来说，这一年龄段正是他们思想品质的形成期。教学生想问题、做事情要从实际出发，培养他们讲诚信的好品质。

习近平总书记指出："要从娃娃抓起、从学校抓起，做到进教材、进课堂、进头脑。要润物细无声，运用各种文化形势，生动具体地表现社会主义核心价值观，用高质量高水平的作品形象地告诉人们什么是真善美，什么是假恶丑，什么是值得肯定和赞扬的，什么是必须反对和否定的。"强调"要利用各种时机和场合，形成有利于培育和弘扬社会主义核心价值观的生活情景和社会氛围，使核心价值观的影响像空气一样无所不在、无时不有。"

小学生通过学习哲学，把培育和践行社会主义核心价值观落实到他们成长的路上。

哲思哲理

坚持马克思主义辩证唯物主义观点，必须贯彻实事求是的思想方法。在工作中，要一切从实际出发。唯心主义是主观主义的哲学形态，主观主义是唯心主义在实际工作中的表现。

　　主观主义有两种表现：一是教条主义，唯书、唯上，不唯实。二是经验主义。经验主义不懂得理论的普遍指导意义。我们在实际工作中反对主观主义的思想方法和工作方法，自觉贯彻一切从实际出发的工作方法，担当起该担当的责任。

第三章　运动有规律

第一节　世界上没有不动的东西
——珠穆朗玛峰也在运动

学习目标

了解万事万物都在不停地运动着。

问题引导

万事万物都在运动，世界上没有不动的事物，你相信吗？

激趣导入

我们的伟大领袖毛主席写过一首著名的诗，其中有一句"坐地日行八万里"，这是什么意思呢？为什么坐着根本没有动，却说走了八万里呢？（看地球自转和公转的视频）

启发认识

"坐地"是指我们坐在地球上，"日行"是指一天走的路。就是说，我们坐在地球上待一天，就走了八万里。地球自转一昼夜，就是一天一夜，24小时，一动也不动，你就跟着地球走了八万里啊！地球永不停止地运动着，地球上的事物包括人也在不停地运动着。

导入语

我们不用离开地球，每天在宇宙中就旅行八万里。你想过吗？

骗人的广告

两百多年前的一天，法国巴黎的报纸上登了一则广告。广告上是这样写的："你想周游世界么？你想领略浩渺无穷的宇宙景观么？只花一生丁（很少的钱），就可以实现你的愿望！"

很多人都被广告中的诱惑冲昏了头，纷纷给登广告的人寄去了钱。不久，寄钱的人收到了一封信，信中说：请你现在把家中的窗帘打开，平躺在床上仰望星空，欣赏美景吧！地球正带着我们在宇宙中遨游呢！

很多人气愤极了，这简直就是大骗子！

引导思考

你觉得登广告的人是骗子吗？

启发认识

登广告的人说的不是谎话，但用这样的方法挣钱，不好。

我们经常出去旅行，还没有到宇宙去旅行。可是，只要躺在床上，不用坐车、船、飞机，就可以跟着地球自转，做到日行八万里。

你也可以这样做呀！

拓展理解故事

我的生命在运动

小丽的妈妈为了培养她的坚持能力，每天让她闭上眼睛一动不动地站15分钟。她妈妈说："你就这样每天坚持一动不动来练习。"她问妈妈："我真的做到一动不动了吗？"她妈妈说："是，你做得很好！"小丽说："您错了，运动有很多种形式呢！比如，我的生命在运动。如果连生命都不动了，您可就害怕了！"妈妈疑惑地看着小丽。小丽说："我是站着没动，先不论我跟着地球动，就是我自己心在跳，在呼吸，血液在流动，脑子在想事……我只是没有离开站的地方。如果我真的一切都不动了，那我的生命……"

"别说了，别说了！"妈妈着急地说。

引导思考

你认为小丽说得对吗？

启发认识

小丽说得对。我们站着或坐着，甚至是躺在床上一动不动地看美丽的夜空时，我们的生命一息也不停地运动着。妈妈让小丽站在一个固定的地方不动，其实，她除了跟着地球运动的同时，生命也在不停地运动着。

实践平台

珠穆朗玛峰也在运动

看到云朵在天空中飘浮，浪花在大海里涌动，河水在江河中流淌，风吹动着树枝在摇曳，太阳围绕着地球旋转，心脏在胸腔里跳动，血液在身体里循环，一切都在无时无刻地运动着。就连喜马拉雅山和珠穆朗玛峰也在运动着。

经过科学家的考察研究，珠穆朗玛峰这一地区在远古时代约7000万年前，是一片汪洋大海。后来有一块大陆从今天的非洲那边往东北方向漂来，与中国大陆慢慢靠近，相互挤压，使得两块大陆的中间地带被挤得向上隆起，从而形成了现在的青藏高原和印度之间的高山——喜马拉雅山，其中的最高峰就是珠穆朗玛峰。它现在的海拔高度约为8848.13米。按照科学家的仔细测量，喜马拉雅山每年还在以5～6毫米的速度增高，而珠穆朗玛峰每年会增高十几毫米。

如果珠穆朗玛峰以每年不到20毫米（也就是不到2厘米）的速度增高，那么，10年的时间，它增高还不到20厘米，100年也就最多增高2米，1000年则为20米，其增长速度是非常缓慢的。由于时间上距离我们太远，我们很难发现它在长高。

珠穆朗玛峰过去在运动，今天在运动，将来也必然会处于运动之中。

引导思考

请同学们举出不动事物的例子，我和你们一起来讨论。

启发认识

我们举的例子经大家讨论，还真的没有不动的例子。

亲子互动

请你考考家长，世界上有没有不运动的事物。

教学感悟

运动在生活中是常见的现象。但唯物辩证法讲的"运动"与日常生活中的运动不完全是一回事，而是把"运动"理解为宇宙中发生的一切变化和过程，即物质的存在方式。对小学生来说，引导他们根据自己的经验初步认识哲学上的运动含义，是可以做到的。

哲思哲理

运动是物质的根本属性和存在方式。辩证唯物主义从物质和运动相统一的高度理解世界，坚持物质和运动不可分的观点。一方面，物质是运动着的物质，脱离运动的物质是不存在的。若认为存在不运动的物质，就会导致形而上学。另一方面，物质是一切运动变化和发展过程的实在基础和承担者，世界上没有离开物质的运动。运动是指事物的一般变化和过程，标志着事物变动不定的动态过程。

第二节　运动和静止
——刻舟求剑

学习目标

初步了解运动和静止的关系，静止只是在运动中的静止。

问题引导

万事万物在永不停息地运动着，还有没有静止呢？

激趣导入

谁会唱电影《闪闪的红星》里的歌曲"小小竹排江中游，巍巍青山两岸走"呢？唱给大家听听。

歌词里"小小竹排江中游，巍巍青山两岸走……"，青山能走吗？为什么？你能举出相类似的例子吗？

启发认识

当我们坐车的时候，车在走，我们和车相比较，我们是静止的。这时，我们看车外的街道、树、楼房等，它们往后跑。这和站在竹排上唱歌的潘冬子看两岸青山往后走是一样的。

潘冬子与竹排相比，是静止的，但他是跟着竹排在江中游。所以，才有"小小竹排江中游，巍巍青山两岸走"的美景。

说一个东西是静止还是运动的，要找可比较的东西，才能确定。如果我们站在街边，与街边的树、楼房等相比，我们是静止的；看走着的车和车上的人，我们是在运动的；而车上的人看车上的人是静止的，看我们则是运动的，在往后跑。

如果潘冬子站在岸上与青山相比，他和青山是静止的，他看江中的竹排是运动的。而人、青山、车、街道等等在与地球永不停地运动着。

所以说静止是在运动中的静止。静止只是暂时的，运动是永久的、无止境的。

导　入　语

你了解地球同步卫星吗？

哲理故事

地球同步卫星

地球绕太阳运行，月亮围绕地球运行。我们把月亮称作地球的天然卫星。随着科技发展，人类可以制造绕地球运行的卫星，发射到太空中不停地绕地球运行，这叫人造地球卫星。

卫星的种类很多，根据不同科学研究的目的，科学家们研制出各种不同的卫星。例如，传送电视信号以及电话、电报、广播等各种无线电信号的卫星，叫通信卫星。还有军事卫星，以及为人们准确预报天气的气象卫星等。有的卫星绕地球运行一圈的时间和地球自转一周的时间相等，正好是一昼夜，我们在地面上看，这样的人造地球卫星好像挂在天空中一样。因为它和地球同步运动，所以，我们称它为地球的同步卫星，它和地球处于相对静止的状态，同时也随着地球一起绕太阳运动。

引导思考

地球同步卫星的运动速度和地球的自转速度是什么关系，才能处于相对静止状态？

启发认识

地球同步卫星的运动速度与地球的自转速度一样时，处在相对静止状态，这是在运动中静止，不是永远的静止，而运动是永远的。

拓展理解故事

刻舟求剑

有个楚国人乘船过江，不小心把随身带的剑掉到水里，他急忙在船沿上刻了一个记号，说道："我的剑就是从这儿掉下去的。"船行到岸边停住后，他就顺着船沿上的记号下水去找剑。

船已经走了很远，然而剑却原地未动，用这种方法来找剑，不是太糊涂了吗？

引导思考

你认为这个楚国人能找到剑吗？为什么？

启发认识

当剑掉到水里后，剑就静止停留在掉的地方，而船走了。相对于船，剑是静止的，而船是运动的。楚国人错误地认为，船也是静止不动的。所以，楚国人才有了在船沿上刻记号的愚蠢举动。

实践平台

用手抓住飞行的子弹

第一次世界大战期间，一位法国飞行员碰到了一件很奇异的事情。当他驾驶飞机在两千米高空飞行的时候，发现脸旁有一个什么小东西在游动，他以为是一只昆虫，便敏捷地一把把它抓过来。令他大吃一惊的是：原来他抓到手中的是一颗德国制造的子弹！

需要指出的是，在这种情况下，我们说子弹处于静止状态，也是相对于飞机和飞行员而言的。就地球来讲，它仍然处于运动之中，也就是说，上述情况中，子弹的静止是相对的。

引导思考

人能抓住飞行的子弹，你觉得可能吗？

启发认识

其实，在这个故事里有一个重要的条件，那就是飞机跟子弹飞行的方向相同，速度相等。这样，虽然子弹和飞机都处在运动中，但这颗子弹对于飞行员来说，则是静止的，或者只是略微有些移动。在这种情况下，把它抓住自然没有丝毫的困难了，特别是当飞行员戴着手套的时候。这是运动中的静止，就是并排飞行，飞行员就能抓住飞行的子弹。比如，我们跑接力赛，为了早到终点，接棒的人先小跑出去，递棒的人冲刺快。当他接近接棒人的时候就慢下来了，两个人速度几乎是一样的，一伸手就接到了棒。所以，如果接棒人在原地不动就慢了。

亲子互动

请同学们和家长一同做个小实验：在你和家长一起坐车时，用手向上抛起一个小球或者是别的东西，看看它是处于什么状态。一定要注意安全哦！

教学感悟

事物是运动的，学生比较好接受，而静止作为运动的一种特殊形态，由于学生的知识与经验不足，不太好理解。所以在教学中，必须从学生亲身体验入手，以事实为依据引导思考，启发他们用自己的话语来表达是可以接受的。

哲思哲理

运动是指事物的一般变化和过程，标志着事物变动不定的动态过程。静止是运动的特殊状态，是物质运动在一定条件下、一定范围内处于暂时稳定的平衡状态。

运动是绝对的，静止是相对的。相对静止中包含着绝对运动；绝对运动中也包含着相对静止，物质的具体形态都是绝对运动和相对静止的统一。

第三节　事物运动是有规律的

——揠苗助长

学习目标

1. 初步认识事物运动都是有规律的。
2. 初步了解"规律"的含义。

问题引导

我们知道了万事万物都是运动的，它们是怎么运动的呢？

激趣导入

我们是怎么走路的？

两条腿总是一前一后地交替走路。

如果让人像袋鼠那样，双脚跳，你们很难走远。所以说，人用自己的方式走路，总是两条腿一前一后地交替行走，一般不会双脚跳，更不会像小鸟一样飞。

请同学们猜一猜最后一幅图片是什么样子的？为什么？

一年四季的变化是怎么产生的？

（观看地球公转与自转的视频）

通过图片，我们都能猜到最后一张图片应该是冬天的景色。通过视频我们了解了一年四季变化的原因是地球围绕太阳转一圈，叫公转。由于地球的公转，就出现了一年四季的变化，一年四季的变化总是遵循一定的规律。

我们还能举出其他事物都有自己的运动方式吗？比如，空气中的水蒸气在高空受冷凝结成小水点或小冰晶，小水点或小冰晶相互碰撞、并合，变得越来越大，大到空气托不住的时候便会降落下来，当低空温度高于0℃时，便形成了雨。雨水洒到大地，小草长出来了，树发芽了，桃花开了……

我们是怎样认识这些事物的运动规律的呢？

启发认识

这是因为所有事物都是按照自己本身的方式运动着、变化着，是不可改变的，这就是运动的规律。所以我们说事物运动是有规律的。

导 入 语

让我们来具体地认识事物的运动规律。

哲理故事

蝴蝶成长的规律

美丽的蝴蝶是怎样破茧而出的？起初，茧里的蝴蝶宝宝慢慢地醒来，把茧咬破一个小口，费力地挣扎着想要出来。那个看不清形状的小生命折腾了好几个小时，好像精疲力尽，停了下来，不一会儿，又开始奋力挣扎，这回又把茧的口子挣大了一些。小蝴蝶终于完全出来了。然后，它快活地抖动着一对硬邦邦的翅膀，身体用力地蠕动着。

……

这只小蝴蝶终于飞起来了。

可是，另一只蝴蝶宝宝却没那么幸运了，有一个人看到了蝴蝶宝宝破茧的过程。当他看到一个茧中的蝴蝶宝宝在费力地挣扎时，就用剪刀把茧破开的口子剪大了一些。随后，只见小蝴蝶没那么费力的挣扎就出来了。可是，它没有像那个人预料的那样展翅飞翔，而是翅膀皱巴巴，身体肿胀得像个小肉虫子，不停地哆嗦，不久就死了。

引导思考

这个好心人做得对吗？为什么？

启发认识

其实，正是那人的好心和性急断送了蝴蝶美丽的生命。因为一个生命成长的每一步都是由生命本身的运动规律决定的。在蝴蝶破茧而出的挣扎中，它会把身体里多余的水分挤到翅膀里，这样，当它终于自由的那一刻，它才能拥有轻盈的身体和丰盈的双翅。我们知道，规律是不以任何人的想法而改变的。不管人们是否认识到、承认、喜欢不喜欢，它都不可改变，并以一定的方式起作用。规律不是创造出来的，也是不可任意改变和消灭的，人们只能去认识规律、利用规律，按规律办事。

上述故事中的好人不但没有帮助蝴蝶健康成长，反而促其早亡，正是因其打破了蝴蝶的成长规律，使得一只活生生的美丽的蝴蝶葬送在他的手中。

拓展理解故事

一次比一次进步

菜园里，冬瓜躺在地上，茄子挂在枝上。

屋檐下，燕子妈妈对小燕子说："你到菜园去，看看冬瓜和茄子有什么不一样？"小燕子去了，回来说："妈妈，妈妈，冬瓜大，茄子小！"

燕子妈妈说："你说得对。你能不能再去看看，还有什么不一样？"小燕子又去了，回来说："妈妈，妈妈，冬瓜是绿的，茄子是紫的！"

燕子妈妈点点头，说："很好。可是你能不能再去仔细看看，它们还有什么不一样？"小燕子又去了，回来高兴地说："妈妈，妈妈，我发现冬瓜的皮上有细毛，茄子的柄上有小刺！"燕子妈妈笑了，说："你一次比一次有进步！"

——选自（人教版《语文》一年级上册）

🔵 引导思考

这个故事告诉我们一个什么规律？

🔵 启发认识

这个故事告诉我们，人们对事物的认识也是有规律的。这个规律就是，人的认识是从亲身去做，做中认识事物。从部分认识事物到全面认识事物，最终认识事物的全部。就像小燕子妈妈在小燕子先认识冬瓜与茄子的大小后，又让它去观察。小燕子认识了它们的颜色，进而认识到两种蔬菜的外部特征。这样，在比较中不仅认识了冬瓜和茄子，还知道了它们的区别，在区别中认识了冬瓜和茄子的特征。

实践平台

揠苗助长

古时候宋国有个农夫，种了禾苗后，希望禾苗能长得快一些，但是总觉得禾苗长不高。有一天他实在等得不耐烦了，就跑到田里，将禾苗往上拔高了几分。经过一番辛劳后，他满意地扛锄头回家，对家里人说："今天我可累坏了，我帮助庄稼苗长高了一大截！"他儿子赶快跑到地里去，一看，禾苗全都枯死了。

引导思考

请你结合今天所学，说一说禾苗为什么会枯死？

启发认识

我们可以知道规律是不可改变的。禾苗生长是有其规律的，这个宋国人的做法破坏了禾苗生长规律，因此不但不会使禾苗快快长大，反而导致禾苗枯死。所以，想任意改变规律是不可能的，只能按规律办事。

亲子互动

同学们和家长一起讨论：为什么必须按规律办事？想一件你按规

律办事成功的经验，下次上课，我们分享经验。

教学感悟

　　小学生学哲学目的就是让他们能真实地认识世界，认识到事物存在都是有规律的。初步了解规律的含义、规律的客观性和普遍存在性；初步懂得只有按规律办事才能把事情做成功，培养学生的科学精神和实事求是的生活态度。

哲思哲理

　　规律是事物本身固有的、本质的、必然的联系。

　　规律的客观性根源于物质的客观实在性，可以从三个方面来理解：第一，规律的存在和发生作用不以人的意志为转移；第二，规律既不能被创造，也不能被消灭；第三，规律的客观性集中表现为它的不可抗拒性。

　　人们想问题、办事情必须遵循客观规律，按规律办事，才能达到预期目的，取得成功。

　　我们要发挥人的主观能动性，认识世界，改造世界，必须尊重客观规律，按客观规律办事，决不能违背客观规律。

第四节 生活中处处有规律
——阿基米德定律

学习目标

初步了解规律的普遍性和客观性。

问题引导

我们生活中处处有规律。你都发现了生活中的哪些规律？

激趣导入

现在我们就来找规律，看谁找得多？

启发认识

我们找到这么多的规律，因为这些规律就在我们的生活中。我们不能离开规律而生活，找规律就是发现规律。

导入语

要善于观察和思考才能找到规律。你想知道大科学家是怎么找规律的吗？

哲理故事

阿基米德定律

物理学上有一个著名的阿基米德定律：把一个物体放到水里，受到向上的浮力等于被物体排开水的重量。阿基米德定律是怎么发现的呢？这里面有一段故事：

在希腊，一个国王为了炫耀自己的尊贵，命令金匠给他打一顶纯金的王冠。过了一段时间后王冠做好了，金匠把它献给国王。这王冠做得好极了，国王越看越高兴，给了金匠丰厚的奖励。

一天，有一位大臣向国王说道："金匠给陛下新做的王冠确实很精巧，所有的人都很赞赏。但不知陛下是否考虑过这王冠里会不会有假呢？"听大臣一说，国王果然起了疑心：是啊，金匠拿走制王冠的黄金，会不会偷换黄金而掺进别的金属呢？于是国王请来了精通物理学和数学的阿基米德。

阿基米德是当时最著名的智者，他把所有想到的办法都做了尝试，仍然不能揭开王冠的秘密，这令他睡不安寝，食不甘味。有一天，仆人叫阿基米德去洗澡。仆人把澡盆的水放得太满了，人一进去水就向外流，身子进入水里越多，水流出的也越多。这本来是一件很常见的事，阿基米德从来没有对此留意过。可是现在，他好像忽然发现了什么重要秘密似的兴奋起来。他联想到：如果那顶王冠是纯金的，没有掺假，那么，把它放到盛满水的容器里，流出的水的重量，与同样重量的纯金放到盛满水的容器里流出来的水的重量是一样的。于是阿基米德赶快动手做实验。

实验结果表明：金冠放到盛满水的容器里，流出的水比同样重量的纯金放进去时流出的水多。这就证明金匠果然在王冠里掺了银子。

因为同样重量的银子放入盆中排开的水比放入金子排开的水要多。金匠也因此受到了应有的惩罚。正是由于这个研究，产生了阿基米德浮力定律。

引导思考

阿基米德是怎样发现浮力的？对你有什么启发？

启发认识

其实，许多规律的发现，是我们在生活中遇到问题时，为解决问题而进行探索的结果。在生活中，我们解决不了的问题就是对事物的规律认识不清，从而迫使我们的通过关注、用心观察、思考、实验等方法，去发现规律，进而认识规律，然后创造条件，利用规律。要想发现规律，我们必须关注那些无法解决的问题，然后下功夫去解决。

对规律的认识又不是一次就能完成的。在阿基米德之后，随着科技的发展，人们对浮力有了更深的认识。从而发明了今天的航母、万吨巨轮、蛟龙号以及核潜艇等。

拓展理解故事

达尔文的发现

查理·达尔文出生于英国，他提出了生物进化论。

达尔文从小热衷于采集标本，寻找矿石。他长大后结交了植物学家和地质学家，并有幸随贝格尔号舰去考察。

当达尔文到圣地亚哥岛时，最吸引达尔文的是这里的奇花异草，郁郁葱葱的草木中活跃着各种昆虫，光蝴蝶就有上千种。是什么力量把大自然装扮得如此美丽，创造出这样种类繁多的动植物呢？

在查塔姆岛上，达尔文发现有一种身体巨大的贮水龟。这种龟可以爬到很远的地方找水，把肚子喝饱后，还能把水贮存在身体里，因此它们可以生活在雨量极少的干旱地区。

来到南美的加拉帕戈斯群岛，达尔文发现，不同岛屿之间的自然环境不同，植物种类也有不同。他一共采集到 193 种植物，其中上百种都是当地特有的。

在他发现的 26 种鸟类中，有 25 种是这个岛屿所特有的。这些鸟嘴巴的大小、宽厚各不相同，有的喙长，有的喙短，有的喙大而坚硬，有的喙弯曲像小钩子。这是为什么呢？达尔文经过调查发现，由于它们分布在不同的小岛上，有的吃谷子，有的吃昆虫，有的吃坚果，于是喙就变得各不相同，形成了不同的种类。

在北大西洋马德拉岛上，他发现这里的昆虫大部分翅膀都退化了，不能飞，而少数昆虫的翅膀却特别发达。达尔文现在明白了，原来岛上经常刮大风，那些会飞的昆虫大部分都被刮到海里淹死了。只有少数翅膀特别发达的，或趴在地上不会飞的昆虫才被保存下来。因此岛上就只剩下翅膀特别发达或不会飞的昆虫了。

通过多年的考察研究，达尔文得出了一个科学结论，就是动植物的生存和环境之间有着必然联系的规律。

引导思考

1. 达尔文经过考察，发现了一个什么规律？
2. 你认为这个规律对于我们保护环境有什么重要意义？

启发认识

达尔文的发现，告诉我们一个重要的道理，就是动植物随着自然环境的变化而发生变异。"变异"就是变得和以前不一样了。自然环境的变化，使有些适应性强的动植物生存下来了，不适应的就被淘汰了，或者发生变化。这也说明了一个非常重要的道理，就是动植物的生存与环境之间有着密切的关系。生态文明建设，要保护好动植物生存的自然环境。

环境的恶化不仅使许多动植物濒临灭绝，而且也危及我们人类的生存。所以，保护环境、爱护动植物要从我做起，保护好人类生存的环境，就是创造幸福生活。

实践平台

现在地球上的人口已经达到 70 多亿人了，地球不会长大，种粮食的土地也不会再多，怎么办呢？像袁隆平这样的农业科学家，探索出让稻穗变多的规律。比如，让水稻的杆变粗变高，让稻穗上的籽粒增多、增大，长出一个个长长的稻穗，稻穗长了，产的稻米就多了。过去，全国年平均亩产最高的高产田在 400 公斤左右，现在能产 1500 多公斤呢！我们还要不断探索规律，让生活变得更加安全、美好。

另外，宇宙中有不计其数的星球，只有地球上有人类吗？人类能到外星上去生存吗？这都需要我们好好学习，增长本领，才能探索到这些规律。

引导思考

你们将来想探索什么规律呢？

启发认识

大家的想法都很好。但只有学习好各方面的知识，才能将想法变为现实。

亲子互动

请同学们跟家长交流：你对探索什么规律感兴趣？请家长帮助买这方面的书或者查找这方面的资料，一起读，一起研究。我们还要进行研究成果的交流与汇报。

教学感悟

教小学生学哲学，从规律入手，认识规律，从孩子亲身经历、体验出发，了解哲学关于规律的认识。

哲学是研究人与世界的关系，是为了真实地认识世界，改造世界。这样的大道理，很难让学生很好地理解。

触及学生生活中的那些常见的自然规律、生活规律等，就能把他们引导到认识世界中来，目的是为了让学生懂得想要生活得更好，就要改造世界，就必须认识客观规律。学生们这方面的经历和经验有了一定的积累，相关的故事学生也常听到或者读到，为学习这一课的内容提供了丰富的资源。

哲思哲理

物质具有客观实在性。物质的运动是绝对的，运动是物质的存在方式。同时物质的运动又是有规律的，所以，规律具有客观性和普遍性。人们在客观规律面前并不是消极被动的，规律是可以被人们发现、认识和利用的。

第五节　认识规律利用规律
——曹冲称象

学习目标

初步知道在生活中认识规律、利用规律。

问题引导

我们为什么要找规律、认识规律和利用规律呢？

激趣导入

我们学习、生活中离不开规律，规律无处不在。哪位同学有利用规律把事情做得好的经验？

启发认识

同学们的经验告诉我们：只有按规律做事，才能更好地学习和生活。

导　入　语

我们在生活中怎样利用规律呢？

哲理故事

曹冲称象

有一次，孙权送给曹操一头大象，曹操很高兴，带着儿子和官员们一同去看。

曹操的人都没有见过大象。这大象又高又大，身子像一堵墙，腿像四根柱子。官员们一边看一边议论："象这么大，到底有多重呢？"

　　曹操问："谁有办法把这头大象称一称？"有的说："得造一杆大秤，砍一棵大树做秤杆。"有的说："有了大秤也不成啊，谁有那么大的力气提得起这杆大秤呢？"也有的说："办法倒有一个，就是把大象宰了，割成一块一块的再称。"曹操听了直摇头。

　　曹操的儿子曹冲当时才 7 岁，他站出来，说："我有个办法。把大象赶到一艘大船上，看船身下沉多少，就沿着水面，在船舷上画一条线。再把大象赶上岸，往船上装石头，装到船下沉到画线的地方为止。然后称一称船上的石头。石头有多重，大象就有多重。"

　　曹操微笑着点点头。他叫人照曹冲说的办法去做，果然称出了大象的重量。

引导思考

　　1. 文中那几个大臣称象的方法，你觉得有什么不好？

　　2. 曹冲虽然只有 7 岁，可他称象的方法你觉得怎样？为什么？

启发认识

　　一个大臣称象的做法是用秤直接去称，这是无法做到的；而另一个大臣的做法是把大象杀掉，割成一块一块的去称，更不好了。而曹冲先是让人把大象赶到船上。让大象站在船上，在船排开水的地方画线。然后将大象赶下船，把石头放在船上，直到水位线达到做记号的地方。这样，大象与石头在船上排开的水就一样多了。只要再称一称石头的重量，就得出大象的重量。曹冲的这一做法正是利用了水的浮力规律。

拓展理解故事

要是你在野外迷了路

要是你在野外迷了路，
可千万别慌张，
大自然有很多天然的指南针，
会帮助你辨别方向。

太阳是个忠实的向导，
它在天空给你指点方向，
中午的时候它在南边，
地上的树影正指着北方。

北极星是盏指路灯，
它永远高挂在北方。
要是你能认出它，
就不会在黑夜里乱闯。

要是碰上阴雨天，
大树也会来帮忙。
枝叶稠的一面是南方，
枝叶稀的一面是北方。

雪特别怕太阳，

沟渠里的积雪会给你指点方向。

看看哪边的雪化得快，哪边化得慢，

就可以分辨北方和南方。

要是你在野外迷了路，

可千万别慌张，

大自然有很多天然的指南针，

需要你细细观察，多多去想。

——选自（人教版《语文》二年级下册）

引导思考

在这首诗歌中，你能发现什么规律？在迷路的时候，你怎样利用这些规律？

启发认识

由于地球自转形成两条规律：一是到中午时，太阳在南边，树影正指着北方；二是北极星在北方。利用事物与阳光的联系也能找到的两条规律：一是由于树生长爱朝着太阳，枝叶在南边长得稠密，在北边稀疏，由此可以分辨北方和南方；二是由于雪怕太阳，雪化得快的是南方，化得慢的是北方。

如果我们真的迷了路，可根据迷路的时间、地点，细心观察，想想这些规律，就能分辨方向了。

实践平台

同学们，我们找规律，认识规律，利用规律，目的是让人们生活得更好。可是，世上还有许许多多的规律我们还没有认识到，正在给人类带来巨大的灾难。比如：夺去无数人生命的地震、泥石流、雪崩、海啸、火山爆发……我们对这些灾难为什么会发生，在什么情况下发生等的规律，还没有很深的认识。这都需要我们努力学习科学知识，为探索这些规律打好基础。

引导思考

同学们，有谁愿意担当这样的责任？你们想怎么做呢？

启发认识

大家都愿意担当这样的责任。你们真的很棒！这就要求我们从现在开始努力学习，打好基础，为将来当个探索规律的科学家奠定基础。

亲子互动

与家长一起讨论：在生活中，怎样按规律办事。

教学感悟

通过对本课学习让学生认识到，找规律是为了认识规律，学会利用规律，把事情做得更好。引导学生要从实际出发，学习利用规律。激发学生的责任感，为探索规律而努力学习。

哲思哲理

人们要想在活动中获得预期的目的，即取得成功，就要从实际出发，坚持实事求是，尊重客观规律，按照客观规律办事，否则就会受到客观规律的惩罚。

人们想问题办事情要遵循规律，不可盲目蛮干。

规律是客观的，人们在客观规律面前并不是消极被动的。规律是可以认识的、可以利用的。人们能够在实践中认识规律，并运用规律性认识指导实践，以改造世界，实现目的，获得自由。

第四章　人会思考能创造

第一节　人和动物不一样
——大猩猩洗脸

学习目标

1. 学生能够初步了解意识的含义。

2. 学生能初步认识人和动物的最大不同是人会思考能创造，这是人脑的特有功能。

激趣导入

老师要和你们做一个小游戏：猜猜他（它）是谁？

1. 它有着长长的耳朵，短短的尾巴，还有着一双像红宝石一样的眼睛。（小白兔）

2. 他从小就很聪明，小朋友掉进了水缸，他机智地用石头砸破水缸救出了小朋友。（司马光）

3. 他本领强大，能够七十二变，一个跟头就飞十万八千里。（孙悟空）

启发认识

同学们，为什么老师一说，你们就能很快地联想到他们的形象，说出他们是谁呢？因为我们听过、看过、接触过的事情，会记在脑子里，只要一提起来，就能想起来，说出来，这是人特有的能力。

导 入 语

动物能做到吗？

哲理故事

观看视频

《猩猩洗脸》

《杨丽萍跳孔雀舞》

引导思考

动物的模仿与人的模仿有什么不同呢？

启发认识

经过同学们的讨论，我们一起来归纳。

第一个方面，猩猩是用类似人的双手前爪，简单地模仿洗脸，没有什么目的性。而人是用自己身体的各个部分，用复杂的动作把孔雀的神态、羽毛开屏的美丽给表演出来，目的是让人们能欣赏到孔雀的精彩多姿，给人们美好的享受。

第二个方面，猩猩的模仿不用思考和创造，简单地比画。而人的模仿，要思考怎么模仿才能表达出孔雀的美，这需要人创造出来。

第三个方面，猩猩的模仿没什么创造性，而人的模仿要创编出像孔雀一样的神态和优美姿态。不仅表现出真实性，还设计出像孔雀羽毛一样美丽的服饰和装容。

第四个方面，猩猩的模仿就是单独的动作，而人的模仿是多人参与的集体创造。如有编创动作的、制作舞服的、制作音乐的等等。所以，我们说动物只能进行简单的模仿，而人会思考能创造。人和动物不一样。

妈妈问思思

妈妈问思思，我们人在做事情之前，是不是有个想法啊？比如，你要干什么，怎么干，要有一个目的，有个计划，做好各方面的准备，然后才能去做，对吗？

思思说："很对呀！人做事情都要思考，要干什么，用什么办法干，解决自己想解决的问题。人都是这样的，做每一件事都是这样的，妈妈也是这样的。"

妈妈说："有个伟人说，最一般的建筑师也比蜘蛛高明，这话对吗？"

思思说："我认为很对！建筑师要建什么样的房子，为什么这样建，他有想法，有图纸，用什么材料建，都想得很清楚，才能把房子造出来。而蜘蛛不会想，不能想，它是天生的动作，这叫动物的本能啊！它不会像人一样思考和创造。"

引导思考

你认为思思说得对吗？

启发认识

思思说得对。动物只有天生的本能，不会思考，不用创造，适应自然而生活。而人要生活，就有目的、有计划就要思考为什么做和怎么做，就需要创造出符合自己需要的生活。

实践平台

一起思考

我们生活的世界很精彩。今天的信息化、智能化时代，我们有无限的想象力。你能想象到未来什么样吗？人类还能创造出什么呢？

我们在思考，想象着未来的美好生活。

那么动物在哪里呢？他们怎么生活呢？

动物还都在适合他们生存的大自然里。就是在自然保护区，也是人类给他们创造的适合他们生存的自然里。在动物园里的动物，是为了让人们认识动物而创设的适合动物生存的自然环境。

现在，我们并没有在大自然里，我们怎么会思考出动物生存的情况呢？这是因为人把本来存在的事物记在脑子里，人有记忆能力，需要时就能想象出来，表达出来。人有想象力，而动物是没有的，他们只能凭本能适应自然环境生存。

这是人与动物的根本区别。

引导思考

让我们再想一想，猩猩的模仿和舞蹈家杨丽萍的模仿还有什么不同？

启发认识

猩猩不会思考，不会想象，就不会创造，只能用自己有的前爪做简单的模仿，过后就忘了，再见到人洗脸才能再模仿同样的动作。而杨丽萍的模仿，有观察、有思想、有想象，才能创造，并且是多人参与的集体行为。想象力是人的一大特点。

教学感悟

通过学生的经验和体会，让学生知道动物只有本能，不会思考，人会思考有想象力，能创造，这是人与动物的根本区别。引导学生多动脑筋，独立思考，增长智慧。对于意识，学生理解起来比较抽象、困难，就以人会思想、能想象、能创造，让学生从中初步了解一点人的意识的含义。

亲子互动

和家长一起讨论：人和动物有什么不同？

哲思哲理

意识是人脑特有的功能，是物质世界发展到一定阶段的产物，是客观存在人脑中的反映。意识活动具有目的性和计划性。意识具有能动作用，其包括两个方面：一是它不仅能反映事物的现象，还能正确地反映客观事物的本质和规律；二是意识能够反作用于客观事物。在实践中，意识总是指挥着人们使用一种物质的东西去作用于另一种物质的东西，从而引起物质具体形态的变化，这种力量被称为人的主观能动性。

第二节　人的思考是对存在事物的反映

——画家乡

学习目标

1. 初步了解思考是对存在事物的反映。
2. 知道动物不会像人一样思考。

问题引导

人与动物的根本区别是什么？

激趣导入

同学们，咱们一起做个小游戏。请看，我的手指往右，你们的头就往右，我的手指向左，你们的头就向左。看谁的反应快哦！

噢！同学们反应都很快。如果我把这个小游戏的做法讲给小动物，小动物能做吗？

启发认识

小动物当然不能做了，因为他们听不懂人说的话。所以，对它们说什么，它们都不会有反应的。

导入语

人思考的是什么？

哲理故事

猜一猜，说一说

他是中国田径选手，是110米跨栏运动员，是全亚洲田径史上唯一集奥运会冠军、室内室外世锦赛冠军、世界纪录保持者多项荣誉于一身的运动员，我们都管他叫小飞人——刘翔。

现在，刘翔已经光荣退役。我们都很佩服他。

这是谁？我们都没有见过他本人，但是我们在"学习哲学好榜样"中介绍了他的情况。我们听说过他，学习过他，就知道他是谁了。

他就是钱学森。我们都很敬重他。

一看这幅图，你们马上就反映出来了，因为你们太熟悉它了。熊猫是中国的国宝，外国没有，现在世界上还有许多小朋友没见过可爱的熊猫呢。

你们看了这幅图，一样反映很快。虽然恐龙已经灭绝，我们没有见过真的恐龙，但考古科学家根据恐龙化石提供的资料进行科学研究，恢复恐龙的形象，我们才知道了恐龙的样子、生活的年代和习性，以及恐龙的种类等。我们多希望看到真的恐龙啊！

引导思考

1. 通过对这几幅图的认识和对图的内容的了解，你能知道人是怎样通过思考反映事物的？

2. 人对事物的反映和照镜子有什么不一样？

启发认识

1. 人通过对观察到的、听到的、学到的、想到的和记忆过的事物各方面的情况进行联系的思考和想象，对事物有一个全面的认识，人对事物这样的认识，在哲学上就是人对存在事物的反映。

2. 人对事物的反映和照镜子不一样。照镜子只是反映了外在的样子，而人对事物反映是由事物外在的样子到内在特性的整体思考，进行联想和想象。摄影也与照镜子是类似的问题。

拓展理解故事

猴子灭火

猴子能灭火，你听说过吗？

71

科学家为了训练猴子灭火是这样做实验的。他们在训练小猴子的时候，先给小猴子吃香蕉，吃完后让每个小猴子提着一个小水桶，把它们领到一个比较低矮的大水桶旁边。在离大水桶不远的地方燃起一堆火，教小猴子用小桶从大水桶里提水，往火上浇。就这样，每天让小猴子练习。结果，小猴子一吃完香蕉就拿小水桶从大水桶里提水，看见火就往上浇，动作特别熟练。

可是，当训练员把这些猴子领到湖里的船上，船上没有大水桶，当训练员在船上也燃起一堆火，同样给猴子吃香蕉，并分发给它们小水桶。它们却因为找不到大水桶，先是吱吱乱叫，后来就是一副没办法的样子。

引导思考

1. 为什么给猴子吃香蕉，天天训练它们，它们就能灭火？

2. 猴子为什么不会到湖里提水灭火？

3. 如果你们在船上，会怎么做呢？

启发认识

1. 给猴子吃香蕉，是给猴子一个信号，然后训练猴子模仿人灭火的动作。训练多了，猴子一吃香蕉就会模仿人灭火。

2. 把猴子放到湖里的船上，船上没了大水桶，无处打水了，缺少了模仿的条件，猴子就不知所措了。因为，猴子不知道任何一个地方的水都可以灭火。同样道理，马戏团的狗会做算术，大象会唱歌，警犬协助警察破案，都是训练出来的。

3. 如果同学们在船上，你们马上就反应过来，会拎着水桶到湖里提水灭火。因为你们有生活经验，接触到的事情很多，知道水是可以灭火的道理。人的意识不仅会反应事物，还能认识事物之间的联系和规律。所以，人会思考，经过思考会想办法做事情。

实践平台

画家乡

孩子们爱家乡，也爱画自己美丽的家乡。

涛涛的家乡在海边。他画的海那么蓝，那么宽。一艘艘船上装满了鱼和虾。那个在海滩上赤着脚捡贝壳的孩子，就是涛涛。

山山的家乡在山里。他画的山那么高，水那么清。房前屋后都是又高又大的树。画上的山山，提着小竹篮，正要到树林里去采蘑菇呢。

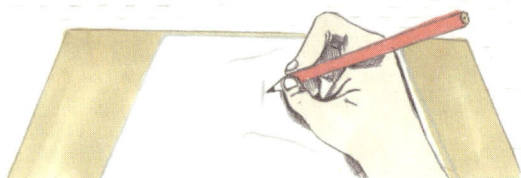

平平的家乡在平原。她画的平原那么平坦，那么宽广。有金黄的稻子，雪白的棉花，还有一大片一大片碧绿的菜地。屋前有鸡、鸭，屋后有翠竹。正在田野上奔跑的小女孩就是平平。

青青的家乡在草原。她画的草原一眼望不到边。草长得又绿又密，羊群在草原上走来走去。一匹骏马从远处奔来，青青正骑在马上赶着羊群。

京京的家乡在城市。他画的城市那么美。宽宽的街道，高高的楼房，还有一座座街心公园。那个正跑向科技馆的小男孩，就是京京。

小朋友，你的家乡也一定很美，请你画出来吧！

——选自（人教版《语文》一年级下册）

引导思考

为什么每个小朋友画的家乡都不一样呢？

启发认识

这几个小朋友都生活在自己的家乡，每个人的家乡都有各自的特点。他们思考和想象的都是自己家乡的真实情景，他们对家乡的一切最熟悉，对家乡的认识最全面。通过画家乡反映出他们爱家乡的真实情感。

亲子互动

请你读一读《小松鼠找花生》的故事，和家长讨论：小松鼠为什么找不到花生呢？

教学感悟

意识对于小学生而言都是很抽象的。为此，我们必须从学生仅有的实际经验进行引导，从而使他们从事实中得到感受和体验，用他们能理解的语言表达自己的思考，联想和想象就是对存在事物的感悟和认识。在表达中，我们没有用"客观存在"，而是用"存在事物"来代替"客观存在"，对于学生来说好理解一些。学生能初步知道，意识是人脑对"存在事物"的反映。

哲思哲理

意识是与物质相对立又相统一的精神现象。辩证唯物主义科学地阐明了物质和意识的辩证关系，认为物质决定意识，意识是物质世界发展到一定阶段的产物，是人所特有的精神活动。意识是人脑的机能，是客观世界在人脑中的主观映像。意识具有社会性，同时也具有自身的相对独立性和能动的反作用。

第三节　会思考是人脑的功能
——我到"比如世界"学习

学习目标

1. 初步了解会思考是人脑的功能。

2. 知道人的思考只有在社会生活中才能产生，思考、联想和想象活动就是人的思维活动。

3. 引导学生积极参加社会实践活动，发挥主动性和创造性。

问题引导

人为什么能思考呢？

激趣导入

同学们，我们的眼睛、耳朵、鼻子、舌头等器官，甚至包括身体，都有什么独特的功能？人脑作为身体的重要器官，它有什么独特的功能？

启发认识

眼睛是人的视觉器官，它能让我们看清多姿多彩的世界；耳朵是听觉器官，它能让我们听到四面八方美妙的声音；鼻子是嗅觉器官，它能让我们辨别各种气味；舌头是味觉器官，它能让我们辨别各种味道，吃到美味的食物。这些器官叫人的感觉器官。而人脑的独特功能就是让人会思考，产生联想和想象，从而对存在的事物进行反映。

如果人没了别的器官，还可以补救。而人脑如果受到严重损伤，人不是变成植物人就是死亡。人脑对人来说是最重要的。

导入语

人脑到底有多重要？

哲理故事

人机大战

2016年3月进行的围棋人机大战中，AlphaGo最终以4:1战胜了韩国名将李世石，引起了全世界的广泛关注。五盘棋输了四盘，围棋世界冠军李世石输给了机器。这到底是什么原因呢？

原来在跟李世石下棋之前，AlphaGo已经集中学习了半年，比如谷歌给其输入了3000万步人类的围棋大师的走法，让其自我对弈3000万局，积累胜负的经验。同时它还要在自我对弈的训练中形成全局观，并对局面做出评估。经过上述深度学习（是指机器通过深度神经网络，模拟人脑的机制来学习、判断、决策）后，AlphaGo展现出了强大的选择能力。而且随着训练的增加，AlphaGo还在进步。

引导思考

1. 你知道计算机的活动程序是谁编出来的吗？

2. "人机大战"的结果是人败了，让我们不得不思考，未来机器真的会在智能上与人类相同甚至胜过人类吗？

启发认识

1. 计算机活动的程序是人编出来的，是按人的思考活动也就是人的思维活动来设计和编排的，是对人的思维活动的模仿。而思维活动就是人的反映事物的思维过程。计算机是人制造和利用的工具。

思考是人脑的功能。人在思维过程中先有外部事物作用于人的眼、耳、鼻、舌、身感觉器官，感觉器官再把信息传到大脑，在大脑中经过信息处理和加工产生一种认识，再沿着传入路线传回人体器官，让人产生了一定的动作。思维活动只有人的大脑才能进行，计算机只是模仿人的大脑思维活动的机器，是人掌控的。

2. 人机大战中，人失败的原因是有人把下围棋的所有棋谱和棋谱之间的变换过程全部纳入计算机，成为计算机的程序，这是一个人的下棋能力难以应对的。AlphaGo 在对弈中使用的策略网络、估值网络和蒙特卡洛树搜索算法与人类的思考方式还不能相提并论。它证明了强大的计算能力和算法，但 AlphaGo 并不知围棋为何物。因此，围棋在目前来说，依然是人类的"专利"。AlphaGo 与李世石的博弈，失败者与成功者无论是谁，都意味着这场比赛的赢家是人类——因为机器是人造的。我们最应该关心的是如何优化人工智能，并将其运用到为人类服务的领域。

拓展理解故事

狼　孩

1920 年，在印度加尔各答的一个小城里，一到晚上，人们就见到有两个用四肢走路的"像人的怪物"跟在三只大狼后面出没。后来人们打死了大狼，在狼窝里发现这两个"怪物"，原来是两个裸体的女孩。其中大的有七八岁左右，小的只有两岁左右。这两个小女孩被送到一个孤儿院去抚养，看护人员给她们取了名字，大的叫卡玛拉，小的叫阿玛拉。

狼孩刚被发现时，一切生活习惯都和狼一样：用四肢行走；白天睡觉，晚上出来活动；怕火、光和水；只知道饿了找吃的，吃饱了就睡；不吃素食而要吃肉（不用手拿，放在地上用牙齿撕开吃）；她们不会讲话，每到午夜后像狼似的伸长脖子嚎叫。

她们被送进孤儿院后，人们耐心抚养和教育她们，可第二年阿玛拉就死了，而卡玛拉一直活到1929 年，经过 7 年的教育，她才掌握45个词，勉强地学会了几句话，初步养成人的生活习性。死时估计已有16 岁左右，但其智力只相当于三四岁的孩子。

引导思考

1. 当人们发现这两个孩子的时候，她们是什么样的？
2. 狼孩为什么不能像人一样生活？

启发认识

1. 两个狼孩的生活习性与狼一样，不会说话，没有感情，在夜里还像狼一样嚎叫。

2. 因为狼孩生活在狼的生活环境中，她们接触到的全是狼的生活。她们从小就离开了人类社会，没有见过和体验过人类的生活，因此她们不会思考，也很不适应人类的生活方式。

人们为了让她们恢复人性，和正常的人一样，让她们回到人的社会中来进行特殊的训练，让她们能像人一样思考。可是，由于不适应人类社会，阿玛拉第二年就死了。虽然卡玛拉活到了 16 岁，但智力只相当于三四岁的孩子，由于她的思考能力没有发展起来，最终还是不能适应人的社会生活。

实践平台

同学们，学校经常组织我们参加社会实践活动，这是为什么？你参加了社会实践活动，有什么收获吗？下面，是一位二年级的小同学参加社会实践活动写的一篇作文。

我到"比如世界"学习

我去了"比如世界"。去干什么呢？学习，长本领！

我和同学们来到"比如世界"，看到一间间小屋。唔，每个小屋都可以学一个本领哦！大家都高兴极了。

我来到一间小屋，穿白大褂的叔叔告诉我们在这里可以试试怎么当医生。我学会了用听诊器，还学会给假人做"人工呼吸"以及抢救的方法。穿白大褂的叔叔说我可以对真的病人进行救治了。我太高兴了！

离开这里，我又进到教人美甲的小屋。美甲的步骤是这样的：先拿来一个塑料制成的指甲盖，然后往上涂染自己喜欢的指甲油，涂好后套在自己的指甲上，非常漂亮。我回家给妈妈做美甲，妈妈一定很高兴。

我又跑到一间小屋里来，这里竟然是学习当空姐呀！

我在飞机上看到过空姐。她们长得都很漂亮，说话很有礼貌，举止文明有礼。我以后也要当空姐，为乘客提供最棒的服务。

时间过得飞快，我就要离开"比如世界"了。

我爱"比如世界"，我还要来。

引导思考

这个同学到"比如世界"参加活动，她都学到了哪些本领，她的思想发生了什么变化？

启发认识

她学习了急救的方法，学习了美甲，当了空姐。她很高兴学到了知识，增长了本领，还树立了长大为更多的人服务的理想。

我们只有多学习、多实践、看得多、想得多、记得多，经常锻炼我们的大脑，丰富我们思考的内容，才能活跃我们的思维，提高我们的思考能力，从而成为一个有智慧的人。

亲子互动

请与家长讨论"两耳不闻窗外事，一心只读圣贤书"这句话对吗？

教学感悟

对于小学生来说，认识意识是人脑的机能，比较困难。我们从人体一般器官的功能进入，让学生明白"人脑"也是人的功能器官；从生理进入，认识人脑有能思考、能想象、会创造的功能。

"意识"简单通俗地表达就是"会思考"。

让学生初步知道，人不能离开人的社会，离开人的社会就不能思考，就不能生活下去。鼓励学生多参与社会实践，增长知识，学会思考，锻炼本领。

哲思哲理

人的意识是高度发达、高度完善的特殊的物质，是人脑的机能或属性。通过内在的生理机制，人脑可以进行以抽象思维为标志的复杂的意识活动。

人的意识与人脑这一特殊物质是不能分开的，人脑及其生理活动是人的意识活动的物质基础。意识是人脑这种特殊物质的属性，但并不是物质本身。

在科学技术飞速发展的信息时代，理解意识是人脑的机能，必须明白由于控制论、信息论和电脑等现代科学技术的发展，人们已经能够利用机械、电子的装置模拟人脑的部分思维功能，为人类服务。

意识是人脑对客观世界的反映过程，是对外界输入的信息不断加工制作的过程。人一旦意识到意识自身，并对意识进行模拟，就会产生"人工智能"。人工智能与人的思维之间存在着本质的区别。人类思维是建立在高度发达的神经系统的基础上的人脑一系列复杂的生理—心理过程。而人工智能只是建立在机械和电子元件结构基础上的一种机械—物理过程。这个过程是由人来设计和安排的，必须有人的意识参与才能进行。计算机要靠人来掌握，输入信息要靠人来编排，输出结果要靠人去理解。计算机仍然是人的工具。

第四节　人的思考有主动性和创造性

——"两弹元勋"邓稼先

学习目标

目标：了解人的思考是具有主动性、创造性就是人的能力性。

问题引导

人的思考是人脑对存在事物的反映，是怎么反映的呢？

激趣导入

同学们喜欢看动画片吗？动画片中的那些小主人公在生活中真实地存在吗？如果不存在，那是怎么创造出来的？

启发认识

我们都喜欢看动画片，因为动画片中的小主人公都非常有趣。有的小主人公还有许多神奇的功能。他们在生活中本来不存在，是人想象出来的。人的想象可以把不同的人、物、事、景联系起来，编成故事，把动物拟人化，把人的功能扩大化、神化。比如孙悟空，是作者把本来存在但不是同一类事物的人和猴，通过想象联系起来，变成了人一样的猴子，起个名叫孙悟空，并以它为中心，编出一系列有趣、神奇的故事。

导 入 语

人不仅会创造出许多动画，更重要的是人还能创造出世界上许许多多的东西。

爱迪生发明灯泡

爱迪生的一生有上千种发明，在1878年发明留声机后，他又转向对电灯的研究。爱迪生翻阅了大量的资料，发现要使电灯能照明，关键在于灯丝。于是，他先后试用了1600多种植物纤维和矿物质做实验，可都没有成功。

有一天，爱迪生看见妻子用来缝制衣服的棉线，顿时眼睛一亮。他拿起一团棉线，直奔实验室，他把棉线烧成炭丝，做成灯丝安装在灯泡上。接通电源后，灯泡立刻发出耀眼的光芒，把整个实验室照得通明。世界上第一盏白炽灯终于诞生了！这盏灯足足亮了45个小时。后来，爱迪生又对灯丝进行了改进，使电灯亮了1200多个小时。

——选自《启发青少年的千万个科普故事》

引导思考

1. 爱迪生怎么发现要使灯泡亮起来关键在于灯丝的？

2. 爱迪生在发明灯丝的过程中进行了怎样的学习和思考？

3. 爱迪生发明灯泡的故事，给了我们什么启示？

启发认识

1. 他翻阅了大量资料，在对资料的深入研究后得出电灯能照明，关键在灯丝。

2. 他一边研究大量的资料一边思考，做了1600多次实验，边实验边思考，失败也不放弃。他善于观察，能从生活中找到解决问题的方法。

3. 人的思考像一个加工厂，具有丰富神奇的想象力。思考通过联想和想象把本来存在但不同类的事物联系起来，加工成新的东西，这就是思考的创造性。而动物不会思考，不会创造发明。所以，伟大的哲学家马克思说，人的思考是"地球上最美丽的花朵"。

拓展理解故事

"两弹元勋" 邓稼先

邓稼先是我国杰出的物理学家，被誉为中国的"两弹元勋"。

中学时，邓稼先就酷爱物理。进入青年时期，他就专攻物理学，立志报效祖国。为了实现自己的理想，他选择了到美国留学。当他得知新中国成立的消息后，心中无比激动。1950年，他毅然放弃国外优越的生活条件回到了祖国。

1958年秋，一天，领导让邓稼先参加原子弹的研制工作。这是一项光荣而艰巨的工作啊！他下定决心，克服一切困难，一定要把原子弹研制出来，为中国人民争口气。

新中国刚刚成立，本来国家就很贫穷，因而要研制当时世界上最尖端的武器，困难重重。但他不怕，没有房子就亲自动手盖，缺少科研人员，他就从大学生中挑。他白天忙工作，晚上给大学生补课。邓稼先常常对大学生们说："研制核武器是中国人民和世界人民的利益所在，我们只能靠自己！"

在当时的中国，人们只是听说过"原子弹"，可是谁也没见过。干着中国没人干过的事情，只能艰苦地探索、艰难地前进。他经常对与他一道攻关的科学家说："干我们这项工作的，就要甘当无名英雄，一没有名，二没有利，三还要吃苦……"

1964年10月16日15时，随着一声巨响，在荒凉、空旷的戈壁滩上冉冉升起了一朵翻滚的蘑菇烟云：中国第一颗原子弹爆炸成功了！中国进入了核大国的行列。

初次的成功并没有使邓稼先满足。他再接再厉，带领他的科研队伍紧张地投入氢弹的研制工作。他肩上的担子更重了。夏天的高温酷暑，冬天零下30℃的严寒，加上过度的劳累，邓稼先多次晕倒在工作场地。每次他醒来所说的第一句话总是："刚才的试验数据搞清楚没有？"因为在他心里有一个信念：要抢在法国人前面完成氢弹的设计、制造和试验。在他的精心组织、指挥下，1967年6月17日，我国的第一枚氢弹爆炸成功了，实现了抢在法国人前面完成氢弹的设计、制造和试验的愿望。

邓稼先及其带领的科研队伍为祖国争了光，实现了我国在科学技术上的伟大跨越。

引导思考

1. 邓稼先为什么要克服重重困难完成研制"两弹"的工作？

2. 他是怎么说的？又是怎么干的？

3. 从邓稼先的事迹中，你怎么认识人的能动性？

启发认识

1. 邓稼先在青年时期就立志报效祖国。新中国成立后，他毅然放弃在美国的优越生活，回到祖国，勇敢地担当起研制"两弹"的光荣而艰巨的工作。

2. 他说："研制核武器是中国人民和世界人民的利益所在，我们只能靠自己！""干我们这项工作的，就要甘当无名英雄，一没有名，二没有利，三还要吃苦……"

当时，国家很贫穷，生活很艰苦。研制当时世界上最尖端的武器，要克服重重困难。他带着科研人员，自己盖房；白天工作，晚上给大学生补课，由于过度疲劳，他多次晕倒在工作场地。他决心要抢在法国人前面成功研制成氢弹。在他的带领下，最终成功了，为祖国争了光。

3. 通过以上分析，我们认识到，人的能动性就是要知道自己干的是什么，为什么干，怎么去干，发挥主动性和创造性，并且要有信心克服困难，更要有成功的决心。习爷爷说幸福是干出来的。加油干就是主动地有创造性地干。

实践平台

鲁班造锯

一天，鲁班到一座高山上去寻找木料，突然脚下一滑，他急忙伸手抓住路旁的一丛茅草。结果，手被茅草划破了，渗出血来。"怎么这不起眼的茅草这么锋利呢？"他忘记了伤口的疼痛，扯起一把茅草细细端详，发现小草叶子的边缘长着许多锋利的小齿。他用这些密密的小齿在手背上轻轻一划，居然割开了一道口子。

他想：要是也用带有许多小锯齿的工具来锯树木，不就可以很快地把木头锯开了吗？那肯定比用斧头砍木头要省力多了。

于是，鲁班请铁匠师傅打制了几十根边缘上带有锋利的小锯齿的铁片，拿到山上去做实验。果然，很快就把树木锯断了。

鲁班给这种新发明的工具起了一个名字，叫作"锯"。

引导思考

鲁班的锯子是怎样造成的？他为什么能想到这样造锯子呢？

启发认识

因为鲁班在生活中善于观察、爱动脑筋，通过手背划破后，对草叶进行细致的观察，发现了草叶边缘长着的锋利小齿，进而通过再一次的亲身试验，找到了手被划破的原因。有了这种思考后，他联想到了制作这样的工具锯木头也会很锋利。

鲁班很有智慧。我们要积极发挥能动性，提高创造性，知道我们现在学习是为了将来成为有社会责任感、有创新精神和有实践能力的社会主义建设者和接班人，做新时代"新人"，就要像邓稼先那样为国家和人民做出贡献。

亲子互动

同学们和家长一起编个童话故事或者写一篇自己曾经发挥能动性的文章，参加比赛。

教学感悟

意识具有主观能动性，强调"人"的能动性，说明意识的主体是人。由于学生的认知能力水平所限，把"意识"用"思考"表达，把

"主观能动性"用"主动性、创造性"表达，让学生知道自己是思考和创造的主人，知道思考有丰富的想象力和创造性，知道任何形象都来自存在的事物，是人的思维方法把不同类的事物联系起来，创造出新的事物。学生从中基本知道能动性的含义。

哲思哲理

人的意识、思维具有巨大的能动作用。人的意识奇妙而丰富多彩，具有多方面的功能和作用。

人的意识能够反映外部世界，得到真理性的认识。

在反映的基础上，意识具有预见的作用。人们通过认识、预见就能够判定事物及其发展进程"是什么和不是什么"。

在反映、预见的基础上，意识起着确定目的、目标和任务的作用。确定"要做什么和不要做什么"。

在反映、预见和确定目的的基础上，意识还起着指导人们制定行动路线、计划，选择较优方案、方法等作用。意识起着规定"应该怎样做""不应该怎样做"的作用。

在实现目的、目标的过程中，意识通过意志、信念和情感等形式对人们的行动起着指导、调节与控制的作用。

在实践过程中，意识还具有规范和调整社会成员之间的关系和行动的作用。人的意识活动是一个能动的创造性的过程。意识的能动性不仅在于能动地反映现实，把握物质世界的本质和规律，更重要的在于运用这些认识能动地指导实践，有计划、有目的地改造客观世界，创造美好的价值世界。

第五章 实 践

第一节 自己试自己做
——小马过河

学习目标

1. 让学生知道实践就是亲自试一试，做一做。

2. 知道实践要在一定条件下进行，在不具备条件的情况下，人可以创造条件进行实践。

3. 能够体会到在实践中可以锻炼胆量、提高能力和增长本领。

问题引导

同学们，你们知道什么是实践吗？

激趣导入

同学们，我想和大家一起做一个有趣的小实验。你们看，我这里有两张纸条。如果我把它们放到我嘴的两边，向纸条中间吹一口气，请你们猜一猜，纸条会怎么样？是分开？合上？还是不动？

有的同学说纸条会分开，有的认为纸条会合上，还有的认为是不动。那我们怎么做才能知道到底是谁说得对呢？咱们亲自试一试。

试的结果大家都知道了。为什么有的同学没猜对呢？

启发认识

这里告诉我们一个道理，我们要解决一个问题，就得亲自去试一试，做一做。哲学中就把亲自试一试、做一做叫作"实践"。

导 入 语

我们就一起来看一个关于实践的小影片，同学们都知道这个故事，是《小马过河》。

哲理故事

小马过河

马棚里住着一匹老马和一匹小马。

有一天，老马对小马说："你已经长大了，能帮妈妈把这半口袋麦子驮到磨坊去吗？"小马高兴地答应了。

小马驮起口袋，飞快地往磨坊跑去。跑着跑着，一条小河挡住了去路，河上没有桥，小马为难了，心想：我能不能过去呢？如果妈妈在身边就可以问妈妈了，正在这时，小马看见一头老牛在河边吃草，它"嗒嗒嗒"地跑过去，问道："牛伯伯，请您告诉我，这条河，我能蹚过去吗？"老牛说："水不深，刚没我的小腿，能蹚过去。"

　　小马听了老牛的话，立刻跑到河边，准备过去。突然，从树上跳下一只松鼠，拦住他大叫："小马！别过河，别过河，你会淹死的！"小马吃惊地问："水很深吗？"松鼠认真地说："深得很呢！昨天，我的一个伙伴就是掉在这条河里淹死的！"小马连忙收住脚步，不知道怎么办才好。他叹了口气说："唉！还是回家问问妈妈吧！"

　　小马甩甩尾巴，跑回家去，把刚才的经过告诉了妈妈。妈妈亲切地对小马说："孩子，光听别人说，自己不动脑筋，不去试试，是不行的，河水是深是浅，你去试一试，就知道了。"

　　小马跑到河边，下了河，小心地蹚到了对岸。

　　原来河水既不像老牛说的那样浅，也不像松鼠说的那样深。

——选自（人教版《语文》二年级上册）

引导思考

　　这么有趣的故事，告诉我们一个什么道理？咱们一起来讨论。

　　1. 小马第一次来到河边的时候，它不知道河水是深还是浅，它都问谁了？为什么要回去问妈妈？小马的妈妈是怎么说的？你们觉得妈妈认为小马能过河吗？小马是怎样过河的？如果"咚咚咚"跑过去，这样过河行不行？

　　2. 如果小松鼠要过河，小松鼠的妈妈会让它亲自去试一试吗？如果小松鼠特别想到河对岸去看一看，你们能帮小松鼠想想办法吗？

　　3. 小马妈妈既然知道小马能过河，为什么不直接对小马说"儿子，你去吧，你能过去"，而要让他亲自去试一试，去实践呢？

启发认识

　　1. 小马第一次来到河边，没有急着过河，因为不知道水的深浅，所以先问老牛，又问小松鼠。他们回答的不一样，小马才回去问妈妈的。小马遇事善于思考，不盲目行事，很聪明。妈妈让他试一试，是因为妈妈知道小马的身高，又根据多年的经验知道河水的深浅，认为小马具备过河的条件，所以，让它试一试，自己亲自去实践。这里告诉我们一个道理，实践是有条件的。不具备条件、鲁莽做事，不仅不会成功，还会很危险。因此，聪明的小马第二次来到河边——过河的时候，一步一步地试着过河，没有"咚咚咚"地跑过河。

2. 如果小松鼠要过河，妈妈不会让它亲自试一试。根据经验，它知道小松鼠不具备过河的条件。如果小松鼠特别想过河，就帮它创造过河的条件。同学们想了很多办法：可以借助工具到对岸去看一看；还可以让伙伴帮助它过河。虽然有的办法还不能用，但想法挺有创意的。这就是当不具备条件的时候，我们可以创造条件去实践。

3. 让小马亲自去尝试，可以锻炼自己的胆量，提高能力，增长本领。

拓展理解故事

自己去吧

小鸭说："妈妈，您带我去游泳好吗？"妈妈说："小溪的水不深，自己去游吧。"过了几天，小鸭学会了游泳。

小鹰说："妈妈，我想去山那边看看，您带我去好吗？"妈妈说："山那边的风景很美，自己去看吧。"过了几天，小鹰学会了飞翔。

——选自（人教版《语文》一年级上册）

引导思考

这个故事告诉我们什么道理？

启发认识

小鸭的妈妈和小鹰的妈妈都知道孩子长大了，有条件锻炼生活本领了。所以，让它们自己去实践，增长生活的本领。小鸭学会了游泳，在水里嬉戏，多高兴啊！小鹰学会了飞翔，在高高的天空中飞来飞去，能看到非常美丽的景色，享受大自然的美好。有本领多好啊！你想有什么本领，就去实践吧。

实践平台

同学们都有自己的特长，都有与别人不一样的本领。比如，芳草地国际学校开了这么多次个人艺术才华展，但没有展示的同学还很多。

引导思考

现在请同学们说一说，自己有什么特长本领，你是怎么锻炼出来的？

启发认识

同学们的特长和本领都是锻炼出来的，看来实践真的可以增长本领。

亲子互动

请同学们要学会自己的事情自己做，回家锻炼自己的本领，看谁会做的事多。

教学感悟

实践是人有目的的活动。实践的含义十分丰富，但首先让学生明确实践的含义，即亲自试一试、做一做。但实践又不是想怎么做就怎么做的，需要实践的主体具备条件，千万不能盲目、鲁莽地实践，这不仅是实践的重要内涵，也是鼓励学生正确实践所必要的。学生知道了实践的含义，我们又引导他明确怎样实践（要具备条件），同时要告诉学生实践是为了锻炼能力，增长本领，懂得实践的目的。对学生来说，他们还是未来的改造世界的主体，现在知道通过实践锻炼本领，长大才能成为优秀人才。

哲思哲理

从词义上看，实践就是实行或行动，它指的是人们实现某种主观目的的活动。在马克思主义哲学中，实践是指人能动地改造物质世界的对象性活动。对实践本质的这一理解和规定，包含着两层相互联系的含义。

实践的第一层含义，指实践是人所特有的对象化活动。这里首先肯定了实践活动的对象性质，即它是以人为主体，以客观事物为对象的现实活动；更重要的是实践把人的目的、理想、知识、能力等本质力量的对象指向客观实在，创造出一个属于人的对象世界。实践的自主性和创造性一起，共同体现了人的主体性特征。

实践的第二层含义，指实践具有物质的、感性的性质和形式。这一特征使实践有别于人以观念的方式把握物质世界的活动，如认识活动、理论活动等区别开来。实践具有直接现实性的特征。

实践是人的存在方式，是人所特有的对象性活动。实践具有三个基本特征：客观现实性、自觉能动性、社会历史性。

第二节　实践是人特有的活动

——长征五号大火箭

学习目标

1. 初步了解实践是人特有的活动。
2. 知道人在实践中能发挥自主性和创造性。

问题引导

人与动物的活动有什么不同？

激趣导入

请同学们看蜜蜂筑巢的动画，有多奇妙啊！再看看人建造的高楼大厦（图片），有多宏伟呀！蜜蜂是怎么筑巢的？与人建造高楼大厦比起来，谁更高明？为什么？

启发认识

蜜蜂筑巢是集体行动，很有秩序，还能互相帮助，个个都很勤快。但是，蜂巢都是一模一样的，没有变化。而人建的高楼大厦是先想好自己的需要，再进行设计，画出图。有的还做出沙盘，把要造的楼的样子展现出来。盖楼的时候，要准备建筑材料，建筑用的机器，如吊车、推土机、搅拌机等。除此之外，还要有工程师和建筑师指挥许多工人按设计施工等。大楼盖好后，相关部门还要检验是否合格。人们按自己的需要，创造出各种各样的建筑（展示著名的建筑图）。这就是人的实践，蜜蜂和任何动物都是做不到的。

导入语

你们知道吗？人可以把动物的筑巢活动进行模仿，创造出更奇妙的东西。

哲理故事

仿生机器人

在 2014 年被评选出的十大科学人物中，有一位叫拉迪卡·纳格帕尔的哈佛大学工程师。她和她的团队通过观察蜜蜂、蚂蚁、白蚂蚁的群体筑巢方式，经过多年的努力研究，设计出一支由 1024 个名为"Kilobot"的微型机器人组成的机器人大军。这些机器人只有几厘米高。只要通过电脑操作，发出指令，他们就像蜜蜂、蚂蚁筑巢一样，集体行动，能有序地组成字母、星星等形状。这一设计发明解决了以往机器人只能单个活动，不能相互协调合作的大问题。

这些小机器人就是人模仿动物活动方式创造出来的仿生机器人，纳格帕尔和她的团队就是据此创造出了能合作的机器人团队。

引导思考

人能模仿动物的动作创造出机器人，动物能吗？为什么？

启发认识

人的实践活动是有目的的。纳格帕尔和她的团队要研究机器人的合作问题，才想到蜜蜂等集体筑巢的本能行动。他们通过观察，找到动物的活动方式，通过努力研究，仿造出这样一个能合作的机器人团队。而动物不会思考，更不用说创造性了。试想，它们如果能创造出这样的机器人团队，它们筑巢时肯定不会辛苦自己啦！所以，实践是人特有的创造性的活动。

拓展理解故事

"长征五号"大火箭

2014 年 3 月 23 日，我国制造的最大的火箭试验成功。它叫"长征五号"，外号叫"大火箭"。说它大，不仅个头大，有20多层楼那么高，更重要的是它的能力大。能力有多大？它能将新研制的"嫦娥五号"探测器送上月球。"嫦娥五号"不仅能绕月飞行，还能落在月球上，采集各种岩石标本，并能在拍摄月球表面影像后，再返回地球。你看它多能耐呀！这还不算，"大火箭"还能把名为"天宫"的中国空间站送上太空，让俄罗斯和美国共建的空间站有了中国的伙伴，让五星红旗飘扬在太空上。人在空间站能干很多事情，搞各种科学试验，比如：研究人在地球之外怎么生存，还在空间站种植蔬菜、水果和粮食等。除此之外，有些小动物也被带到太空站去生活等。有趣吧！不止这样，"大火箭"还能让我们探索其他星球的奥秘。让我们等待"大火箭"把"嫦娥五号"探测器和"天宫"空间站送上太空那个激动人心的时刻吧！

引导思考

人的意识和动物的本能有何不同？为什么人可以制造出火箭呢？

启发认识

我们知道，人会思考，有创造性，而且人总是能想到如何做使生活变得更好。于是，人类不断创造出自己希望的、需要的生活，并且创造条件，积极努力进行实践。这是动物本能所不能达到的。制造火箭、运用火箭的力量就是人类想要了解地球之外的宇宙是什么样子的，这关系到人能不能去外星生存的问题。这样的实践是只有人才会有的，因此，是人所特有的活动。

实践平台

同学们你们知道的动物的本领有哪些？

引导思考

请同学们判断以下活动，哪些是动物本来就会的，哪些是人的实践活动？

1. 蜘蛛织蛛网；2. 牛顿小的时候做小飞车；3. 我们画的图画；4. 鸟在树上搭鸟巢；5. 小朋友做鸟房子。

启发认识

人的实践活动都是人事先想好的、有目的、有创造性的活动，是人类特有的。而动物的本能是动物自身本来就有的活动。动物不会思考，不会创造，只能适应环境。一旦环境变了，有的动物就可能因为不能适应而灭绝，这样的情况是很多的。而人却可以通过不断的实践，创造出更加美好的生活。有一个哲学家说，人是万物之灵，一点儿也不错。

亲子互动

在家长的帮助下，搜集现实生活中的一些伟大的创造活动，并说一说你的梦想。

教学感悟

通过学习要让学生知道，实践是人类特有的活动，就必须通过人类的创造活动与动物的本能相比较才能理解。特别是要从学生身边发生的、感兴趣的以及人们热议的现代科技发展的话题入手，引导学生认识人类创造性的实践活动的意义，进而激发学生的求知欲、探索欲和创新精神。

哲思哲理

实践是人所特有的对象化活动。实践作为一种社会现象，与动物消极地适应自然的活动不同，人的实践活动具有自主性。实践的自主性表现在人通过实践不仅能够认识客观规律，而且能够利用客观规律，达到物被人所掌握和占用的目的。同时，实践还具有创造性，它可以创造出自然规律本身无法产生或产生的概率几乎为零的事物。人对世界的改造其本质上就是创造。没有创造就不会形成适合人类生存和发展的属人世界。

　　实践作为人的存在方式，表明其生命活动形式。具体地说，动物是在消极适应自然的过程中维持自己生存的，动物的存在方式就是其本能活动，动物的存在方式是由其生理结构特别是其活动器官的结构决定的。与此不同，人是在利用工具积极改造自然的过程中维持自己生存的，因此，实践构成了人的存在方式。

第三节　我们爱劳动
——劳动创造了人

学习目标

1. 初步了解劳动创造了人，人不劳动无法生活，实践是人的存在方式。

2. 知道劳动是创造美好生活的实践。

3. 努力做一个爱劳动的好孩子。

问题引导

为什么要做一个爱劳动的好孩子？

激趣导入

你们知道人是由哪种动物进化来的吗？是怎么进化的？

启发认识

科学证明，"人是从猿进化来的"，是通过劳动进化成人的。

导入语

猿进化为人的秘密是什么呢？

哲理故事

劳动创造了人

人是由猿进化来的。

猿进化成人，经历了300多万年呢！由于气候的变化，森林变小了，原来住在森林中的猿逃向平原。本来猿用四肢爬树和走路，靠吃树上的野果为生。后来由于生活环境的变化，他们只能到处找食物吃，同时，还要防御猛兽的袭击。于是，他们就用两个前肢找食物、抓东西吃。慢慢地，前肢与后肢的功能分开了。前肢用来做各种事，后肢专门用来走路，这样，猿就开始直立行走了。

随着猿直立行走后，他们看的范围变大了。视野的广阔，使得他们可以找到更多的食物，更早地发现猛兽，慢慢地，他们的生存能力变强了。

另外，猿直立行走后，他们的头开始变圆了，脑的容量也就随之变大了，这使得他们越来越聪明了。

又经过100多万年，他们从用天然的石块、木棍等用具找食物、打猛兽，渐渐地，他们开始能制造简单的石器。如把尖石头安到木棍顶上，像梭镖一样地打猎和打击猛兽；把木棍的两头做成尖状用来捕鱼，这与用手抓鱼相比，又快又省力气。后来，他们又学会了做弓箭、织渔网、钻木取火、挖山洞住等。在劳动中学会制造工具，前肢变成灵活的双手，后肢锻炼得能走又能跑了，这是其他动物做不到的。再后来，他们又学会了种谷物、饲养家畜和家禽、制造种地和盖房子的工具等。

经历了300多万年，猿通过劳动能制造工具，认识了许多自然规律，他们据此改造自然环境，满足生活的需要。所以，在猿变人的过程中，正是劳动实践使猿变成了人。这样，人与动物就完全区别开了。

到了现代，人类利用高科技制造工具，生产的生活用品极为丰富！

引导思考

1. 猿进化为人的过程是什么起了决定作用？
2. 人与动物的根本区别是什么？

启发认识

猿在进化成人的过程中，劳动使猿的前肢变成灵活的双手，大脑锻炼得越来越聪明，能制造工具。所以，劳动起了决定作用。人与动物的根本区别是人能制造工具进行劳动实践。

这样的劳动正是人有目的的活动，是人发挥了主动性、创造性的活动，也是人特有的实践，是劳动使人与动物从根本上区别开了。

拓展理解故事

劳动创造美好生活

我们知道《神笔马良》的故事。他有一支神笔，需要什么，大笔一挥就都出来了，这是一个神话故事。而我们的劳动人民也有一支神笔，那就是劳动！

劳动创造了我们吃、穿、用、住、行的一切必需品，并且越来越丰富多彩。在劳动中，人类进化到用高科技制造现代化的生产工具，如插秧机、切割机、3D打印机等。

人们运用现代化生产工具生产出享用不尽的好东西，如我们旅游时还坐大飞机。过去几天、几十天才能到的地方，现在我们只需要几个小时或十几个小时就到了。如果航天技术进一步发展，我们还可以乘坐宇宙飞船飞到太空去逛逛，那就更美啦！而这一切的一切，都是劳动实践创造的，劳动者多有智慧呀！

引导思考

1. 你还能举出劳动创造美好生活的例子吗？
2. 我们怎样做才能用我们的劳动创造出更加美好的生活呢？

启发认识

我们的生活日新月异，每天都有新的发明与创造。有的新东西你可能还没有用到，就又被新的东西代替了。这美好的生活都是人们劳动实践的功劳，都是人们在劳动中认识规律、利用规律创造出来的。

劳动伟大是因为劳动人民伟大。我们要好好学习本领，将来做一个有创新能力的劳动者。

实践平台

我们都知道，劳动创造了人，创造着我们美好的生活。现在美好的生活是我们的父母、前辈创造的，要过更美好的生活，需要我们从父母手中接力，进行更高水平的劳动创造。正像习近平主席在民族小学主持召开座谈会时的讲话中所说的："一个民族的文明进步，一个国家的发展壮大，需要一代又一代人接力努力，需要很多力量来推动，核心价值观是其中最持久最深沉的力量。"作为中国人，我们一定要自觉培育和践行社会主义核心价值观，当好他们所希望的接班人，不仅接过他们的班，还要为将来创造更美好的生活。

引导思考

从现在开始，我们应该怎样锻炼劳动本领呢？

启发认识

现在，我们只做好自己的事是不够的，我们必须更加勤奋，必须在家、在学校、在社会中做好力所能及的劳动，做有创造性的劳动，发挥个性特长，把我们的双手锻炼得更灵巧，大脑更聪慧，把所学的知识自觉应用于劳动中，把自己锻炼成爱学习、爱劳动、爱祖国的好孩子。就像"习爷爷"对我们期待的那样：从小就要立志向、有梦想，爱学习、爱劳动、爱祖国，德智体美全面发展，长大后做对祖国建设有用的人才。

亲子互动

先给家长讲讲劳动的含义，再让家长帮助你制订一个可行的锻炼劳动本领的计划，并督促你实现。

教学感悟

劳动实践是人的根本实践。在现实生活中，有些孩子自己应该做的事，家长却经常帮着做。孩子不仅缺少自己做事的能力，也缺少责任感。心理科学认为：聪明就在于手指尖上。爱劳动的孩子在活动中动脑、动手，不仅锻炼一双小巧手，也推动了思维的发展。

要让孩子成为现代社会的人才，首先就要让孩子从应该做的事情、应该进行的劳动开始锻炼，引导孩子发挥自己的特长，进行创造性的劳动，为他们成为有责任感、有创新精神和实践能力的人才奠定基础。

哲思哲理

马克思说劳动创造了人本身。生产劳动是人们基本的实践方式。劳动实践是人们每日、每时、每刻必须进行的基本活动。离开生产劳动的实践，人类是无法生存的。马克思说：每个小孩子都知道，停止一周的社会生产劳动，人们就无法生存。

第四节　我们爱学习

—— 习爷爷讲 30 里借书

学习目标

1. 初步感知学习的必要性和重要意义。
2. 引导学生知道要有刻苦学习的态度和不怕困难的学习精神。

问题引导

实践和学习是什么关系？

激趣导入

伟大的物理学家牛顿说："如果我比其他人看得远些，那是因为我站在巨人的肩膀上。"英国著名的哲学家弗兰西斯·培根说："知识就是力量。"这两个伟人的话包含着什么道理？

我们学习的知识是从哪里来的？我们为什么要学习？

启发认识

牛顿的话中包含着一个伟大的真理，即不管什么样的伟人，都是以学习前人在实践中探索出的知识为基础，才能在自己的实践中获得成功。牛顿的话让我们体会到了学习的重要性。牛顿就是努力学习前人留下来的科学知识，运用知识进行科学的探索实践，才取得了伟大的成绩，为人类做出了巨大的贡献。培根说："知识就是力量"，意思是说，只有掌握了知识，做到学用结合，知识才能发挥出力量。

我们学习的知识是前人在实践中探索出来的。我们要学以致用，以便将来为人类做出更大的贡献。

导 入 语

让我们来一起了解一下华罗庚是怎么成为伟大的数学家的吧！

哲理故事

数学天才华罗庚

华罗庚是在国际上享有盛誉的数学家，他在广泛的数学领域中做出了卓越贡献。正因为如此，数学领域中的许多定理、不等式与解题方法都用他的名字命名。

华罗庚自幼家境贫寒，于是他下定决心努力学习。当他上中学时，在一次数学课上，老师给同学们出了一道著名的难题，华罗庚很快就说出了答案，这使老师惊喜不已。老师的表扬更使他从此喜欢上了数学。可由于家贫，华罗庚初中毕业后就辍学了。后来他到学校当杂工，负责收发信件、报纸，再干一些杂活。华罗庚在干活时吃苦耐劳，又十分好学，校长被他深深地感动了。于是，校长请他担任补习班教员。后来，由于他得了一场重病，左腿残疾了，但他一如既往地白天勤奋工作，晚上在昏黄的灯光下遨游于数学的王国中。

功夫不负有心人。1930 年，他撰写的关于代数解法的论文在上海《科学》杂志上发表了。华罗庚也因此被著名的数学家、清华大学的熊庆来教授发现，并受邀到清华大学去。华罗庚的父亲听说后，便向亲戚借钱让华罗庚进京。两人见面后，熊庆来教授一下子就喜欢上了华罗庚，并聘请他当一名助理员。华罗庚十分珍惜这来之不易的机会，努力工作、拼命学习，每天工作和学习长达 18 个小时。半年之后，这位只有初中学历的青年人终于与大学研究生坐在一起学习。一年半的时间他就攻下了数学系全部课程，还自学了英、德、法文，并先后在一些外国杂志上发表了十几篇有关数学方面的论文。有时大教授有解不开的疑问还会向他请教呢。

1936 年，他经清华大学推荐派往英国剑桥大学留学，他的研究成果引起了国际数学界的关注。回国后，他当上了大学教授，写下了 20 多篇论文和数学专著，而后在国外出版了德文、英文、匈牙利文版。1946 年秋，他去美国任研究员、教授。1950 年，华罗庚响应祖国召唤，毅然从美国回到北京。1985 年，华罗庚应邀到日本东京大学作学术报告，突然心脏病发作倒在了讲台上。他用行动实践了自己的诺言：最大的希望就是工作到生命的最后一刻。

引导思考

1. 华罗庚是怎样成为数学家的？
2. 我们怎样向华罗庚学习？

启发认识

1. 华罗庚靠自己克服各种困难，以顽强的精神不放弃追求，努力学习数学知识并做出了巨大成绩，成为有突出贡献的科学家。

2. 我们的生活条件非常好，更应该像华罗庚那样刻苦学习，根据自己的兴趣学好各方面的知识，树立好追求的目标，做一个爱学习的好学生。我们只有坚持不懈地努力，才能取得成功。

拓展理解故事

习爷爷讲 30 里借书

去年 3 月，我访问俄罗斯，在同俄罗斯汉学家座谈时就说到我读过很多俄罗斯作家的作品，如年轻时读了车尔尼雪夫斯基的《怎么办?》后，在我心中引起了很大的震动。今年3月访问法国期间，我谈了法国文艺对我的影响，因为我们党老一代领导人中很多到法国求过学，所以我年轻时对法国文艺抱有浓厚兴趣。在德国，我讲了自己读《浮士德》的故事。那时候，我在陕北农村插队，听说一个知青有《浮士德》这本书，就走了30里路去借这本书，后来他又走了30里路来取回这本书。我为什么要对外国人讲这些? 就是因为文艺是世界语言，谈文艺，其实就是谈社会、谈人生，最容易相互理解、沟通心灵。

——《在文艺工作座谈会上的讲话》（2014 年 10 月 15 日）

引导思考

1. 从这个故事中，你对于学习知识有了哪些认识?

启发认识

习主席讲述自己的文学情缘，回忆各个阶段的阅读对自己的影响，展示出博览群书的儒雅气质，也折射出亲和亲切的性格魅力。习爷爷在许多场合都提到过他的读书经历，他没有泛泛而谈、摆摆样子，而是用亲身经历诠释出知识力量的可贵、文明交流的可能。我们要以习爷爷为榜样努力学习。

实践平台

在我们的同学中，也有一些爱学习的好榜样。你能说说学校或者班里都有谁爱学习，他们是怎么学习的吗?

引导思考

你从他们身上学到了什么?

启发认识

同学们介绍了许多爱学习的好学生以及他们爱学习的表现，他们就在我们身边，让我也很感动。我们应该学习他们抓紧时间、不怕困难的学习精神和专心致志的学习态度。

我们要想成为对祖国有用的人才，让自己的人生也像科学家那样精彩，从现在起就要努力学习。同学们比一比，看谁爱学习，当上学习之星。

亲子互动

1. 给家长讲讲《习爷爷讲 30 里借书》的故事。

2. 华罗庚在初中时老师给他们出的数学题是：今有物不知其数，三三数之余二，五五数之余三，七七数之余二，问物几何？意思是，有一批物品，不知道有几件，如果三件三件地数，就会剩下两件；如果五件五件地数，就会剩下三件；如果七件七件地数，也会剩下两件。问：这批物品共有多少件？请和家长一起思考，把答案带回来，看谁答得对？

教学感悟

本课内容说明学习知识与实践的关系，说明学习知识的重要性，强调学生的当前任务就是学习。知道现在学习的知识是前人实践的成果，后人只有以前人总结的知识为基础，专心致志地学习，克服各种困难，努力学习并运用知识进行新的研究探索，才能做出理想的成绩。

在今天学习条件非常好的情况下要懂得珍惜，好好学习，做一个爱学习的好学生，将来才能成为对社会有用的人才。

哲思哲理

人们把在实践中获得的认识和经验加以概括和总结，所形成的某一领域的知识体系称作科学理论。科学理论是从客观实际中抽象出来又在客观实际中得到了证明的，它正确地反映了客观事物的本质和规律。

科学理论对实践具有指导作用，它可以提供科学方法，提高人们认识能力，是人们在实践中不可缺少的。没有理论指导的实践是盲目的实践，这也正是学习的重要意义。

习近平总书记指出，书籍是人类知识的载体，是人类智慧的结晶，是人类智慧的阶梯。读书的好处很多，如可以获得信息、增长知识、开阔视野，可以陶冶性情、培养和提升思维能力，对一个人的成长进步很重要。

第五节　我们来创造
——动手做一做

学习目标

激发创造意识，体验创造的乐趣。

问题引导

亲自动手做，让学生亲自体验创作的乐趣。

激趣导入

同学们想不想试试自己的创造能力呢？如果想，我们就来亲自做一做，看谁的创造能力更强？

实践平台

让我们来做贴画吧。怎么做呢？这里有一个三角形、一个圆形、一个正方形和两个长方形，用这几个图形做出一幅画。

具体要求：

1. 要把几个图形全部用上，如果实在不够用只可以加上两笔完成贴画。

2. 每人先拿一套图形和一张白纸。

3. 先在白纸上摆好想象的图形，再用胶粘在纸上，最后别忘了写上自己的名字。

4. 能做几幅画就做几幅画，做完一幅画后可以再领几份图形材料，做得越多越好，越有想象力越好。

教师演示，具体指导。

展示：做完后，都摆在自己的书桌上，组织学生相互参观。

评比：参观后，请同学们评出做得最多和最有想象力的作品，在全班进行展示。

请创作的老师先行提示。

请同学们说一说自己创作贴画的感受。

亲子互动

1. 把自己的贴画带回家，讲讲自己的创作想法。

2. 有的同学还想再创作，可以拿几套材料回家和家长一起做。

3. 把创作的贴画全部带回，在学校进行展览。

教学感悟

根据本章学习内容，让学生体验实践的意义和创造的乐趣。在创作过程中，激发学生的想象力、联想力和形象思维；在动手做中，通过动作的有序思维创造的过程，形成创造思维的成果，从中培养学生的创造意识和实践能力。

哲思哲理

人作为实践的主体，亲自进行实践活动，把自己的实践目的通过具体实践过程变成现实的成果。

第六章　实现人与自然的和谐发展

第一节　人与自然有密切关系
——美丽的香格里拉

学习目标

1. 了解人类的生存对大自然的依赖关系。
2. 知道自然环境遭到破坏危及人类的生存。
3. 知道人类利用自然也要保护自然和发展大自然。

问题引导

人与自然是一种什么样的关系？

激趣导入

同学们，我们的生活离不开吃、穿、住、行，你们知道这些是从哪里来的吗？粮食和菜是地里种出来的，各种肉和蛋都是动物吃了草或粮食才有的。做衣服的布有的是用棉花织的，有的是化纤的。盖房子的材料，制造车、船的材料，我们生活中许许多多的必需品都来自大自然。

引导思考

请同学们想一想：人与自然是什么关系？如果大自然遭到破坏会有什么后果？

启发认识

人与自然是相互依赖的关系，人类依赖于自然而生存。

人类生存需求的一切东西都来源于大自然。如果大自然遭到破坏，人类就无法生存了。

哲理故事

"死亡之海" 的启示

撒哈拉大沙漠在非洲北部。这里气候条件非常不好，是地球上最不适合人和动植物生存的地方。

一位法国的考古学家，在撒哈拉沙漠崖壁上发现了一批壁画，壁画生动形象地再现了撒哈拉沙漠从草原到沙漠的变化过程：开始是一片植物茂密、牛羊成群的景象，随后草原变得稀疏，牛羊减少，出现了马群，最后则出现了骆驼在荒漠中行走的场景。撒哈拉沙漠是当今世界上最大的沙漠，被称作"死亡之海"。当你在电视上看到非洲的饥民拉着或者抱着瘦骨嶙峋的孩子，可怜巴巴地等着联合国的救济食品的时候，当你看到一位母亲，两眼呆滞、面无表情、欲哭无泪地埋葬自己被饿死的孩子的时候，你再也不忍看下去了。这时，你会情不自禁地发出这样的呐喊：这样的恶果究竟是由什么原因造成的？

撒哈拉沙漠并非天生就是地球的不毛之地，它曾经是古代非洲人民的美好家园，只是到了3000多年前才逐渐变得干燥，逐渐沙漠化，成为地球表面的一块斑秃。这固然有气候变化的原因，但人类大肆砍伐森林、破坏草地是造成沙漠化的重要原因。这使得我们的家园连同人类创造的文明成果被沙漠的大嘴吃了。人类在利用自然创造了更好生活的同时，也破坏了自然这承载文明大厦的基石。

然而，地球的沙漠化并没有停止，人类生存仍受到很大的威胁，人们这才明白：在利用自然的同时要保护自然，还要发展大自然，使人类和自然和谐发展，共存共生。

引导思考

1. 撒哈拉沙漠是怎么形成的？为什么人们叫它"死亡之海"？
2. 撒哈拉沙漠的成因给我们什么启示？

启发认识

1. 撒哈拉沙漠形成的原因，既有气候的变化，更重要的是人为的破坏。把撒哈拉沙漠叫作"死亡之海"，是说它已经不能让人和动植物生存了。

2. 给我们的启示是：人为了生存要利用自然，同时也要保护自然，让大自然也能发展。保护大自然的环境对人和动物的生命非常重要。不保护生态环境，人与生态环境就会一起灭亡。

美丽的香格里拉

"太阳最早照耀的地方，是东方的建塘；人间最殊胜的地方，是奶子河畔的香格里拉。"

几十年前，英国著名的作家詹姆斯·希尔顿发表了小说《消失的地平线》，其中描写了一块永远和平宁静的土地。正是这部小说，使得"香格里拉"这个名字从此响彻全世界。

"香格里拉"在英语里是"世外桃源"的意思。由于作者希尔顿在小说中说"香格里拉"就在中国云南藏族住的地方，结果真的在中国云南的迪庆藏族自治州发现了"香格里拉"。迪庆，藏语意为"吉祥如意的地方"；香格里拉，是迪庆藏语，意为"心中的日月"，位于云南省西北部，是国家"三江并流"风景名胜区中的一颗明珠，地处迪庆香格里拉腹心地带，是一片人间少有的完美保留自然生态和民族传统文化的净土，素有"高山大花园""动植物王国""有色金属王国"美称。这个地方是个有雪峰峡谷、金碧辉煌且充满神秘色彩的庙宇、被森林环绕着的宁静的湖泊、美丽的大草原及牛羊成群的世外桃源。而迪庆却惟妙惟肖地拥有着希尔顿书中描写的一切。它是藏民心目中的理想生活环境和至高至上的境界。迪庆高原就是人们寻找了半个世纪的"香格里拉"。

香格里拉，皑皑雪山、广阔无垠的草原、鲜红的莨菪花、神秘的喇嘛寺院……自古就是藏民族最理想的"如意宝地"。藏族民歌唱道："太阳最早照耀的地方，是东方的建塘，人间最殊胜的净土是奶子河畔的香格里拉。"民歌表现了世世代代居住在这里的人民对自然的无比热爱之情。藏族同胞以勤劳朴实的生活保留了一个与自然和谐相处、文明的净土。

今天，当世界各地的人们蜂拥而至香格里拉时，这美丽的香格里拉所承载的，显然又多了另一份情怀。那就是远行的人们驾驶着大车小车欢快地驶向杜鹃花盛开的牧场草甸，当形形色色的摄影家们扛着各式各样的"长枪短炮"醉心于明净如画的雪山圣湖时，我们可曾想到：这川流不息地涌向香格里拉的人潮车流，到底会给它带去什么样的命运？

引导思考

让我们想一想故事的最后一句话到底是什么意思呢？

启发认识

这句话警示我们：这么美丽的"香格里拉"如果不加以保护，将失去它美丽圣洁的光彩。它已经被联合国教科文组织指定、国家批准为"国家级风景名胜区"，被世界称为五片"最后的净土"之一。我们必须保护好这片净土，让它永远发挥自然景观的魅力。

现今，全世界人民都在保护生态环境，创造可持续发展的美好生活，实现人与自然的和谐发展。我们更应该保护好"香格里拉"。

美丽的小路

鸭先生的小屋前有一条长长的小路，路上铺着花花绿绿的鹅卵石，路旁开着五颜六色的鲜花。

兔姑娘轻轻地从小路上走过，说："啊，多美的小路啊！"

鹿先生慢慢地从小路上走过，说："啊，多美的小路啊！"

朋友们都喜欢在美丽的小路上散散步，说说话。可是过了不久，小路上堆积了许多垃圾，苍蝇在小路上嗡嗡地飞来飞去，美丽的小路不见了。

兔姑娘又从小路上走过，皱起了眉头，说："呀，美丽的小路怎么不见了?"

鹿先生又从小路上走过,捂上了鼻子,说:"咦,美丽的小路哪儿去了?"

鸭先生也叫起来:"天哪!我的美丽的小路呢?"

他看着看着,忽然一拍脑袋,说:"这都怪我!我一定要把美丽的小路找回来!"

鸭先生推来一辆小车,拿来一把扫帚,认真地清扫小路上的垃圾。兔姑娘和鹿先生看见了,也赶来帮忙。他们提着洒水壶,给花儿浇浇水,给小路洗洗澡。没过多久,一条干干净净的小路又出现了。

兔姑娘说:"美丽的小路好香啊!"

鹿先生说:"美丽的小路好亮啊!"

鸭先生对朋友们说:"让美丽的小路一直和我们在一起吧!"

——选自(人教版《语文》一年级下册)

引导思考

让我们想一想故事的最后一句话,到底是什么意思呢?

启发认识

这一课的学习让我们知道,保护环境和我们每个人都息息相关。要让"美丽的小路一直和我们在一起",我们就要爱护生活环境,保护好自然环境,要从现在做起,从身边做起,从小事做起,保护环境人人有责。

亲子互动

你发现身边有不爱护环境的事吗?请和家长讨论该怎么对待。

教学感悟

人与自然的和谐发展是人类生存与发展的大问题。目前建设生态文明社会,保护生态环境教育的氛围很好,学生们了解得比较多。为了让学生开阔眼界,从大处着手,从正反两个方面学习,既是历史的也是现实的，让学生站得更高一些。引导学生进行生态环境保护必须从现在、从身边的事、从小事做起，为将来深入理解人类面临的大问题，提高生态责任意识。

哲思哲理

马克思主义自然观是马克思主义关于自然以及人与自然关系的总的看法。作为马克思主义哲学的重要组成部分，它坚持从唯物主义物质观的基本立场出发，强调从世界统一于物质的基本原则出发，从人的具体的、历史的实践活动出发，把握自然以及人与自然关系的本质，实现了对自然界本来面目的唯物的、辩证的、科学的理解，有助于正确认识自然以及人与自然的关系，有助于化解人与自然的深刻矛盾，努力追求和实现人与自然的和谐发展。

坚持走中国特色生态文明发展道路、实现人与自然和谐发展，既坚持了马克思主义自然观，也顺应了当今世界可持续发展的"全球共识"。

第二节　人和动物要和谐相处
——浅水洼里的小鱼

学习目标

1. 知道人与动物的密切关系，要保护动物。
2. 懂得保护动物，就要珍惜每一个生命。

问题引导

为什么要保护动物？

激趣导入

同学们，我们在博物馆里看到过化石，化石上保留着亿万年前的动物、植物的形象，有的已经灭绝了，所以化石就很宝贵。那么，你看到过活化石吗？活化石就是有的动物、植物已经在地球上生活了千万年，甚至上亿年，至今我们还能见到它们。但是，数量已经很少了，处于濒危灭绝的状态，在我们的重点保护之中。

你知道：地球上目前还有多少种动物吗？有多少种动物已经灭绝吗？有多少种动物正在濒临灭绝呢？据动物学家统计：目前地球上已知的动物大约有 150 万种，已经有 110 种兽类和 139 种鸟类在地球上消失了，有 794 种野生动物由于缺少环境保护而濒临灭绝。这是人类现在能知道的，不知道还有多少不知名的物种正在消失。很难想象：如果世界上没了动物，人类的生存会受到怎样的威胁。

引导思考

请同学们说一说：在我们国家还有几种动物活化石？

我们中国的动物活化石有大熊猫、中华鲟和白鳍豚。白鳍豚生活在长江的中下游，它们大约在长江里生活了 2500 万年。由于数量非常少，是我国一级保护野生动物。

哲理故事

一只熊猫的悲惨遭遇

不久前，中央电视台报道：有一只珍贵的野生大熊猫遭到猎杀。

事情的经过是这样的：有两个偷猎人在我国野生动物保护区想捕杀被重点保护的野生动物。有一天，他们看到一只大熊猫在树上趴着，就对它开了一枪。大熊猫从树上掉下来就要跑，偷猎者又打了它一枪。当即，这只大熊猫就倒了下去。

他们把大熊猫偷偷运回家，扒了它的皮，高价卖了它的四只熊掌和肉。这只大熊猫就这样遭到了不幸。大熊猫是我国的活化石、国宝，是我国的一级保护动物。在多年的保护下，数量虽在不断地增加，但是，全世界还有许多的小朋友没有见过可爱的大熊猫，他们多么想看到啊！可是，偷猎者无情地把它杀死了，太可气啦！

我们一定要保护好大熊猫，保护好这些珍稀的动物。

引导思考

请同学们说一说，我们怎样保护好珍稀动物？

启发认识

保护好珍贵的动物主要有三条：

一是动物科学家会用科学的方法饲养它们。

二是每个人在观看动物时都要遵守规定，不能随便喂动物吃的东西，因为我们不了解动物的生活习性，这样会伤害动物。

从前，在北京动物园有一个叫"基尼"的大熊猫，吃了小朋友们喂的东西，连塑料袋一块儿吃了进去，幸亏医生及时给它做了手术，不然的话，我们就再也见不到基尼了。

三是用法律保护。

那两个偷猎大熊猫的家伙已经受到了法律的惩处。

拓展理解故事

动物和好人做朋友

法国小女孩 Tippi，1990 年在非洲的纳米比亚出生，从小跟随拍摄野生动物的父母在丛林中长大。她 10 岁回到巴黎后，把她在非洲和各种野生动物生活与相处的故事和感受，写成了《我的野生动物朋友》一书。书中配上她父母现场拍摄下的 130 多幅难得的图片，唤起了人们保护自然的意识。她会跟动物说话，会用眼睛跟动物交流，在和动物的交往中，她体会到"动物世界复杂得很"，她认为

"绝不要害怕，但永远要小心"。坐在大象头上，她感觉这是世间最快乐的事；而鸵鸟的背很柔软，坐上去很舒服；变色龙是她最美的"饰品"；就连危险的豹子她也尝试着去和它接近。她说，"动物从来不凶猛，但比较好斗"，只要理解它、尊重它、爱护它，不招致它的误解，就能从动物那里得到善意的回报。凭她纯真的直觉，她断定"动物来自好人这一边"。

🗨 引导思考

这个法国小姑娘的经历告诉我们，怎么和动物相处呢？

🗨 启发认识

这个小朋友的经历不可能人人都有，但她的经验告诉我们：因为动物世界很复杂，要了解动物，和动物相处，不要怕动物，但永远要小心，不要受到动物的伤害。要尊重动物，不要挑逗它们，不让它们误解人的善意，产生攻击性行为。动物伤害人的事件多有发生要爱护动物，爱护动物才能成为动物的朋友，才能与动物和谐相处。

浅水洼里的小鱼

　　清晨，我来到海边散步。走着走着，我发现在沙滩的浅水洼里，有许多小鱼。它们被困在水洼里，回不了大海了。被困的小鱼，也许有几百条，甚至有几千条。用不了多久，浅水洼里的水就会被沙粒吸干，被太阳蒸干。这些小鱼都会干死。

　　我继续朝前走着，忽然看见前面有一个小男孩。他走得很慢，不停地在每个水洼前弯下腰去，捡起里面的小鱼，用力地把它们扔回大海。

　　看了一会儿，我忍不住走过去对小男孩说："水洼里有成百上千条小鱼，你是捡不完的。"

　　"我知道。"小男孩头也不抬地回答。

　　"那你为什么还在捡？谁在乎呢？"

"这条小鱼在乎!"男孩一边回答,一边捡起一条鱼扔进大海。他不停地捡鱼扔鱼,不停地念叨着"这条在乎,这条也在乎!还有这一条、这一条、这一条……"

——选自（人教版《语文》二年级上册）

引导思考

故事里的这个小朋友救助浅水洼里小鱼的行为,你怎么看?

启发认识

这个小朋友的做法很对,很好!保护动物人人有责。我们要尽自己最大的能力去帮助这些弱小的生命。动物的生命与人的生命同样可贵,救一个就是让一个生命活下来。

亲子互动

你身边有哪些小动物?你了解它们的生活习性吗?你和小动物之间发生过哪些有趣的事?

教学感悟

保护动物,和动物做朋友,学生们普遍知道。但保护动物、和动物和谐相处,要特别注意引导学生了解动物的习性。学生出于好奇,爱挑逗动物,又不了解动物的习惯,因此常常发生被各种不同动物伤害的事件。在强调保护动物的同时,也要保护自己,这样做才能与动物和谐相处。

哲思哲理

人与动物的关系是人与自然关系的重要组成部分。

人与动物同生活在一个地球上。动物是大自然恩赐给人类的无价之宝,它们的繁衍生息与人类生活密切相连。其实人也是动物,只不过是进化得完全、有思维能力的高级动物。然而,在动物进化发展的过程中,随着人类这一种群的日益壮大,为了过度满足需要,将大自

126

然资源抱着一种完全占有的思想，使生态遭到严重破坏，越来越多的动物成了人类的对立面而灭绝或濒临灭绝。人类不得不重新思考人与动物的关系：必须敬畏自然、敬畏生命、保护动物，这是保护人类自己生存的重要的也是必要的条件。

第三节　水是生命之源
——"生研究"的疑问

学习目标

1. 懂得水资源对人类、对动、植物生存的重要意义。
2. 知道我国是贫水国，明白节约水资源对我国发展的重要性。
3. 培养自觉节约用水的社会责任感。

问题引导

怎么认识节约用水的意义？

激趣导入

同学们，在抗震救灾的时候，最先要干什么？

抢救生命有个时间的限度，这就是 72 小时的黄金时间。

引导思考

"抓住 72 小时的黄金时间"这句话是什么意思？

启发认识

72 小时，就是三整天的时间。因为人可以几天不吃饭，可是超过三天不喝水，人就会死亡。在一次地震后，有个人超过 72 小时竟然奇迹般地活着，为什么？因为他渴了就喝自己的尿液，这才使自己活了下来。水是人的生命之源。

水不仅是人的生命之源，也是一切动、植物的生命之源。如果动物没水就会死亡，森林、草原没水就会干枯消失，土地没水会变成沙漠。沙漠不能使动、植物生长，人也无法生存。水对生命是根本，没了水就没了生命。

我们想没想过，太阳系有九大行星，为什么唯独地球有生命？

哲理故事

"生研究"的疑问

王涛爱问问题，经常问一些奇怪的问题，问得大人有时也答不出来。爷爷说："别人是研究生，我们王涛啊，是个生研究。"

这不，他拿着地球仪来问爷爷："您看，地球几乎都是蓝色的。蓝色的不是水吗？地球的水面可比陆地大多了，这么多的水还不够人喝吗？为什么天天说节约用水呢？"

爷爷说："地球上的水是很多，但并不是都能喝的。"爷爷就给"生研究"讲起地球上水的情况。

"水是地球上最丰富的自然资源。整个地球有3/4的面积被海洋、大江、大河和湖泊占据着，总水量很多。其中，96.5%都在海洋里。海洋的水是咸的，人不能喝，人喝的是淡水。在剩下的3.5%中，除去无法取用的冰川和高山顶盖的冰雪、盐碱湖水，人能喝的水就不到

1%啦。更为严重的是，人类过去认识不到淡水资源的宝贵，乱砍滥伐，农业用水过多，工业废水污染江河湖泊。人真正能饮用的水，现在仅占地球总量的0.25%，再加上地球人口在不断增长，而地球只有一个。淡水资源不会再生，人类遇到快没水喝的实际困难。你说该不该节约用水？"

"生研究当个研究生吧。"爷爷说，"好好学习，长本领，要立个志向，长大了要解决人类的缺水问题，让生命之源的水能永远滋润着地球上的生命。"

王涛瞪大了眼睛，说："没问题，就把这个任务交给我吧！"

引导思考

为什么说保护水资源是全人类共同的责任？

启发认识

人类只有一个地球，地球是人类的共同家园。地球上有水才有生命，地球如果没了水，任何人都将无法生存。我们要从小树立大国人民的责任，像王涛那样，把人类生存的水资源保护好、发展好，创造一个绿水青山的美丽世界。

拓展理解故事

从一生只洗两回澡说起

我国有些地区十分干旱，生活在这个地区的人，出生时洗一回澡，直到生命终止，出于对生命的尊重，给他再洗一回澡。这里的人们常说，一碗水也能够救活一棵秧苗！

我国是一个水资源短缺、旱灾频繁发生的国家。如果按水资源占有量算，我国居世界的第六位。但是，如果水资源按人口平均占有量算，在世界上我国就排在第110位了。按联合国的标准，我国已经被列为贫水国之一。

　　从我国的自然地理条件看，我国面积很广阔。但各地区水资源的多少，差别很大。这与各地区的自然、经济条件有密切关系。一般说，南方水多，造成水灾；北方干旱缺水，造成旱灾；有个别地区严重缺水，致使人一生只能洗两回澡。近年来，我国经济发展快，越来越好，同时，水资源被污染情况严重，像淮河，整条河流的水都不能饮用。

　　我国水资源浪费比较大。农业给田地浇水不科学，有浪费；工业用水过多，有浪费；生活用水不注意节约，使全国有 60 多座城市缺水，北京就是严重缺水的城市。

我们的水资源是有限的。要建设绿水青山的美丽中国，必须自觉节约用水。

引导思考

为什么节约用水要从我做起？

启发认识

我们还是小学生，就要从我们的生活中自觉养成节约用水的好习惯，培养起节约用水的自觉性和责任感，懂得关爱大自然、节约水资源，就是关爱生命。

节约用水、保护水资源不受污染，要从身边做起，从小事做起。

实践平台

清澈的湖水

一只游船在湖面上行驶，船头两侧卷起白色的浪花，船尾拖着一条长长的波纹。

小洁穿着红色上衣坐在船头。她一边吃面包，一边欣赏两岸的风景。看，那边的山石像一只正要跳起的青蛙，这边的山石像一只展翅欲飞的雄鹰，半山腰的石兔、石龟，好像正在赛跑呢。

小洁看得入了神。她吃完面包，刚想把面包纸丢进水里，却被湖里美丽的景象吸引住了。湖水像一面镜子，映出了蓝天、白云，还有变幻的山峦。她觉得自己像在天上飞，又像在水里游。

小洁紧紧攥着面包纸，生怕它掉进湖里。哟，清澈的湖水里有许多小鱼在游。一条银白色的小鱼跃出水面，又在浪花中消失，好像在给游人表演呢！突然，一个小孩把香蕉皮扔向小鱼。小鱼吓跑了，湖水变得满是皱纹，美丽的景象不见了。小洁回过头不满地看了他一眼，又用企盼的目光望着湖水。

　　船靠岸了，小洁手里还是紧紧地攥着面包纸。她跨步上岸，四处张望，好像在寻找什么。忽然，她眼睛一亮，飞快地向前跑去。

——选自（人教版《语文》二年级上册）

引导思考

　　你赞扬这个小洁的做法吗？为什么？

启发认识

　　我们为这个小朋友在生活中随时都注意保护水不受污染的良好行为点赞。节约用水，不是口号而是行动。行动不是一时一事，而是随时随地坚持做，从小事做就能变成我们的自觉意识、自觉行为和责任。

亲子互动

　　请同学和家长一起制定一个家庭的"节水公约"，我们来比一比，看谁制定得好？

教学感悟

　　人与自然的关系不仅是个哲学问题，更是人类生存的现实问题，关乎人类的生存问题。水资源是生命之源，这样的大问题让小学生理解，必须从学生能接受的实际出发，最终落实到学生的生活现实之中。启发学生从生活的实际中把节水变成具体的行动，培养节水的意识和责任感。党的十八大以来，我们党站在新的历史起点和高度上，特别重视从人类生存的角度培养学生的大国责任感，培养有社会责任感、有创新精神和实践能力的国际新型人才的根本要求。

哲思哲理

在马克思主义自然观看来，自然界是人类生存与发展的物质前提。它不仅为人类提供着生产资料，也为人类提供着生活资料，而不管资料是以食物、水、燃料、衣着的形式还是以住房等的形式出现，如果没有自然界，没有感性的外部世界，人们就什么也不能创造。同时，人与自然是一个不可分离的统一的整体。马克思主义自然观是有机论的自然观。它认为，人的社会实践使人与其所生活的周围自然发生改变，成为"人化自然"。这种"人化自然"就是人与自然构成的统一的有机整体，在"人化自然"的整体中，人与自然是不可分离地联系在一起的，不仅人不能离开自然界而生存，而且自然界也不能离开人，人与自然应该和谐相处、和谐发展。

第四节　尊重自然规律实现人与自然和谐

——自然之道

学习目标

1. 知道尊重自然规律，保护自然和谐发展。
2. 知道发挥主动性改造自然，实现人与自然的和谐发展。

问题引导

人与自然关系出现的不和谐，人该怎么办？

激趣导入

同学们知道泥石流吗？（观看泥石流视频）

引导思考

泥石流带来哪些危害？它和人类活动有关吗？

启发认识

泥石流是暴雨、洪水将含有沙石且松软的土质山体经饱和稀释后形成的洪流，它的面积、体积和流量都较大，而滑坡是经稀释土质山体小面积的区域，典型的泥石流由悬浮着粗大固体碎屑物并富含粉砂及黏土的黏稠泥浆组成。泥石流是一种灾害性的地质现象。通常泥石流暴发突然、来势凶猛，可携带巨大的石块。因其高速前进，具有强大的能量，因而破坏性极大。除泥石流外，还有地震、海啸、风暴、龙卷风……这些自然灾害使人类生存的环境遭到巨大的破坏。所以说，环境污染来自人类不合理的活动，也来自自然界本身。人类该怎么办呢？

我们要尊重自然规律，同时，也要发挥人的主观能动性，减少自然带给人类的灾害，促进人与自然的关系和谐发展。

自然之道

　　几个旅行同伴及一个生物学家向导，结队到达南太平洋的加拉巴哥岛。这个海岛上有许多太平洋绿海龟用来孵化小龟的巢穴，我们去那里旅游的一个目的是，实地观察一下幼龟是怎样离巢进入大海的。

　　成年太平洋绿龟的体重在150公斤左右，幼龟的体重不及它的百分之一，幼龟一般在四五月间离巢而出，争先恐后爬向大海。只是从龟巢到大海需要经过一段不短的沙滩，稍不留心便可能成为鹰等食肉鸟的食物。

　　那天我们上岛时，已近黄昏，我们很快就发现一只大龟巢。突然，一只幼龟率先把头探出龟巢，却又欲出而止，似乎在侦察外面是否安全。正当幼龟踌躇不前时，一只嘲鹰突兀而来，它用尖嘴啄幼龟的头，企图把它拉到沙滩上去。

　　我和同伴紧张地看着眼前的一幕，其中一位焦急地问向导："你得想想办法啊？"向导却若无其事地答道："叼就叼去吧，自然界之道，就是这样的。"

　　向导的冷淡，招来了同伴们一片"不能见死不救"的呼唤。向导极不情愿地抱起小龟，把它引向大海，那只嘲鹰眼见着到手的美食给抱走，只能颓丧地飞走了。

　　然而，接下来发生的事却使大家极为震惊。向导抱走幼龟不久，成群成群的幼龟从巢口鱼贯而出。现实很快使我们明白：我们原来干了一件愚不可及的蠢事。

　　那只先出来的幼龟，原来是龟群"侦察兵"，一旦遇到危险，它便会返回龟巢。现在做侦察的幼龟被引向大海，巢中的幼龟得到错误信息，以为外面很安全，于是争先恐后地结伴而行。

黄昏的海岛，阳光仍很明媚。从龟巢到海边的一大段沙滩，无遮无挡，成百上千的幼龟结群而出，很快引来许多食肉鸟，它们确实可以饱餐一顿了。

"天啊？"我听到背后有人说，"看我们做了些什么？"

这时，数十只幼龟已成了嘲鹰、海鸥、铿鸟的口中之物。我们的向导赶紧脱下头上的棒球帽，迅速抓起数十只幼龟，放进帽中，向海边奔去。我们也学着他的样子，气喘吁吁地来回奔跑，算是对自己过错的一种补救吧。

一切都过去之后，数十只食肉鸟已吃得饱饱的，发出欢乐的叫声，响彻云霄。两只嘲鹰仍静静地伫立在沙滩上，希望能捕捉到最后一只迷路的幼龟做佳肴。我和同伴们低垂着头，在沙滩上静静地前行。终于，向导发出了他的悲叹："如果不是我们人类，这些海龟根本就不会受到伤害。"

——选自（人教版《语文》四年级下册）

引导思考

这几个旅行者为什么没想到这样的后果？

启发认识

海龟本来有自己的生存方式，这是自然规律。而旅行者自以为是，认为自己办了一件好事，帮助了小海龟，实际上是违背了它们的生长规律，给小海龟带来了灾难。

人类也有自己的生存规律，大自然有自己的存在和发展规律，动植物也有自己的生存规律。人类必须了解这些规律，认识这些规律，按规律办事，才会使大自然和谐发展。

拓展理解故事

让水患变成水利

我国建成了世界上最大规模的水电站——中国长江三峡水利工程。既开发了长江丰富的水利资源，又解决了长江长久以来给下游造成的巨大水灾隐患。

长江美丽富饶，水利资源丰富。在给人民带来巨大好处的同时，洪水灾害一年比一年多，常常给两岸造成巨大的人民生命和财产的损失，甚至造成两岸毁灭性的灾害。

为了把水的灾害变成有利于人民的生活和生存，一方面，我们利用长江水蕴藏的巨大能量，建水电站，解决两岸各省人民生产和生活用电；另一方面，建设大的水库，在水多的时候，就把水放到水库里，在缺水的时候，就把水放出来。这样，既能防洪，又能发电，把长江水患变成水利。

建成后，长江三峡水利工程已经几次使洪水泛滥受到管制，使万吨巨轮在江上自由航行，人们乘坐大客轮畅游长江，享受江上和两岸美景，又可以到达沿岸各大城市旅游，品尝美味佳肴。

长江三峡工程的建设，为保护环境、调节人与自然的和谐发展做出了巨大贡献。

引导思考

为什么要建设长江三峡的水利工程？

启发认识

要使人与自然和谐发展，一方面要尊重有利于人类和动植物生存的自然规律，按规律办事；另一方面，人们可以发挥主动性改变不利于人类和动植物生存的自然条件促进人与自然的和谐发展。

实践平台

请同学们判断以下情况，哪些是顺应自然规律让自然为人类造福，哪些是在尊重自然规律基础上主动地调节人与自然的和谐发展？

1. 南水北调；2. 植树种草；3. 提倡爱鸟护蛙；4. 利用太阳能发电；5. 利用太阳能开飞机；6. 保护麻雀（麻雀吃害虫，保证粮食增产）；7. 狼是鹿的天敌，把它们放到一个自然保护区；8. 利用风力发电。

亲子互动

请与家长一起找一找自然界的食物链。准备交流。

教学感悟

本课通过实例，让学生认识到人与自然的和谐有两个方面：一是尊重自然规律。如果不尊重自然规律，必然使自然遭到破坏。二是在自然给人类带来灾难时，人们可以发挥主观能动性，改造自然，使其适合人类的生存。了解了这两个方面的辩证关系，才能正确认识人与自然的和谐关系的实质。

哲思哲理

在人与自然关系的变化过程中，一方面存在着人遵循自然规律的关系，另一方面又存在着自然适应人的需要的关系。如果人类不遵循自然规律，一味地按照自己的主观愿望去改造自然界，势必造成对自然界的破坏；如果自然界不能适应人的需要，那么这种自然界对于人类而言也是没有意义的。因此，只有推动人类改造自然的实践，处理好人类遵循自然规律与自然界适应人类需要这两方面的关系，才能实现人与自然的和谐发展。

第五节　合理利用自然资源
——面对资源危机

学习目标

1. 了解什么是自然资源。
2. 懂得节约资源，保护资源，更好地合理利用资源。

问题引导

为什么要合理利用自然资源？怎样合理利用自然资源？

激趣导入

同学们，一说到中国，经常有两句话，八个字。我说前一句，你们说后一句，看谁能说对？我说"地大物博"，谁来接下一句？

下一句是"人口众多"。

这两方面表现出中国的两大优点，可是，这两方面隐藏着互不相让的矛盾。"地大物博"就是自然资源很丰富，加上"人口众多"，就是丰富的资源养活的人也很多。首先，我们要了解什么是自然资源？

自然资源就是人类生活所必需的土地、土壤、水、空气、森林、草地、湿地、海洋、野生的动物和各种矿物等。我们来想一想，自然资源丰富，消耗资源的人多好还是人少好？我打个比方：有 2 个小组，一组有 2 个人，一组有 5 个人。给他们一样多的 10 个苹果，哪组人均分的多？

2 个人一组，每人分 5 个；而 5 个人一组，每人分 2 个。这好比我国有地大物博的好条件，而人口多了享用自然资源就少了，我们的生活水平提高就受到影响。你看，这两方面不是有矛盾吗？

我国的资源状况到底怎样呢？

面对资源危机

我们天天生活得很幸福，学习得很快乐，可是，我们就永远无忧无虑吗？

我们知道人是依靠自然资源而生活的。在我们知道的自然资源中，有些是无限有的，如阳光、空气等。而有些是有限的，不能再生长出来的，如土地、石油、天然气、矿物等。

我国的自然资源总量很丰富。但是，我国的人口众多，人均占有量不到世界的一半。就好比世界人均有一个苹果，而我们至多只有半个苹果。再加上经济发展快，人口越来越多，对资源的消耗越来越多。有些资源还能开采200年，有的只能开采几十年，有的资源我们还要依靠进口。由于我们节约意识不强，浪费情况比较多，就拿粮食说吧，本来人多吃的粮食多，而每年浪费的粮食就够两亿人吃一年的！

还有不注意保护资源，人为的破坏也很严重！空气、水受到污染。我国的雾霾一年比一年多。2013年的7月，北京只有四天天气是晴朗的，其他都是雾霾天。世界有10个雾霾严重的城市，中国就有7个。

资源少，浪费资源，破坏环境影响着我们的生活和生存，而环境污染同样危害人的生命。当前我们的生活环境资源面临着严重的危机。

引导思考

面对资源危机，我们该怎么办？

启发认识

同学们说了很多的办法，大家都有了节约的认识和自觉保护环境的意识。我来归纳一下，主要是在生活中处处节约，自觉保护环境；在生产中，要用科学技术，少用资源，生产更多的东西，不浪费资源，不破坏资源，保护资源。

拓展理解故事

建设"一带一路"共创美好家园

自然资源在地球上分布是不一样的。有的国家有些资源很多，自己用不了，但是又缺少别的资源；有的国家经济发展缺少新技术，这就需要相互进行资源和产品的交流和经济技术合作，共同促进经济发展。

"一带一路"是指"海上丝绸之路"和"陆上丝绸经济带"，就是发展与陆上和海上沿线国家的经济合作伙伴关系。

　　丝绸之路起源于古代中国，是连接亚洲、非洲和欧洲各国的古代陆上和海上的商业贸易路线。当时，中国是世界上经济最发达的国家，尤其盛产美丽的丝绸和精美的瓷器，海陆沿线国家与中国进行贸易交往，而得名为"丝绸之路"。

　　中国提出的"一带一路"倡议得到很多国家的欢迎，参与的国家和地区目前已达到100多个，还有一些国家准备参加。我们从资源丰富的国家进口短缺的资源，如铁矿石、铜矿石、石油、天然气等，我们用建设高速铁路、公路、桥梁、核电站、水利工程等新技术帮助需要的国家搞经济建设，实现优势互补。

　　我国已经成为世界第二经济大国，实行与别国共商、共建、共享的原则与别国共同发展，并且有责任对其他国家的发展进行力所能及的帮助，承担起更多的责任，为共同发展共建美好家园贡献力量。

　🙂 引导思考

　　你对"一带一路"的倡议有什么看法吗？

　🙂 启发认识

　　"一带一路"是用互助互利的办法，合理利用地球资源，使世界各国人民共同发展、共建美好家园的好倡议。所以，得到世界许多国家人民的欢迎。

　　我国提出的倡议，符合各国人民的利益。说明中国人民有大国责任担当和大国的心态，做个中国人很骄傲。今天，我们做有中国情怀和国际视野的芳草学子，将来担当起建设美丽中国和友好世界的责任。

实践平台

发生在大学食堂的事

　　从前，在一所大学食堂，每当学生吃完饭，饭桌上一片狼藉：剩饭剩菜到处都是，给大学生做饭的叔叔阿姨看在眼里，痛在心上。他们都经历过中国的困难时期，缺吃少穿的年代，非常懂得粮食的来之不易。虽然食堂里贴着大字标语："谁知盘中餐，粒粒皆辛苦"，而大学生却视而不见。

叔叔阿姨们给自己定了一条规定：每天吃大学生的剩饭。这件事深深地打动了大学生。他们进行了讨论，决定继承前辈的光荣传统，每人每顿饭按量买饭，决不浪费，不能让养育我们的前辈吃剩饭。从此，食堂的浪费现象越来越少了。他们提出：保护资源，避免浪费首先从节约粮食做起！

引导思考

对这件事你有什么感想？

启发认识

这件事让我们认识到：现在青少年生活好了，不知道节约，不懂得保护自然资源对人类生存的重要性。忘记了好生活是前辈艰苦奋斗创造的，丢掉了勤俭节约、艰苦奋斗的好传统。我们要像前辈学习，节约从一点一滴做起，让艰苦奋斗精神永远保留在心中，落实到行动上。

☆听习爷爷的话

习爷爷说："我们要认识到，山水林田湖是一个生命共同体，人的命脉在田，田的命脉在水，水的命脉在山，山的命脉在土，土的命脉在树。"

习爷爷还指出："你善待环境，环境是友好的；你污染环境，环境总有一天会翻脸，会毫不留情地报复你。这是自然界的规律，不以人的意志为转移。"

亲子互动

请同学们与家长一起提出厉行节约、反对浪费的好建议。

教学感悟

通过学习，让学生知道节约资源、保护资源，同时还要合理利用资源。

合理利用资源不光是我们，而且是全世界各国人民的共同生存条件和责任。让学生能立足中国，放眼世界，认识到地球是人类的共同家园。通过"一带一路"倡议和建设，培养学生的大国责任感和人类共同发展的责任担当意识。

哲思哲理

　　人与自然的关系本质上是人与人的关系的体现。人与自然的关系是随着人类历史的发展而不断发展的，每一个时代人与自然的关系都是这个时代人与人关系的反映。由于人类历史上不同时代的生产水平不同、生产方式不同，人与人之间的关系也不相同。而这些人与人之间的不同的关系最终又通过人与自然的关系体现出来。因此，正是从这个意义上来看，人与自然的关系本质上是人与人的关系的体现。

　　节约自然资源，保护自然资源，归根结底是人们如何有效地利用自然资源生存的问题。人类只有一个地球，谁破坏了自然资源，不仅危及到自己也危及到了全人类。

　　人类共同行动，互助互利，共同发展，合理利用资源是人类可持续发展的共同责任，也是人类命运共同体的责任担当。

第六节　践行绿色生活
——什么是绿色生活

学习目标

1. 了解绿色生活的含义。
2. 知道怎样践行绿色生活。

问题引导

什么是绿色生活？怎样的生活才是绿色生活？

激趣导入

请同学们想一想：为什么总说"绿色"？比如，绿色生活、绿色食品、绿色出行等等，为什么不说别的颜色？

启发认识

在地球上除宽广的蓝色大海，还有陆地上的绿色。绿色主要是由森林、草地、田地、湿地和生活在它们之中的各种动植物等组成。

森林是绿色中最主要的资源。我们常说，拯救地球首先要从拯救森林开始。当我们到森林中，感到特别舒服，这是因为森林是新鲜空气的制造者。新鲜空气中的负氧离子非常有利于人的健康，它主要是森林产生的。建设绿色国家，首先也要保护森林，植树造林，工业生产要淘汰高污染、高能耗，进行绿色生产，让山绿水清；我们建设新型城市，让城市在绿色的森林拥抱之中……绿色是地球的主色调，是生命的主色调，让绿色占据我们的生活。

绿色生活是指通过倡导大家使用绿色产品，践行绿色消费，绿色出行、绿色居住等成为人们的自觉行动，让大家充分享受绿色发展带来的方便和舒适；同时，积极参与绿色志愿服务，实现自然、环保、节俭、健康的生活方式。

实践平台

同学们，我们现在还是小学生，我们知道了什么是绿色生活，怎么过绿色生活？根据你们的生活经验，分组讨论。讨论后，在全班交流，老师做记录，帮助你们把践行绿色生活的各项做法梳理出来，上交给大队部，作为全校践行绿色生活的倡议书。

☆听习爷爷的话

习爷爷说："环境就是民生，青山就是美丽，蓝天也是幸福。要像保护眼睛一样保护生态环境，像对待生命一样对待生态环境。"

亲子互动

在家长的帮助下，做一个家庭践行绿色生活的小卫士，并写一篇做小卫士的日记，在全班交流。

教学感悟

学习哲学是为我们能够正确地认识世界，归根到底是为改造世界。对小学生来说，了解人与自然的关系，实现人与自然的和谐发展，必须践行绿色生活。

哲思哲理

在今天，人与自然的关系的对立已经发展到很深程度，解决这个矛盾关系在人。人既可以破坏自然环境，人可以发挥主观能动性保护生态平衡，合理利用自然资源，恢复自然生态的发展。我国已发出"绿色化"的号召，就是要把人民对良好生态的向往变成现实，让绿色化落实到自然生态的山清水秀，这就需要我们全面践行绿色化。树立绿色理念、建设绿色国土、发展绿色生产、推广绿色消费。处处尚绿、时时护绿、人人植绿，广大人民群众就能共享绿色化的诗意生活，中华民族就走向绿色的新时代。

第七章 人与社会

第一节 人生活在社会中
——鲁滨逊漂流记

学习目标

1. 了解人只有在社会中才能生存。
2. 知道在社会中人与人的关系最基本的是合作关系。
3. 知道在与他人的合作实践中发挥才能，增长才干。
4. 培养集体主义精神。

问题引导

为什么说人离不开社会，只能生活在社会中？

激趣导入

同学们，我问一个简单的问题。我们日常的生活用品都是从哪里来的？比如，我手里的杯子。

有同学说是从商店买来的，有同学说是工厂里生产出来的，工厂把杯子生产出来再送到商店，商店再卖给我们。杯子进行了一次旅行，最后到我们手里，它旅行的出发点是工厂。如果工厂里的一个工人说这个杯子是我制造的，你认为他说得对吗？

启发认识

有人说对，有人说不对，而我说不对。因为工厂是一个制造商品的集体。在生产中，有人设计杯子的样子，有人供给生产杯子的材料，还要有制造生产杯子的机器。有许多工人合作操作，生产出来后还要有人检验是否合格，再包装，然后送到商店。商店把杯子摆到柜台，等待出售。我买了才到我手中。所以说，杯子是某一个工人制造的就不合理了。

通过一个简单的杯子生产，你可以知道，人们通过劳动生产出我们需要的许许多多的生活用品，但绝不是一个人能完成的。而生产更复杂的东西，比如飞机、飞船，需要更多的人密切合作才能完成。生产与需要就形成了全社会人的共同活动，人能离开社会而生活吗？

哲理故事

鲁滨逊漂流记

出生于商人之家的鲁滨逊一心向往着充满冒险与挑战的海外生活，于是毅然舍弃安逸舒适的生活，私自离家出海航行去实现遨游世界的梦想。然而，航行的途中风暴将船只打翻了，鲁滨逊一个人被海浪抛到一座荒无人烟的海岛上，在那里度过了24年的孤独时光。

在荒无人烟、缺乏最基本生活条件的小岛上，鲁滨逊孤身一人克服了许许多多常人无法想象的困难，以惊人的毅力顽强地活了下来。没有房子，他自己搭建；没有食物，他尝试着打猎、种谷子、驯养山羊，晒野葡萄干。他还自己摸索着做桌椅，做陶器，用围巾晒面做面包。在岛上的第24年，他还搭救了一个野人，给他取名为"星期五"。在他的教育下，"星期五"成了一个忠实的奴仆。

就这样，鲁滨逊在荒岛上建立了自己的自然王国。最后，有条英国船在岛的附近停泊，船长带着鲁滨逊和他的奴仆离开荒岛回到英国。

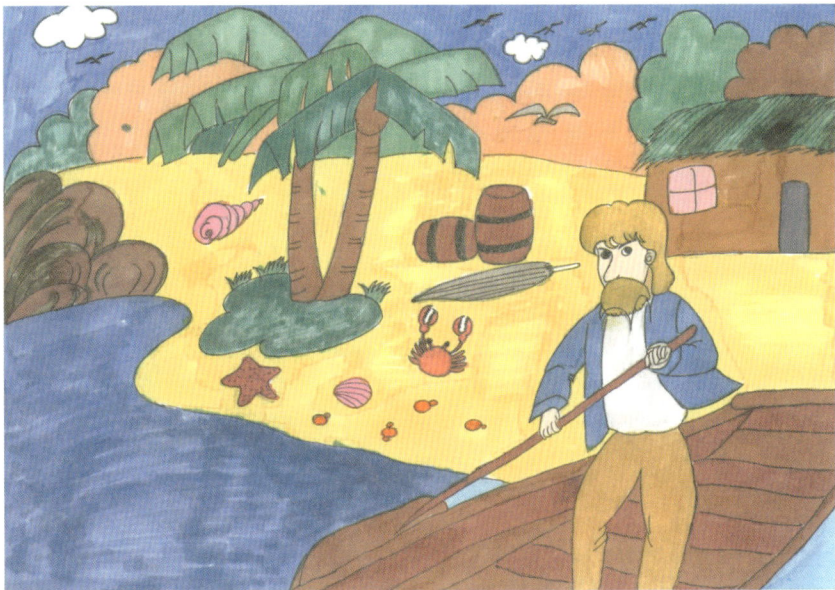

引导思考

1. 鲁滨逊为什么能够在荒岛上独自生活 24 年?
2. 鲁滨逊在荒岛上的生活是不是完全离开了社会? 为什么?

启发认识

鲁滨逊虽然在荒岛上独自生活 24 年之久，但他在岛上生存所需的食物、衣服等日用品以及工具都是来自他原来生活的社会。他能生存下去离不开他掌握的一些生存技能，如打猎、耕种和建造房屋等。而这些技能显然是他在原来的社会中学习到的生活能力和积累的生活经验。因此，虽然鲁滨逊看似是在荒岛上独立生活 24 年，但事实上他并没有完全脱离他原来生活的社会。如果他是一个没有从社会中获得生存本领的婴幼儿，完全脱离了人类社会，他能生存吗？

这个故事是一个被人们误解了的完全脱离人的社会的自然生活，恰好证明了：人不能脱离人的社会而生活的。鲁滨逊最终还是回到了人的社会中来了。

参观汽车制造厂

我爸爸是制造汽车的工程师。我非常想去看看汽车是怎样制造出来的。

那天，爸爸带我去了。

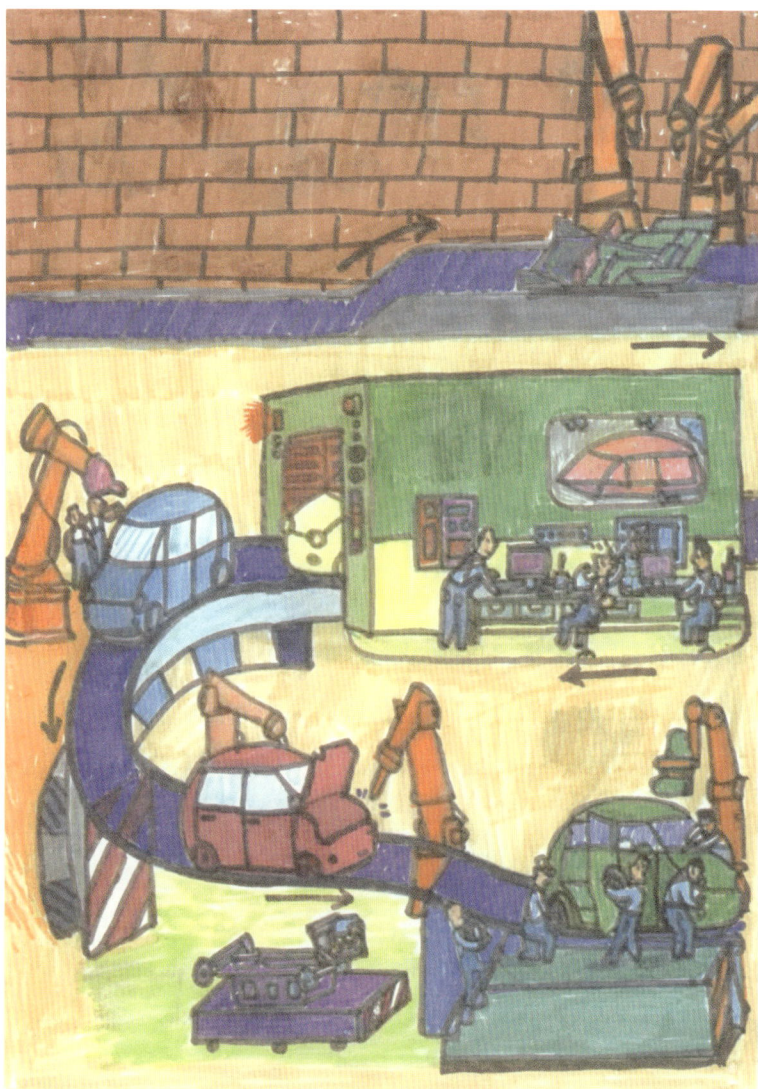

我走进工厂的大门，要不是那广大的厂房，还以为是一个大花园呢！

我走进研究室，有几位叔叔和阿姨正在研究一种新型汽车。我看到了绿色的模型，好像是一个长了翅膀的火箭，太漂亮了！接着，我来到控制室。这里全是电脑。通过视频能看到全厂工作的情况。后来，我们来到生产现场，好大呀！完全是传送带，从开始的一个像车头的元件进来，在流水线上，元件走到哪个岗位，那里的叔叔就麻利地装上零件。就这样，走了一个 S 形的流水线，最后出来的是一辆辆崭新的汽车，太神奇了！

这么多的人一齐动作，相互接力配合，如果有一个人注意力不集中，全线就会停下来。爸爸说，这样损失就很大。

爸爸还说，制造汽车的钢铁是钢铁厂炼出来的，轮胎就是橡胶厂生产出来的。整个汽车有 460 多个零部件，都是从不同的工厂制造出来的。这让我非常长见识：原来，制造一辆汽车要这么多的人合作呀！

爸爸告诉我，现在学习的知识是为了将来用到工作岗位，在相互合作中才能完成一项任务。任何个人再有能力也不能孤立地干事，社会就是人与人合作的社会。他说，有了知识，要在实践中用，创造出成绩，才能成为社会认可的有用人才。全社会就是我为人人、人人为我的大集体。

🧒 引导思考

1. 我们生活用的所有用品是怎样生产出来的？

2. 你对"全社会就是我为人人、人人为我的大集体"这句话有什么看法？

3. 你对实践有什么新的认识？

4. 人能离开社会生活吗？为什么？

5. 个人的才能怎样才能发挥作用？

🧒 启发认识

我们的生活用品都是在全社会的人相互合作生产出来的。

在社会中，所有的人首先要运用自己的知识为大家工作、服务，每个人都这样做，又形成大家都为我工作、服务，全社会形成一个合作的网络、分不开的大集体。每个人的工作都是与他人合作中完成的。个人的知识、才能只有在与他人的合作的实践中才能发挥更大的作用，在合作中增长才干，才能成为对社会有用的人。

人与动物不同，动物是成群结队地生活在大自然里，人是生活在不能分开的相互依靠的社会里的，人不能离开社会而生存。所以，我们现在学习知识，增长本领，是为了将来在社会工作中成才。

当我们知道人不能离开社会这个大集体，要在将来成为既有知识又会合作还能充分发挥自己聪明才智的人，就必须从现在开始，从集体的需要出发，自觉锻炼自己的合作能力。

实践平台

杨扬的选择

我叫杨扬，是一名六年级的小学生。最近，为参加学校的文艺汇演，班里准备排演一出话剧。我一直都很喜欢表演，也有些天分，这一次我希望能担任主角。

但是班委和老师商量后，决定由另一位更合适的同学担任主角，而我只能担任配角。这样做显然有利于演出的整体效果，可是，我感到很委屈，也有些犹豫：要不要接受这个角色呢……

经过斟酌，我最终接受了配角的角色。学校的文艺汇演中，我们班的小演员之间配合默契，发挥出色，排演的话剧获得校一等奖；承担配角的我，也因为表现出色，在文艺汇演之后成了学校里小有名气的明星。同时，班主任老师在班会上表扬我：为了班级的利益，放弃了自己的利益。因此我也受到同学们的欢迎、赞扬。我感到由衷的高兴。

引导思考

1. 为了保证班级演出活动的成功不让杨扬当主角是否对杨扬不公平？

2. 杨扬后来是怎么想的？她又是怎么做的？

3. 演出结束，杨扬为什么感到由衷的高兴？假如杨扬放弃配角或没有认真完成配角的演出，会有什么后果？

启发认识

有些时候个人利益和集体利益会发生矛盾，当个人利益与集体利益发生冲突时，我们要首先想到集体的利益。班委和老师之所以选择另外一个同学当主角，主要是为了有更好的整体演出效果，也是为了班集体荣誉，因此杨扬应该欣然接受这个角色，开开心心地把这个角色演好，这对班集体来说是公平的。就因为杨扬认真地对待集体给的任务，她选择了当配角，发挥了自己的优势，使演出获得成功，并得了一等奖，她由衷地高兴，不仅为自己的成功，而且为整个演出的成功，正是自己认真地对待集体的利益，自己才能成功。

如果她放弃了，不光是放弃了机会，也影响集体的成功，自己也不会收获成功。个人与集体的关系，就是在集体的成功中才有自己的成功。

亲子互动

请和家长共同解决下面的问题。

有一位父亲带儿子爬山。在休息的时候，父亲看到旁边有一块石头，就对儿子说："你去试试能不能搬动那块石头？"儿子使了很大的劲儿，也没搬动。父亲说："你想个办法把石头搬起来！"儿子又费了好大的力气，还是没搬动，就要泄气了。父亲说："你想想办法！"儿子说："这里什么可用的工具也没有，连个可以撬动石头的木棍都没有，怎么办呢？"父亲说："儿子，肯定有办法，你怎么不找我帮忙呢？"

那么，父亲说的是什么办法呢？

教学感悟

人与社会的关系问题，小学生要有初步理解，对他们成长为社会人是十分必要的。人与动物比起来，人是有社会性的。我们抓住人与人关系最基本的方面，学生能理解也能做到的就是"合作"。从人的合作角度，学生可以进一步体验到实践的社会性，这样更能加深对人不能离开社会而生存的认识。

关于"社会"和"人的社会价值"概念的内涵，学生只能从学习中有一点体验。这一点体验对他们今后成为社会人有潜移默化的作用。

学生们在课堂上的表现让我很惊讶，特别是在讨论中，他们能各抒己见，据理力争，热情很高，对这节课的内容，学生可以理解。

哲思哲理

人类社会是由人在活动中相互之间发生的关系构成的系统。构成这种社会的是具体的、现实的个人。这些个人是有生命、有躯体、有灵魂的感性存在物，是人的活动的个体主体。每个人在生理和心理上，在经验的积累和知识的掌握上，在能力的发展和能动性的发挥上都各有其特点，表现出各自的个性。但他们又不是各自孤立存在的，而是通过在活动中人与人之间的交互作用发生一定的社会联系和社会关系，而这种社会联系和社会关系的总和就是社会。处理好个人与社会的关系对于每个人和整个社会都是至关重要的。

第二节　我们生活在信息化社会里

——智慧餐馆

学习目标

1. 初步了解什么是信息化社会。
2. 知道怎样利用互联网进行学习。
3. 了解互联网技术对学习和生活的重要作用。
4. 了解互联网的负面影响并自觉避免不良影响。

问题引导

信息化社会给我们带来了什么？

激趣导入

同学们怎么都进教室了？噢，是上课了。

你们怎么知道上课了？噢，打上课铃了，老师来了！

听到上课铃声，给你传递了上课的信息，看到老师来了，也给你们传递了上课的信息。你们还能举出生活离不开信息的例子吗？

启发认识

现在，互联网就像一张大网，通过信息传递，把地球上的各国人民都挂在这张网上了。在网上，信息不仅很多，而且传得快。地球这面发生一件事，只需几分钟甚至更短的时间就传到了地球那边了。所以，人们打个比喻，说今天的世界变成地球村了。就是说，由于信息传得快，信息量多，拉近了人与人之间的距离，人们在地球各地，就好比住在一个小村庄里一样。

互联网的信息多到几乎天下事都在里边，所有的知识都在里面。你需要知道什么，只要打开电脑上网，信息就如流水般涌出来。

我们生活在这样的信息化社会里，给我们的学习和生活带来了什么？

哲理故事

我学会在网上得到知识

我对食虫草特别感兴趣。我只知道虫子吃草，而草吃虫子是多有趣的事啊！

为什么草能吃虫子？怎么吃呢？有哪些草能吃虫子呢？

爸爸教我在网上查找食虫草的信息。

哇！网上的信息真多呀！我看到各种食虫草的图片，长得都很奇特。他们有的生长在陆地上，有的生长在海里。我把这方面的资料全从网上下载下来，和爸爸一起把这些资料进行整理、分类。比如，食虫草的种类、生长的地方、形态特征、为什么吃虫子、吃虫子的技巧等，还找到了一些培养食虫草的方法。

我特别感兴趣的是它们吃虫子的技能。由于花很香，能吸引昆虫。昆虫一掉进它们的囊里，囊壁上的黏液就把虫子粘住了，然后会产生一些消化液，把虫子消化吸收，变成自己生长的营养。

爸爸还带我到香山植物园看各种真实的食虫草，我们还买了一盆猪笼草挂在客厅里，很雅致。

更让我高兴的是，我在网上还结交了和我有同样兴趣的网友，我们还建了QQ群，不仅互相传递食虫草的信息，还交流了学习方法。

我经常把有关食虫草的知识放在微博里，收到我的信息的人，还成了我的粉丝，我太高兴了。

引导思考

1. 故事中的小主人公是用什么方法得到关于食虫草的知识的？
2. 他怎样分析从互联网上收集到的信息的？
3. 通过在网上学习，他收获了哪些快乐？
4. 你认为互联网对我们学习、生活有哪些作用？

启发认识

小主人公是利用电脑上的互联网收集了关于食虫草的知识的。

他收集到的知识比较零散，不系统。他按食虫草的种类、生长的地方、形态特征、吃虫子的技巧等生活习性进行比较系统的分析、整理，得到了关于食虫草比较全面的知识。

他在互联网上学到了关于食虫草的知识，学会了分析、整理资料的方法，满足了自己的好奇心和兴趣，体验了自主学习的乐趣，提高了学习的能力，还结交了有同样志趣的朋友，建立了自己的QQ群。由于他对食虫草知识的爱好，还得到自己的粉丝，交往的人更多了，提高了与人沟通的能力。

互联网为我们的生活和学习提供极大的便利、快捷，最大限度地满足我们生活和学习的需要，培养了我们的自主能力，满足个人的兴趣爱好，提高了学习、交往的能力，交往的群体扩大了，能在网上敞开心扉，畅所欲言，懂得了给予和尊重，促进了全面发展。

拓展理解故事

智慧餐馆

有一个人叫张天一，他是北京大学法学硕士。毕业时找工作，几百人竞争一个律师工作岗位，引起他重新思考：什么是自己喜欢的生活方式？

他发现餐饮业有发展前景，与麦当劳国际连锁店相比较，国内有特色的餐饮连锁店发展会更好。于是，张天一和几个伙伴凑钱，在一家大公司的地下室的拐角处，开了正宗的常德米粉餐馆，名叫"伏牛堂"。

在地下室拐角的餐馆，最难的是如何吸引客人。他想只有依靠互联网将餐馆打造成"智慧餐馆"，才能把食客招上门来。他的第一批食客就是通过互联网找上门来的。互联网交往的空间广阔，加上他们的米粉做得好，口味正宗，在互联网上传开了，食客越来越多，积累了 8 个 QQ 大群和 3 个微博大群，有 1 万的粉丝，37 平方米的小店难以满足需要，在投资公司的帮助下，门店迅速扩展到 10 余家，到年底扩大到 20 家，食客达到了 100 万人。他的传统"伏牛堂"餐饮成了运用"互联网＋餐饮"模式的典范。

引导思考

1. 张天一为什么不当律师而开餐馆？
2. 他开餐馆成功的原因是什么？
3. 你对互联网的作用有什么新的认识？

启发认识

张天一毕业时，遇到几百人竞争一个律师工作岗位，引起他思考：什么是自己喜欢的生活方式？在生活中，他了解到，麦当劳连锁店开到了全世界，而我国的特色食品餐馆也可以做到。他喜欢自己寻找创业机会，所以，开了有中国湖南特色的米粉餐馆。

他成功的原因是他知道餐馆要有食客，而在地下室的拐角，很少有食客知道，于是就利用互联网招引食客。互联网的网民非常多，张天一就利用自己掌握互联网的知识和能力，在网上招引食客并取得成功。他创立了"互联网＋智慧餐馆"的新的餐馆典范，使连锁店很快到了10家之多，还要扩大到几十家。看来，不管干什么事，都要利用现代科学技术，利用互联网。

互联网联系的人多面广，是信息社会人与人联系的主要渠道和方式。我们不管做什么工作，都需要人与人之间的合作，互助共赢，互联网是最好的平台。所以，我们要会利用互联网进行学习、生活和创业。

实践平台

同学们，当我们知道了互联网对生活、学习、创业的作用时，也常常遇到有人在互联网上造谣生事，进行诈骗，扰乱社会治安。这说明，互联网参与的人多，抱着什么目的的人都有。比如，一个苹果掉在人的头上，有人觉得运气不好，有人认为白捡了一个苹果，有人受到启发而发现了万有引力。不同的人对互联网信息有不同理解，不仅信息内容多样、丰富，而且网络上鱼龙混杂，不同的人有不同的目的。对参与的人不见面、不认识、不了解，如果没有分析判断能力，经验少，就会上当。我们学习哲学就是为了提高我们的思维判断力。

我们怎样才能不上当呢？

启发认识

对网上丰富而复杂的信息，进行"去粗取精，去伪存真，由此及彼，由表及里"的分析判断，得出正确的看法。

亲子互动

请和家长讨论：对网上信息怎么进行"去粗取精，去伪存真，由此及彼，由表及里"的分析判断，得出正确的看法？并举例交流。

教学感悟

通过本课学习，让学生知道我们生活在信息化社会里。可以引起他们对信息的关注，对互联网的兴趣，激发学习信息技术的热情，对他们个性发展、自主学习有重要的促进作用。

哲思哲理

人类社会发展到今天的信息网络时代，人类文明的发展史从一定意义上说就是处理、开发和运用信息的历史。语言的产生，文字的出现，造纸术和印刷术的发明，计算机互联网的问世和飞速发展，包括微博、微信、飞信……人类历史上信息技术的每一项重大突破都促进了社会生产力的发展，调整人们之间的生产关系和社会关系，从而从多个方面推动人的全面发展，对人类自身的最后一块未知领域——大脑得到开发和发展提出一个智能革命，实现推动人的全面发展这个人类的终极目标。人在享受这巨大进步带给我们生活变化的同时，为人的自由而全面发展奠定了精神的、物质的基础。

充分认识人类的发展的信息化和它的时代特征，是马克思主义哲学必须要回答的问题。我们要对学生给予世界观和方法论的指导，以便让信息化造福人类。

我们已经步入了信息化社会，信息技术进入社会生活的各个领域。信息化从多个方面推动社会的快速发展，推动人的全面发展，彰显人的个性的自由。

第三节 我们爱祖国
——为中华之崛起而读书

学习目标

引导学生知道什么是爱国，为什么爱国及怎么爱国，并进行爱国主义教育。

问题引导

我们为什么要爱国？怎么爱国？

激趣导入

我们都知道地球是全人类共同的家园，这个家园是由许多国家组成的。但是，在这个家园里，每个人都有自己的祖国。我们的祖国叫什么名字呀？

中华人民共和国！

她是全世界中华儿女的祖国。

我们的国旗是五星红旗，我们的国徽是五星照耀下的天安门，是我们国家象征之一。

我国的首都是哪儿呢？我们可以骄傲地大声说："北京！"我们生活在北京是多么幸福啊！

谁会唱我们的国歌？

好！我们一起来唱。听，我们的国歌多么雄壮有力。

国歌是在什么情况下唱起来的呢？

启发认识

我们的国歌《义勇军进行曲》，它是在抗日战争的时候唱起来的。全中国人民唱着这首充满必胜信心的歌曲，团结一致，抗击日本侵略者"烧光、杀光、抢光"的强盗行径，保卫我们伟大的祖国，要赢得最后的胜利。

在中国共产党的领导下，全国人民奋勇杀敌，不怕牺牲，打败了日本侵略者，打败了反动派，在1949年的10月1日建立了新中国。新中国成立时，把这首歌定为国歌。中华儿女为保卫自己伟大祖国而战斗的不屈不挠的精神，永远激励着我们。

我们再来唱吧！

哲理故事

为中华之崛起而读书

周恩来是全国人民爱戴的总理，是世人崇敬的伟人。

他少年时代曾在沈阳东关模范学校上学。一天，校长亲自给他们上政治课。课上，校长提出了一个发人深省的问题。校长问："你们为什么读书？"

一个官僚的儿子说："为做官而读书。"

一个鞋铺老板的儿子说："为挣钱而读书。"

校长摇了摇头。

一个穷人的孩子说："为吃饱饭而读书。"又一个同学回答说："为不受人欺负而读书。"

校长只是淡淡地笑了笑，没说什么。

当校长走到周恩来面前，问他："你为什么而读书？"周恩来站起来，严肃而认真地说："为中华之崛起而读书。"

校长十分震惊，没想到站在他面前的这个孩子能说出这样有抱负的话来。他非常想再听一遍这个回答，就追问："你为什么而读书？"

"为中华之崛起而读书！"周恩来提高了嗓音，一个字一个字地重复着，语气十分坚定。

"好哇！为中华之崛起！为中华之崛起！"校长无比激动地重复着，直视着全班学生，说，"我们中国人就该有这股志气。你们说，为

166

什么而读书？"

"为中华崛起！"铿锵有力的回答在整个教室里回荡。

周恩来这爱国的激情感染了全体学生。

——选自（人教版《语文》四年级上册）

🗨 引导思考

1. 在故事中，对"为什么而读书"有几种回答？校长是怎么表现的？又是怎么说的？

2. 为什么周恩来的回答能感染全体学生？

3. 周恩来成为人民爱戴的总理、世人崇敬的伟人，跟他少年时的爱国精神有什么关系？

4. 我们为什么而读书？

🗨 启发思考

在故事中，当官家的孩子为当官而读书，有钱人家的孩子为挣钱而读书，校长摇摇头；穷人家的孩子为吃饱饭而读书，有的孩子是为了不受人欺负而读书，校长只是淡淡地笑了笑。而当周恩来说"为中华之崛起而读书"时，校长激动地说："好哇！为中华之崛起！为中华之崛起！""我们中国人就该有这股志气。"

周恩来的回答，感染了全班学生的爱国热情。不管个人有什么学习目的，爱国是共同的，是中华民族的优秀品质。中华民族有五千多年辉煌的历史文化，爱国是使我们的国家不能被战胜的力量。

周恩来成为受中国人民爱戴的总理、世人崇敬的伟人。在他逝世的时候，联合国还为他降半旗，这是很少有的事情。这跟他从小就有理想、有追求，有一颗忠诚的爱国心有直接的关系。因为爱国，才爱自己的民族和人民，人民才爱戴他。

我们为中国的强大而读书。虽然我们已经成为世界上第二大经济强国，但我国还有许多人没有过上好生活。为实现中国梦，不仅让中国人民，也让世界人民都能过上好日子，做一个合格的有中国情怀和国际视野的中国人。

拓展理解故事

爱国的施一公

施一公父母给他取名"一公"，是希望他长大"一心为公"。

施一公现在成了世界著名的生物学家、清华大学教授、中国科学院院士。他在 1989 年毕业于清华大学，后留学美国，成为生物学博士，接着又成了博士后。

他的研究成果很多，获得了很多世界大奖。

他上中学时，勤学苦干，获得了全国高中数学比赛的一等奖。1985 年，施一公被保送到清华大学，在清华学习时，学习成绩年年名列全年级第一，提前一年毕业。后在美国继续深造。他的科研成果在世界领先，成为美国普林斯顿大学的终身教授，学校还给他提供了宽敞的实验室和 50 万美元的科研资金。面对良好的科研条件和优越的生活，施一公却做出了一个让许多人惊讶而敬佩的决定：放弃一切，带着自己的科研成果于 2008 年 2 月回到祖国，到母校清华工作。

他的理想和追求就是用自己的科研成果报效祖国。

回国后，他用自己在国外的曲折而真实的经历，激发大学生的爱国热情。他把祖国当作自己的母亲。他说，爱祖国就是爱母亲。

他回国引起了海外中国人很大的震动，说他是"海外华人归国的典范和榜样"。

🧑 引导思考

1. 施一公的家长为什么给他取名叫"一公"？父母的希望，他做到了吗？

2. 施一公为什么能取得那么好的成绩？有那么多的科研成果？

3. 施一公做了一个什么样的惊人的决定？为什么做这样的决定？

4. 我们向施一公学习什么？

🐶 启发认识

1. 家长给取"一公"的名字，是希望他长大"一心为公"，就是不管干什么事都要想着为了国家和为了人民。他努力刻苦学习，有了许多世界顶级的科研成果，为中国人民和世界人民做出了很大贡献，实现了父母的希望。

2. 他学习好，科研成果多，就是因为他有为国家、为人民而学习的理想和追求。所以，当他有了许多科研成果，他放弃了一切个人的利益，做出报效国家的惊人决定。

3. 我们应该学习他一心为祖国发展、刻苦学习的精神。学习他用科研成果报效祖国的精神。这是实实在在的爱祖国！

实践平台

同学们，我们曾经学习过这么一篇文章《欢庆》。你们还记得吗？

欢　庆

田野献上金黄的果实，
枫林举起火红的旗帜。
蓝天飞着洁白的鸽子，
大海奏起欢乐的乐曲。
十三亿孩子
欢庆这美好的日子，
十月一日——
祖国妈妈的生日。

——选自（人教版《语文》二年级上册）

引导思考

在这篇课文中，把"祖国"比作什么？你是怎么想的？

启发认识

把祖国比作母亲，施一公是这样说的，也是这样做的。我们从小就会唱："世上只有妈妈好……"爱祖国就是爱妈妈，不爱祖国就是不爱自己的妈妈。哪有不爱妈妈的孩子啊！所以，我们书上说："祖国是我们的母亲，我们是祖国的孩子。我们都爱伟大的祖国。"

亲子互动

有这样一个真实的故事。

170

　　有一个从国外读完博士回国的爸爸，在孩子要上学的时候，他把儿子带回国，让他学习母语，不忘祖国，在祖国长大。可是，儿子这几年一直住在外国，过着外国人的生活，说的也是外语，对中国的生活和语言感到很陌生。所以，学习起来比较困难。

　　有一天，他去接放学的儿子。他看见儿子噘着嘴出来了，就说："儿子，中国这么好，你生什么气呀？"

　　"我还是没写好汉字！"

　　"你爱中国吗？"

　　"当然！"

　　"你用爱来写汉字。你爱汉字，汉字也爱你，这样不就写好了吗？"

　　儿子笑了。

　　爸爸和儿子双手一拍，"加油！"

　　这一幕令人深深地感动！这位父亲的爱国举动，是真诚的。他用这种爱的精神培养了儿子的爱国心。

　　请同学们和家长一起读这个故事，并说一说感想，下次课我们来交流。

教学感悟

　　人作为社会人，首先是一个国家公民。爱国是所有人的价值认同。只有不同阶级的人有不同的爱国价值观。世界观是价值观的基础。对小学生进行爱国主义教育，是培育和践行社会主义核心价值观的根本内容，是"三爱教育"的核心。对小学生进行爱国主义教育，不能讲抽象的大道理，要从他们的认知能力出发，在真实的故事情境中体验，在爱国的情感中受到感染，用爱国的精神滋养他们爱国心的成长。

　　家庭对孩子进行爱国教育，体现着亲情血脉的感染力，对培养孩子爱国主义精神，使他们成为具有社会责任感、创新精神和实践能力的人具有重要作用。应当激发家长对孩子进行爱国主义教育的自觉性。

哲思哲理

习近平总书记指出："弘扬爱国主义精神，必须把爱国主义教育作为永恒主题。要把爱国主义教育贯穿国民教育和精神文明建设全过程。要深化爱国主义教育研究和爱国主义精神阐释，不断丰富教育内容、创新教育载体、增强教育效果。要充分利用我国改革发展的伟大成就、重大历史事件纪念活动、爱国主义教育基地、中华民族传统节庆、国家功绩仪式等来增强人民的爱国主义情怀和意识，运用形式和新媒体，以理服人、以文化人、以情感人，生动传播爱国主义精神，唱响爱国主义主旋律，让爱国主义成为每一个中国人的坚定信念和精神依靠。要结合弘扬和践行社会主义核心价值观，在广大青少年中开展深入、持久、生动的爱国主义宣传教育，让爱国主义精神在广大青少年心中牢牢扎根，让广大青少年培养爱国之情、砥砺强国之志、实践报国之行，让爱国主义精神代代相传、发扬光大。"

建设具有中国特色社会主义核心价值观，需要正确的理论指导，确立先进的价值信念、信仰、理想。为此，最重要的是确立共产主义信念、信仰和理想，必须以社会主义、爱国主义和集体主义为基础，树立与中华民族传统美德相承接的、以爱国主义为核心的民族精神和以改革创新为核心的时代精神。社会主义核心价值观是我们文化和文明建设的灵魂，是支撑人们心灵的精神力量，是人们为了实现理想、目标而努力实践的精神动力。

后　记

在教育界热议"核心素养"，在大众创业万众创新的热潮中，一个新兴的群体——创客悄然出现。创客教育的萌生与发展，凝聚着师生集体智慧，经过六年多实践探索，《儿童哲学》终于问世了。这六年多的实践证明，儿童不仅能学哲学，而且能学得好。哲学反思是"理解过去的钥匙"，我们必须深入思考：儿童学哲学到底让学生实际获得什么？

"儿童哲学"兴起于20世纪70年代的美国，至今普及到世界上许多国家。

我国自古以来就重视对儿童进行哲学教育。从《三字经》的"人之初，性本善；性相近，习相远"到《幼学琼林》的"混沌初开，乾坤始奠"，在识字的教育中，蕴含着世界观和人生观的初步启蒙，进行着思维方式的训练，非常值得我们继承与发扬。

马克思主义哲学深刻揭示了自然界、人类社会、人类思维发展的普遍规律，是科学的世界观和方法论。

我们的《儿童哲学》是以马克思主义哲学为指导，借鉴西方儿童哲学、以故事为载体，目的是对儿童进行思维训练，发展儿童的思维能力。我们把儿童哲学的核心目标定位在：适应儿童思维发展，引导儿童初步学习用辩证思维方法培养思维能力，认识自己和世界，成为有社会责任感、有创新精神和实践能力的时代新人。

美国哥伦比亚哲学教授、"儿童哲学"的创立者马修·李普曼，把"儿童哲学"定义为："一种运用到教学中，目的在于培养具有高水平的、熟练的推理和判断能力的学生的哲学。"西方儿童哲学的主要目标是以训练儿童的形式逻辑思维方法为主要目的。

我们认为，"儿童哲学"的性质应从哲学"爱智慧"的本原出发。哲学对智慧的热爱，对真理的追求，源自人类对周遭世界的困惑和好奇。在儿童的天性中，天生的好奇心，最本真、最纯正地追求那一个个"为什么"，这原本就是对未知的一种探索欲望，对美好的追求与向往。"儿童哲学"恰恰是充分利用孩子身上的强烈的好奇心和求知欲，为儿童的探索精神推开通往智慧大门，走进他们的理想国。

儿童哲学的价值首先在于满足儿童思维发展的需要，学会用科学的思维方法获得知识，认识世界。人是"万物之灵"，就是因为人能思维，思维是人的"特质"。没有思维支配的行为是不存在的。爱因斯坦曾在名篇《培育独立思考的教育》中说："用专业知识教育人是不够的，通过专业教育，他可以成为一个有用的机器，但不能成为一个和谐发展的人。……他——连同他的专业知识……就像一只受过很好训练的狗，而不像一个和谐发展的人。"他还告诫我们，知识没有自由，而思维是自由的，过分依赖知识会限制和阻碍思维的发展，没有思维的自由，也就没有了智慧。他还说："学习知识要善于思考、思考、再思考，我就是靠这个方法成为科学家的。"钱学森说，只有具备形象思维和逻辑思维的人，才能成为人才。这引起我们的深思，"育人为本"的"本"到底是什么？

习近平总书记高度重视在学习中提升思维品质，强调："学而不思则罔，思而不学则殆。"并指出，学习的过程实际上是一个不断思考认知的过程。要求我们在学习中要联系实际，开动脑筋，对现实的疑惑进行深入思考，力求把零散的东西变为系统的，把孤立的东西变成相互联系的，把粗浅的东西变为精深的，把感性的东西变为理性的。只有这样，才能提高思维的准确性、逻辑性、深刻性、敏捷性、创造性。

让我们看一看，一个偌大的"物质"概念是怎么让学生知道的。

学习"我们生活在多姿多彩的世界"这个内容时，老师提问："你们能把香蕉、苹果、鸭梨之类的东西用一个词语表达出来吗？"

同学们说："水果。"

　　老师问："你能不能把地球上所有的东西，宇宙里所有的天体也用一个词语表达出来呢？"学生先是想，接着是争论，没有满意答案，以期待的目光看着老师。当老师说出"物质"时，学生的兴奋、新奇弥漫了课堂。

　　当老师用解释的方法问：物质都是能看得见、摸得着的东西吗？正在学生思考时，老师读到一年级学过的语文课文《地球爷爷的手》，学生毫无争议地说：地球爷爷的手是"地球引力"。

　　老师问：你是怎么知道的？

　　有的学生跳起来又落地说：地球吸引我！有的学生说：没有引力我们都飞起来了！宇航员离开地球在空中飘着！……

　　老师问：我们感觉到的地球引力算不算物质？

　　同学们展开激烈争论，最后多数同学说地球引力是存在的东西，应该算物质。

　　老师归纳说：物质就是本来存在的东西，不管我们人类能不能看到或摸到。

　　接着老师讲了宇宙中的"黑洞"，学生表现出极大的新奇、兴趣。有个学生提出：黑洞能不能把地球吃掉？又激起了一场激烈的争论。

　　老师说：这是一个大的物质秘密，也可以看作是一个大科学猜想，留给你们有了知识去解密吧！

　　这个学习内容，从学生已有的知识、经验出发，运用类比推理的思维过程，引导学生从生活中的现象运用抽象思维方法，概括出学生能初步体验到的"物质"的本质属性。在学习中不仅激起学生思维的自由飞翔，也引发了他们发现问题、解决问题的灵性，用新的眼光看世界，用探索的精神充实了自己的生命情感。

　　又如，在学习"矛盾双方在一定条件下可以相互转化"的哲学观点时，我们用学生可以接受的表达方法，叫"换个角度思考"。教学中运用分析优缺点相互转化的条件时，学生思维的敏捷、思考问题的宽度，连老师都想不到。

　　有个学生说，我的最大优点是跑得快！老师想，在什么条件下就变成缺点了呢？老师还没反应过来，学生说：在楼道里就不能快跑！

有个学生说，我的最大的优点是助人为乐！又是老师还没转过神来，学生说：助错了人，我就不乐了！还举了一个生动的例子。

还有学习内外因的辩证关系、因果联系等等，都出现老师始料不及地面对学生思维的挑战。

学生的思维能力一旦被激发出来，他们之间的相互影响、启发，就会产生出更大的活力。所谓学生的潜能，实质上就是思维的能力。一旦放开自由思考的大门，学生的智慧就会迸发出来。

思维给孩子带来无限的快乐，体验获得新知的乐趣，感受成功的满足。学生喜欢自己思考，自己发现问题，自己解决问题。喜欢对问题的争论和别人对自己看法的挑战。

如在学习"自己试，自己做"这一课时，通过"小马过河"的故事，鼓励学生自己的事自己做，勇于实践，但又不能蛮干。实践一定要具备条件，条件不够，要创造条件。

当老师提出：小松鼠也要到河那边去玩，但它不具备过河条件，咱们给小松鼠想想办法，创造条件吧！有的说，让同伴小马和老牛帮助小松鼠过河；给小松鼠造个船；在河上建一座桥……有个学生大声地说：给小松鼠克隆两个翅膀，飞过去！一下子引起学生的热议，把学生引导到科学幻想的联想和想象，创造思维在这里绽放了。

在教学中，我们常常对提高学生的表达能力不理想而困惑。在哲学的学习中，学生表达观点的明确、语言的流畅，妙趣横生，这是因为思维与语言存在着内在的辩证关系。语言是思维的工具，是思维的"物质外壳"。人们运用语言进行思维，用语言表达思维的过程和结果。思维的内容即外部世界的情境信息进入头脑之后，头脑通过"由此及彼、由表及里、去粗取精、去伪存真"的思维操作过程，也就是运用概念进行判断和推理过程，把结果用语言表达出来。当我们割裂了思维和语言的关系，跳过了思维过程，表达就成了无源之水，无本之木。大量的写作事实证明，"准确的语言来自明晰的思维，精确的语言来自深邃的思维，生动的语言来自活跃的思维"。一方面，思维不能脱离语言而存在；另一方面，语言又从属于思维。脱离思维的语言和脱离语言的思维都是不可思议的。所以，我们在教学中，一定要把思维方法寓于其中，才能收到预期的效果。

儿童哲学让我们深深领悟到，这对培养儿童的智力美德，形成人生美好理想的价值不可低估。正像英国儿童哲学家罗伯特·费舍尔所说，"儿童哲学"是发展儿童的"智力美德"，这是十分有道理的，也是"儿童哲学"的重要价值所在。

对于"智力"的理解有多种，但都提出思维能力是智力内在的重要因素。"智力美德"通识是一系列品质的组合，包括好奇心、追求真理、探索的勇气和决心，在思考中善于进行分析、判断和自主推出的结论；对不同观点有开放的态度，敢于否定自己的观点，善于集体思维等等，表现出良好的思维能力和思维品质。在学习中，儿童从"习真习善习美"中"知真知善知美"，这正是"爱智慧"的深刻寓意。

我们知道，古今中外不同时代有许多科学家正是把童年、少年时代的"好奇"成为理想，投入一生的追求；那些伟大的社会活动家正是对社会问题的"质疑"，产生了对理想社会的追求，对哲学社会科学进行真理性探索，为人类做出了不可磨灭的贡献！

"儿童哲学"把学生从狭窄的课堂空间引导到对整个世界的关注。在教材中我们编入了富含哲理的200多个典型故事和现代科学成果，从学生的心理发育和认知能力出发，引导学生初步认识自然、社会和自身的发展规律，开阔了学生视野，学生成了自主思考的主体，得到自主探索的满足，从中生发出发现问题和解决问题的责任感和担当意识，成为探索未知和创造未来的动力。

我们的教学是从情趣导入，激发奇点，提出问题，进行讨论。争论、诘问，引发思考，课堂成了自由发表见解的理想阵地。学生为了说明自己的看法，也学会倾听和尊重。在争论中，彼此挑战智慧。为了找到一个合理的答案，没人怕说错，并且学会寻找自己观点的支持者、合作者，有时以小组的名义发表见解，开展集体博弈，发挥集体智慧，产生合作的友情。

我们在三年级开展一场辩论会，主题是"人生的价值是奉献还是索取"。组成正方和反方。老师和家长共同帮助准备。在辩论中，学生激情辩答，一个也不示弱。观点的陈述、反驳的力量、精神的表达，令老师和家长震惊。有个家长激动地说："孩子长大了！"

教材最后一章"人与社会"，引导学生以伟人和科学家的理想追求为榜样，结合学校"培养具有中国情怀和国际视野的芳草学子"的办学理念，以培育"一带一路"共同愿景和"人类命运共同体"的责任担当意识为目标，激发学生结合自己的兴趣、爱好，畅谈自己的理想，对未来充满了激情和自信，"儿童哲学"成了学生们成长的理想国。

现在，让我们思考育人为本的"本"到底是什么。历史唯物主义有一个伟大的观点——"人是目的"，明确阐明人区别于动物的本质特征是人会思考，是认识世界和改造世界的能动主体。在当今，知识以几何级数增长，学富五车已经不可能，只有触类旁通才有出路，能够做到触类旁通，只有依靠人的思维能力。辩证思维是一切思维的基础。创新人才必须要有创造性思维，创造性思维是以辩证思维为核心的各种思维形式的综合运用。创造性思维能充分发挥认识的能动作用，能突破固定思维的束缚，以灵活新颖的方式和多维视角探索事物内在本质联系的思维活动。创造性思维是创新人才的核心能力。

人的责任感不是说教出来的，是在社会实践活动中，在处理人与自然、人与社会、人与自己的相互关系中生发出来的。人要生存要发展必须实践，必须创造，人类的创造过程就是一个创造历史、创造人类美好生活的过程，是人的社会责任感的发源地。

儿童作为未来人才，今天面对一个人工智能时代。当 AlphaGo 击败围棋高手，预示一个更高水平的人工智能时代的到来。人工智能毕竟是对人脑思维力的模拟，发展人的思维能力，解放人的思想，彻底颠覆以知识灌输为核心的教育目标，培养学生思维能力，提升思维品质，给他们认识世界和未来改造世界提供科学的思维方法，已经是不可回避的现实。明乎此，育人为本的"本"就十分清楚了。

儿童哲学从这里起步，为孩子扬起理想的风帆是我们的目标。

芳草地国际学校"儿童哲学"研究团队能克服很多困难，坚持六年多的实践研究，以马克思主义哲学是我们时代的真理和良心为理想信念的精神支撑，贯彻马克思主义实践观的研究方法。为了让哲学滋养学生的成长，团队成员几年来认真研读马克思主义哲学，力求掌握"看家本领"。为与学生发展实际相结合，广泛地搜集和挖掘学生喜闻乐见的、富含哲理的故事。借鉴马修·李普曼的"儿童哲学"、英国罗伯特·费舍尔的《教儿童学会思考》及台湾詹栋梁教授《儿童哲学》等研究成果，在教学实践中，用典型性研究对一个问题进行反复思考，一课一课地反复打磨，请多位专家听课指导，直到学生有获得感再梳理成体系。这个过程是辛苦的，也是快乐的，让我们感到创造的幸福。

我们的"儿童哲学"以马克思主义哲学为指导，以辩证唯物主义和历史唯物主义的最新研究成果为体系脉络，以马克思主义哲学"实践观的思维方式"为研究范式，直指学生求真、向善和求美的价值追求，最终落实到学生发展需要的满足，贡献我们的智慧。

研究刚起步，虽然有了初步的成果，但我们会不忘初心，继续前进，以习近平新时代中国特色社会主义思想为指导，为"儿童哲学"的深入研究不懈努力，为培养"时代新人"贡献智慧。

芳草地国际学校儿童哲学研究团队
2018 年 7 月

儿童哲学

下

《儿童哲学》编委会名单

总主编 刘丙辛 刘飞

本册主编 曹静 杨媛 张宏

编委：刘 飞 穆 英 李仁国 李屹立 李丽红

辛士红 杨 媛 曹 静 毛传兵 毛春苗

张 龙 张 宏 丁兆辉 于亚玲 王 蕙

马海莲 刘 军 刘文娥 张 健 于 芳

（成书时按照姓氏笔画排序）

红旗出版社

图书在版编目（CIP）数据

儿童哲学/刘丙辛，刘飞主编．
—北京：红旗出版社，2018.4（2020.6重印）
ISBN 978－7－5051－4600－6

I. ①… II. ①刘…②刘… III. ①儿童教育－教育哲学－研究 IV. ①G61－02

中国版本图书馆 CIP 数据核字（2018）第 057648 号

书　　名	儿童哲学		
主　　编	刘丙辛　刘　飞		
出 品 人	唐中祥	封面设计	李　妍
总 监 制	褚定华	装帧设计	张春生
责任编辑	毛传兵　于鹏飞	插图指导	杨瑜梅子　马金山
出版发行	红旗出版社	地　　址	北京市沙滩北街 2 号
邮政编码	100727	编 辑 部	010－57274617
E － mail	hongqi1608@126. com		
发 行 部	010－57270296		
印　　刷	河北锐文印刷有限公司		
开　　本	787 毫米×1092 毫米	1/16	
字　　数	400 千字	印　　张	25.5
版　　次	2018 年 7 月北京第 1 版	2020 年 6 月河北第 4 次印刷	
ISBN 978－7－5051－4600－6		定　　价	78.00 元（上下册）

欢迎品牌畅销图书项目合作　联系电话：010－57274627

凡购本书，如有缺页、倒页、脱页，本社发行部负责调换

儿童哲学是孩子们的理想国

芳草地国际学校校长　刘　飞

何谓哲学？

亚里士多德说：人都是由于惊奇而开始哲学思维的……一个感到困惑和惊奇的人，便自觉其无知。爱因斯坦这样谈论哲学：哲学显然就可以被认为是全部科学之母。海德格尔说：让哲学主题回到世间人际的情感中来吧，让哲学形式回到日常生活中来吧。胡适在《中国哲学史大纲》中称：凡研究人生切要的问题，从根本上着想，要寻一个根本的解决。这种学问叫作哲学。

综上，哲学是最本真、最美丽的情感；哲学是关于思维的学问，其是由惊奇开始的；哲学是一切学科的基础和源头……这对正确认识儿童哲学很有帮助。

儿童最真、最善、最美！这是儿童哲学的起点。传统启蒙读物《三字经》开篇即道，"人之初，性本善"，妇孺皆知；耶鲁大学婴儿认知中心研究表明，"6 个月大和 10 个月大的婴儿一边倒地喜欢'好人'多过'坏人'"，这"可能为小孩子形成更抽象的是非概念打下了重要基础"（摘译自《史密森尼学会会刊》），从科学角度诠释了儿童本源的美好。《三字经》中还谈到"性相近、习相远"，"人不学、不知义"。如果说孩子出生即有好恶感是本能，那通过学习怎样让孩子"知真知善知美""习真习善习美"，则是后天特别是学校教育责任之所在，儿童哲学恰恰为孩子们推开了这样一扇门。儿童是天生的哲学家，他们有自己的哲学。儿童的想法多是很浅显的，但质朴而纯真，其中往往孕育着哲学的温情与光芒。教师对孩子自发表现出来的兴趣予以关注、鼓励和引导，并通过儿童哲学课的学习，将正确的世界观、人生观、价值观有序地科学地传递给他们，这对于落实立德树人的根本任务，对于孩子全面发展都太过重要。具体到实际问题：我从哪里来，喜、怒、忧、思、悲、恐、惊，好与坏，美与丑，自由与规则，品德与生活，品德与社会，科学与艺术，自然与宇宙……皆可成为儿童哲学的学习内容。通过儿童哲学，引领孩子走进多彩的世界、丰富的生活。

好奇是儿童的天性，儿童哲学从好奇开始。儿童哲学创始人李普曼认为：由于哲学最素质朴的特质并非专有名词或术语，而是向生活不断地发问，因此哲学所要求的探究精神对于仅有极为有限的生活经验、对许多事物都感到新奇和困惑且不停地追问"为什么"的儿童来说，恰恰是颇为适合的。确实如此，开设儿童哲学的目的，就在于要给儿童的好奇和追问一个基本的、最真实的回答，而这并不是要给出所谓的标准答案，更多的时候可能就是一个方向、一种启迪。在这样的课上，老师会想办法营造氛围、消除顾虑，让孩子敢于发问；激发质疑兴趣，让孩子想问；教给学生基本思考方法，让孩子会问。儿童是带着强烈的好奇心和求知欲走进学校的，儿童哲学教学则重在赏识好奇、激活潜质、呵护求知欲，分享发现的快乐。

哲学是一切学科的基础和源头，儿童哲学则是培养学生学科核心素养的最佳平台。发展孩子们核心素养需要从关注学科素养做起。学科核心素养是学生在某一学科学习中所获得的知识、技能及形成的相关素质和修养。学科不同，学科核心素养肯定有别，但大道相通。如何在学科教学中落实核心素养的要求？要关注思维、表达与实践，这正是儿童哲学教学的着眼点。李普曼主张教育应是一个探究的过程，在过程中引发学习者的思考。他认为思考教育不仅具有学术意义，而且应作为处理生活经验的工具。任何一门学科的教学都应该是思维训练课，从儿童哲学中获得的思维训练，对各个学科的学习都大有益处。

每一个学科的教学都应该成为语言表达课。言语是思维的物质外壳，有想法表述不清，思维会受到限制；而学科表达能力不强，就很难把握住学科本质。儿童哲学课教学，老师非常重视学生语言表达，起到基础学科的作用。注重实践是儿童哲学突出的特点之一，老师在教学中讲究知行合一、学以致用，让学生将课上所学和自己的生活真正联系起来，锻炼其处理实际问题的能力。离开现实生活与实践，核心素养的培养就失去了发展的根基，这对各个学科都是一种启示。

儿童哲学更加关注至真至善至美、关注儿童好奇的天性、关注学习的本质，是孩子们的理想国。在这里，他们可以更加自信地站在众人面前。

目录

1

第一章　学会用事物普遍联系的方法解决问题

第一节　事物都是相互联系和变化发展的
——丛林中的连环套

学习目标

1. 知道世界上的事物都是相互联系的。

2. 能知道联系是指事物之间和事物内部诸要素间相互影响、相互作用、相互制约的关系。

3. 学会用联系的方法解决问题。

问题引导

世界上的万事万物是孤立存在的，还是相互联系的？

激趣导入

同学们还记得《鲁宾逊漂流记》吗？他为什么能独自一人在孤岛上生活 28 年？

是的，人离不开社会，社会离开人也不存在。人与人之间的相互联系才有了我们人类的社会。

接下来我想和大家分享一个讽刺贪婪的人的故事。

有一个非常贪婪的人，他希望世界上的人都没有了，这样，所有的财富就能都属于他自己了。

一天，他一觉醒来，忽然想吃烧饼了。他想到，如果世界上只剩下他自己也不行，要有一个为他做烧饼的人。做烧饼还需要有面，这

1

就需要有磨面的，还得有人去种麦子……

想着想着，他又觉得世上还要有与自己说话的人，要不自己一个人也太孤单了。

就这样，他越想越觉得他需要的人越多，到最后他终于想明白了，自言自语地说道："唉，世上缺少哪个人都可以，但就是不能只有一个人呀！"

这个故事告诉我们一个什么道理呢？

启发认识

离开了人与人之间的联系，任何人都是无法生存的。在人类社会中谁也离不开谁，社会是相互联系的。那么，自然界的动物是不是也是相互联系的呢？

哲理故事

丛林中的连环套

迈克尔由于工作业绩突出，获得了一笔奖金和一个月的假期。他乘上自己设计的热气球，开始了穿越亚马逊河流域的旅程。

迈克尔进入原始森林后，遇到了一场狂风暴雨，热气球漏气，不断下降，被挂在了高高的树枝上。风雨过后，太阳出来了，迈克尔饥肠辘辘。正当他一筹莫展的时候，突然发现树枝上挂着一个绿色的"大口袋"。他爬近一看，"大口袋"外面毛茸茸的，忽然"口袋"动了起来，但是速度非常慢。从里面探出了一个猴子样的脑袋，然后伸出了四肢。原来，这是动物界的头号懒汉——树懒。

迈克尔兴奋极了，因为逮住树懒，他就可以饱餐一顿了，而且他也丝毫不用担心猎物会跑掉。正当他要去抓树懒时，意外的事情发生了。

大树下，有一只美洲豹在目不转睛地盯着树上的迈克尔。发现这个紧急情况后，迈克尔吓出了一身冷汗。他知道豹子是爬树的能手，就不由自主地抽出了随身携带的猎刀。

迈克尔曾听人说过，如果遇到了豹子，绝不能想着怎么逃跑，而要死死地盯着豹子的眼睛，一直等到它走开；如果豹子扑过来，就用刀子同它搏斗。所以，在紧急关头，他坚持死死盯住豹子的眼睛。

美洲豹好像知道对手是不好惹的，对视了一段时间，豹子悄悄地离开了。迈克尔刚刚松了一口气，不料仅过了几分钟，这只美洲豹又带着三个伙伴赶了回来。迈克尔又立刻紧张了起来，手掌心直冒冷汗，他聚精会神死死地盯着每只豹子。幸好附近树上有一群猴子嬉闹跳跃，它们吸引了这四只豹子。

豹子向猴群靠拢过去，本能地彼此分工。三只豹子埋伏在猴子四周，一只豹子猛然窜到树干上。

猴子们受到了惊扰，发出吱吱的叫声，争先恐后地爬下大树逃命，正好中了美洲豹的埋伏。三只豹子立即跳了出来，逮住了好几只猴子。豹子围成一个圈，贪婪地吞食着猴子肉，直到填饱了肚子，才舔着嘴唇往树干上爬。

当一只美洲豹正在从一棵树枝跳到另一棵树枝上的时候，只听"咔嚓"一声，树枝折断了，它跌了下去，正好一条游动过来的巨蟒将摔下来的豹子紧紧缠住，而且越缠越紧，豹子窒息而死。巨蟒张开血盆大口，把豹子一点一点地吞下了肚子。

巨蟒正在得意的时候，一条大鳄鱼从河面上爬了出来，凶猛地扑向巨蟒。巨蟒也不甘示弱，反转身卷住了大鳄鱼，把大鳄鱼的骨头卷得咯咯直响。于是，大鳄鱼和巨蟒展开了一场殊死搏斗。

平时大鳄鱼是不会袭击势均力敌的巨蟒的，但是这次巨蟒侵犯了大鳄鱼繁殖的领地，领地中有不少的鳄鱼蛋正在孵化。为了保护孩子的安全，鳄鱼不顾一切地向巨蟒发起进攻。

大鳄鱼忍受着剧烈的疼痛，紧紧地咬住巨蟒的脑袋不放，而且不断使劲地摔打着。巨蟒缠绕的力量也很大，但由于刚刚吞下一只豹子，所以肚子鼓鼓的，行动不方便，无法使出全身的力量，最后死在了大鳄鱼的利齿下。

看到这场惊心动魄的战斗，迈克尔直冒冷汗，浑身发抖。他感到肚子越来越饿，回过头赶紧抓住树懒，生起篝火，把树懒的肉烤熟，大嚼起来。

靠着这些烤肉，迈克尔凭着不畏艰险的精神，在当地居民的帮助下，经过 47 天的艰难跋涉，终于走出了原始森林。

引导思考

1. 故事中的这些动物是怎样相互为食的？
2. 迈克尔是怎样生存下来并走出原始森林的？
3. 通过这个故事，你怎样认识事物之间的相互联系的？

启发认识

在故事中，豹子吃了猴子、巨蟒吃了豹子、鳄鱼又咬死了巨蟒。就这样，这些动物为维持自己的生命而相互为食地联系在一起。

迈克尔吃了动物树懒，解决了饥饿。在当地居民帮助下，经过 47 天的艰难跋涉，走出了原始森林。

通过这个故事，让我们认识到，动物是相互联系的；动物和人、人和人也是相互联系的；动物与人又是在自然界相互联系着的。说明事物都是相互联系的，是在联系中存在的。

拓展理解故事

科学的新发现

俄罗斯科学家亚历山大·切诺夫斯基研究发现，整个宇宙、太阳地球系、地球月亮系是相互影响的，地球上的一切都受到它们的影响。在它们的影响下，地球自转的快慢在 24 小时一昼夜之内都是不一样的，只是我们居住在地球上的人已经适应了。但是，构成人体的各个器官，眼、耳、鼻、舌、身等反应非常灵敏。当地球转动超过正常情况时，人们会感到异常。比如，有的地区的人们表现出注意力不集中，造成工作、生活重大的安全事故，或者车祸连续发生；又如，有的地区人们心情烦躁，易发怒，出现许多攻击行为、暴力冲突等；再如，在一些季节发病率高、死亡率高等。

20世纪初，地球自转速度比以前先是慢，然后又逐渐加快，后又缓慢到最初的速度，再加快到最高，带来地球上的一系列问题。比如，地球大部分地区干旱，整个地球缺水，庄稼长不好，严重缺粮，导致社会动乱、疾病流行，甚至发生战争。

这个研究，揭示了宇宙、太阳、地球、月球之间互相联系和互相影响的情况，人们正力图找到其中的规律，以便对地球上可能发生的灾难和社会问题进行预测，有效地避免不良事件的发生。

引导思考

这个研究的新成果告诉我们一个什么道理？我们怎么来防范可能发生的各种灾难？

启发认识

这个研究告诉我们，宇宙天体包括太阳、地球等是互相联系、互相影响的，这还影响到人类社会生活的方方面面，更说明了事物是普遍联系的道理。

通过对这些联系的认识，引导我们对地球上可能发生的自然灾害和社会问题进行预测，研究这些联系的规律，采取有效的防范办法，这样才能保持社会生活的安定和平。

实践平台

蜜蜂引路

1922年，列宁住在莫斯科附近的一座小山上。当地有个养蜂的人，列宁常常派人去请他来聊天。

有一回，列宁想找那个人谈谈怎样养蜂。可是往常派去找他的人到莫斯科去了，别人都不知道他住在哪里，列宁就亲自去找。

列宁一边走一边看，发现路边的花丛里有许多蜜蜂。他仔细观察，只见那些蜜蜂采了蜜就飞进附近的一个园子里，园子旁边有一所小房子。列宁走到那所房子跟前，敲了敲门，开门的果然就是那个养蜂的人。

养蜂的人看见列宁，惊讶地说："您好，列宁同志，是谁把您领到这儿来的？"列宁笑着说："我有向导，是您的蜜蜂把我领到这儿来的。"

——选自（人教版《语文》二年级下册）

引导思考

列宁是用什么方法找到养蜂人的？生活中你有用联系的方法解决问题的实例吗？说出来与大家分享。

启发认识

列宁是用养蜂人和蜜蜂之间联系的方法，按蜜蜂飞行的路线找到养蜂人的。

同学们举了几个用联系的方法做事的实例，很生动，很受启发。我们学习了事物是普遍联系的哲学观，就自觉用联系的方法解决问题。这就是学哲学用哲学。

亲子互动

2661342663604218

你能用以上数字之间的联系方式，用 20 秒的时间，记住数字之间的关系吗？请和家长一起做。

教学感悟

根据学生的认知能力、经验以及前面学习的哲学道理，学生能了解事物之间的普遍联系的观点和联系的方法。引导学生自觉地运用联系的方法分析问题和解决问题。

哲思哲理

当我们考察自然界、人类社会和思维活动时，呈现在我们面前的，是一幅由种种联系无穷无尽地交织起来的画面，是一幅普遍联系和变化发展的辩证图景。唯物辩证法就是对这幅生动、辩证图景的理论的再现。联系的观点和发展的观点是唯物辩证法的总观点、总特征。

世界上的万事万物都处在普遍联系之中，整个世界就是由各种事物相互联系组成的统一体。作为哲学范畴，联系是指事物之间和事物内部诸要素间相互影响、相互作用、相互制约的关系。

联系是普遍的。我们所面对的世界，从宏观到微观，从自然界到人类社会和人的活动，一切事物和现象都不是孤立存在的，都与周围的事物存在着相互联系和相互作用，这些联系不仅是普遍的，而且是客观的，是不以人的意志为转移的。

事物的联系就其与人的实践关系来说，可分为自然事物联系与人为事物联系，而且事物之间的联系是有中介的。联系的方式可以改变，实现"人"化的特点。

这就要求我们在实际工作中必须用联系的观点看问题和分析问题，必须从事物固有的联系去把握事物，用联系的方法解决问题，防止工作上的主观性和片面性。联系的形式是多样的，要求我们对事物的联系进行具体分析，依据事物的多样性开展工作，防止简单化倾向。还要看到，事物的联系具有条件性，认识和把握事物联系的条件性，防止工作中的盲目性和"机械决定论"。

第二节　原因和结果分不开
——画家和牧童

学习目标

1. 能初步分清楚什么是原因和结果，知道原因和结果的关系。
2. 知道因果联系是事物普遍联系中的一种重要方式。
3. 能运用因果联系分析问题。

问题引导

世界上的万事万物都处于相互联系之中，它们是以什么方式相联系的呢？

激趣导入

在老师引导下观察日常生活，思考问题：海面上为什么会起浪？电灯为什么会亮？

启发认识

"无风不起浪""通电后电灯发亮"，从上面两幅图片中，我们懂得了"风"引起了"浪"的出现，而反过来"浪"的出现是被"风"引起的，同样"通电"和"发亮"之间也存在着这种引起和被引起的关系。我们把这样的两种事物之间存在的关系叫作因果联系。其中引起现象产生的，我们叫作原因，如上例中的"风""通电"。被某种现象引起的，叫作"结果"。如上例中的"浪""发亮"。

在这里，我们可以知道"原因"和"结果"虽然联系在一起，但是有区别的。

从这两个例子中，我们不难发现，原因和结果，在时间上，原因先发生，结果后出现。它们之间存在着引起和被引起的关系。这就是"因果联系"的根本依据。

哲理故事

惨重的代价

20 世纪 50 年代初的一天，西欧某国组织了一次海、陆、空三军联合军事演习。演习中，该国投入了一架最先进的战斗机，并选派了一名飞行经验丰富且技术高超的优秀飞行员来驾驶。由于这种飞机是首次运用到军事演习中，为确保万无一失，飞行前主管部门提出了极高的技术要求，地面勤务人员对飞机进行了多次全方位的检测，以确保飞机飞行的绝对安全。

然而，令人震惊的事情发生了。当飞机刚刚离开地面，飞机两翼就突然在空中剧烈地震动了几下，随后，便一头栽倒在跑道上，爆炸起火，机毁人亡！

通过对各种飞行信息进行认真分析，并用实际模型对飞行情况进行推演，人们发现了一个更加令人震惊却简单得让人难以置信的结果：竟是一颗纽扣造成了飞机坠毁。原来，在飞机起飞时，飞行员胸前的一颗纽扣脱落，落入仪器中，使仪器不能正常工作，影响了飞机的飞行，造成了这个严重的恶果。

我们知道，战斗机驾驶舱内的各种仪器设备都极为精密，而且由于空间狭窄，安排得极为紧凑，不允许有任何微小的异物混入。就是这样一颗小小的纽扣，却导致了一场意想不到的严重事故，致使机毁人亡。

引导思考

你知道付出惨重代价的结果是由什么原因引起的吗？人们从中能吸取什么教训？

启发认识

这一重大事故的原因是，飞行员服装上脱落的一颗小小纽扣掉进仪器的狭窄缝里，使仪器不能正常工作，影响到飞机的正常飞行，导致机毁人亡的惨重后果。这一重大事故告诉我们,世界上没有无因之果,也没有无果之因。任何事物的存在都有其因果根源。

同时,这个惨重的事故告诉我们,一个小小的失误,便可能酿出一场大祸。不管做什么事,都要为得到好的结果而不能忽略任何一个细节,细节决定结果的成败。

拓展理解故事

鸟儿为什么不会歌唱

英国皇家鸟类保护协会说,英国的小鸟慢慢地忘了如何歌唱。这种令人不安的情况原来是交通噪音惹的祸。栖身在喧闹道路附近的鸟类听不到对方的声音,年幼的小鸟难以学会歌唱,只会发出凄凉的啾啾声。住宅区的小鸟逐渐忘记原来的歌声,而开始模仿周围的噪音,如手机的铃声或汽车的喇叭声。调查还发现,公路上的喧闹声可以影响到三公里以内的鸟类行为。因为听不到求偶的叫声而找不到配偶,燕雀、刺嘴莺和金黄鹂等鸟类的数量急剧减少。

引导思考

鸟儿为什么不会歌唱？人类应该怎样做才能让鸟儿再次欢乐地歌唱？

启发认识

这一事例生动说明，人类制造的噪音和小鸟之间存在着因果联系。人类制造的噪音不仅害了自己，也殃及鸟类，破坏了鸟类通过声音建立起来的联系，致使鸟儿学不会歌唱，严重威胁到鸟类的繁衍生存。这一发现也标志着人们对噪音的认识又向前跨进了一步，再一次提醒人们要降噪消音，保护环境。

我们从这一事例中认识到，事物的因果联系是普遍存在的。正是人们对这一规律的认识不够，又缺乏自觉性，而导致一次次损失，一场场事故，一次次灾难。这些损失、事故、灾难的发生往往是人为的原因——因某个人缺乏自觉性和责任感，某个环节没有做到位等。如果我们对某一事物当作原因来看待，预见它可能产生的后果，有了对后果的科学预见，才能正确指导自己的具体行动，促使事物向人们所期望的结果发展。如果只顾眼前的利益，不顾长远的结果，必然会给工作和生活带来危害。

所以，同学们不管做什么事情，一定要自觉运用事物的因果联系这一规律，才能达到我们希望的目的。

实践平台

画家和牧童

我国唐代有一位著名的画家叫戴嵩。他的画只要一挂出来，就有很多人观赏。看画的人没有不点头称赞的，有钱的人还争着花大价钱购买他的画。传说有一次戴嵩的好朋友请他作画。画什么呢？戴嵩沉思片刻，决定画一幅《斗牛图》。他一会儿浓墨涂抹，一会儿轻笔细描，很快就画成了。围观的人看了，纷纷夸奖。

"画得太像了，画得太像了，这真是绝妙之作！"一位商人称赞道。

"画活了，画活了，只有神笔才能画出这样的画！"一位教书先生赞扬道。

"画错啦，画错啦！"一个牧童挤进来喊着。这声音就像炸雷一样，把大家一下子都震住了。这时，戴嵩把牧童叫到面前，和蔼地说："小兄弟，我很愿意听到你的批评，请你说说什么地方画错啦？"牧童指着画上的牛，说："这牛尾巴画错了。两牛相斗的时候，全身的力气都用在角上，尾巴是夹在后腿中间的。您画的牛尾巴是翘起来的，那是牛用尾巴驱赶牛蝇的样子。您没见过两牛相斗的情形吧？"

戴嵩听了，感到很惭愧。他连连拱手，说："多谢你的指教。"

——选自（人教版《语文》二年级下册）

引导思考

请你说一说是什么原因使画家把斗牛画错了？赞画的人犯了什么错误？

启发认识

这是因为画家根本没有仔细观察过斗牛时牛全身动作的特点，只凭想象，才画出了不符合实际的错误画的结果。这就告诉我们，原因离不开结果，一定的原因必定引起一定的结果；同样，结果也离不开原因，一定的结果必定是由一定的原因引起的，二者互相依赖，密不可分。

而赞画的人，赞的原因是认为画妙，正是这幅画的结果。而赞的结果，是肯定了画错的原因所致。所以，原因和结果在一定条件下可以相互转化，这条件就是赞画的人也不了解斗牛的实情。可见，一种情况在这一场合是原因，在另一种关系中又可能是结果。

亲子互动

有一首写于1620年的摇篮曲：

丢失一个钉子，坏了一只蹄铁；

坏了一只蹄铁，折了一匹战马；

折了一匹战马，伤了一位骑士；

伤了一位骑士，输了一场战斗；

输了一场战斗，亡了一个帝国。

请在家长的帮助下，分析这首摇篮曲内容之间的因果关系。

教学感悟

在生活中，事物之间的因果联系比较普遍。学生学习事物之间的因果联系，不管做什么事情都能自觉地运用因果联系方法分析问题和解决问题，把事情做正确。

哲思哲理

因果联系是物质世界普遍联系的一种情形，是物质世界发展链条上的重要一环。

因果联系是人们在日常工作和生活中接触最为频繁的一种联系。人们对世界的认识和改造，都离不开对事物的因果关系的探索。

一切事物和现象都处于普遍联系、相互制约之中。每一种现象都是由另一些现象引起的，同时，它又引起了其他现象。一种现象对于被它引起的现象来说是原因，对于引起它的现象来说则是结果。事物、现象之间这种引起与被引起的关系就是因果关系。

需要注意的是，事物之间先行后续的关系并不都构成因果关系，白天之后是黑夜，但白天并非导致黑夜的原因，昼夜更替现象是由地球自转引起的。引起和被引起才是构成因果关系的关键。

因果联系作为物质世界普遍联系中的一个环节，构成了一事物与其他事物相互联系的中介。它对于人们认识和把握事物、现象、过程之间的联系，起着极为重要的作用。

人们可以通过某一种现象、过程的出现，以此为中介，把前后相续的现象和过程连接起来，去追溯产生它的原因，并预测它进一步发展的结果，从而加深和扩展人们对事物的认识。

原因与结果存在着对立统一关系。它们是对立的，表现为：当我们把两组具有因果联系的现象从普遍联系中抽出来观察时，原因和结果是确定的。原因就是原因，结果就是结果。原因不能同时是结果，结果也不能同时是原因。不能倒因为果，也不能倒果为因。

它们又是统一的，表现为：原因与结果在一定条件下互相依存、互为存在的前提，就是说，原因相对于它作用的结果来说成为原因，结果相对于产生它的原因来说才成为结果。原因与结果在一定条件下可以互相转化。

因果联系是多种多样、极其复杂的。现实中的因果联系往往不是一个原因产生一个结果，而更多地表现为一因多果、一果多因。对因果联系要做到具体情况具体分析。

第三节　做事要注重后果
——铺一条未来的路

学习目标

1. 学习运用事物之间的因果联系规律，提高预见性，注重做事的后果。

2. 能够运用因果联系的分析方法解决问题。

问题引导

我们为什么做事情要注重后果？

激趣导入

请在老师或家长带领下想一想：小老鼠为什么会被困在瓶子里？从这幅漫画中你懂得了什么道理？

启发认识

这只老鼠只顾着吃饱肚子，却没有想到如果把米全部吃掉的话，会因为肚子变大而无法跳出瓶子，从而困在瓶中。这幅漫画提示我们，不管做什么事情都要想一想后果，只有这样才不会像这只老鼠一样，因为自己的贪吃而不顾后果被困。

哲理故事

铺一条未来的路

洛克菲勒家族出资 870 万美元在纽约买了一块地，无条件捐赠给了联合国。洛克菲勒家族也太傻了吧？在买下那块地时，洛克菲勒家族也买下了相连的所有地皮。

联合国大楼建起来后，四周的地价立即飙升。当这步棋走出，有

15

了结果后，人们已不再对这个举动不理解，而是拍手叫绝。

🧑 引导思考

1. 你知道洛克菲勒家族为什么出资 870 万美元买地赠地了吗？
2. 你觉得"人无远虑，必有近忧"这句话有道理吗？为什么？

🧑 启发认识

    如果仅仅看到洛克菲勒家族高价买地并无条件赠给联合国的行为，也许大家都觉得这是很难理解的。然而当知道洛克菲勒家族在买下那块地皮时也买下了毗连的全部地皮时，也许有些人就会明白洛克菲勒家族的这一做法正是根据"如果在此地建立联合国大厦，那么联合国大厦旁边的地皮价格就会随之飙升"这样一个因果关系所做出的长远打算，很有远虑。从这个事例中，我们不难看出因果联系的重要性，只有把握了事物之间的这种因果联系，人们才能提高这种预见性。由于一定的原因必然引起一定的结果，这就要求人们应当根据某种原因，预见事物发展的结果，而如果做事情没有长远的考虑，一定会出现眼前的忧患，因此我们在看事、做事的时候应该有远大的眼光、周密的考虑。

拓展理解故事

一个小村庄的故事

很久以前，山谷中有过一个美丽的小村庄。山上的森林郁郁葱葱，村前河水清澈见底，天空湛蓝深远，空气清新甜润。

村里住着几十户人家。不知从什么时候起，家家有了锋利的斧头。谁家想盖房，谁家想造犁，就拎起斧头到山上去，把树木一棵一棵砍下来。就这样，山坡上出现了裸露的土地。

一年年，一代代，山坡上的树木不断减少，裸露的土地不断扩大……树木变成了一栋栋房子，变成了各式各样的工具，变成了应有尽有的家具，还有大量的树木随着屋顶冒出的柴烟消失在天空中。

不管怎样，家家户户靠着锋利的斧头，日子过得还都不错。然而，不知过了多少年，多少代，在一个雨水奇多的八月，大雨没喘气儿，一连下了五天五夜，到第六天黎明，雨才停下来。可是，小村庄，却被咆哮的洪水不知卷到了何处。

什么都没有了——所有靠斧头得到的一切，包括那些锋利的斧头。

——选自《人教版《语文》三年级下册）

引导思考

1. 小村庄原来是什么样的？是什么原因使它遭到了毁灭之灾？

2. 从这个小村庄的毁灭我们得到了什么启示？

启发认识

1. 小村庄原来是美丽的，山上的森林郁郁葱葱，村前河水清澈见底，天空湛蓝深远，空气清新甜润。后来，人们为了过上好的生活，仅凭一把斧头乱砍滥伐就造成严重的水土流失，无法抵挡洪水，最终造成灭亡之灾。

2. 我们从这里得到的启示：不管做什么事，既要顾忌眼前的利益更要顾忌长远利益。有些事的不良后果不是一下子就能显现出来的，是要有一个比较长的过程。人们往往只看到眼前的需要而不顾忌长远利益，这就是常言"人无远虑，必有近忧"的必然结果。

实践平台

让不幸的结果变成好的结果

小刚是二年级的学生了。可是，他十分淘气、好动。课上不遵守纪律，下课常与同学打闹，不听从老师的劝告和同学的批评。老师实在没办法，就经常请家长。小刚的爸爸已经下岗，心情郁闷，不大管小刚。妈妈又因为不懂事的小刚常常被请到学校，所以上班很不安心，常常出差错，遭到了厂长的多次批评。本来她一个人的工资维持一家人的生活就很艰难了，又因为常常被请家长，连奖金都被扣了。面对精神和生活的双重压力，她想出了一个万不得已的办法，让邻居家的小丽帮助管小刚。小丽是个女生，是小刚的同班同学，又是管纪律的班长。小刚的妈妈对小丽说："请你多管管小刚，他要是不听话，你就给我打电话。"小丽答应了。

有一次，小刚又管不住自己了，上课乱说话，遭到了老师的批评。一下课，小丽就对小刚说："我给你妈打电话去。"小刚说："我下节课不说话了，你别打电话了，我妈妈今天身体不好，求求你了。"小刚嘴上虽这么说，心里却有些气愤，暗想：你等着，我不会饶了你的。

下午放学回家，小刚藏在回家路上的一棵大树的后面，等着小丽过来，想打小丽一顿。这时，小刚想起一年级时他打了人，小拳头几下就把别人的鼻子、嘴给打出血了。为这件事妈妈赔了人家医药费，总请假又差点下岗，痛苦极了。想到这里，小刚十分后悔，再也不能发生这样不幸的事了。妈妈让小丽管他，是对他没办法才这样做的。想着想着，小刚哭了，心里在说："妈妈，从今天开始我一定做您的乖孩子，做一个好学生。"

从此，小刚好像变了一个人似的，期末他还得了进步奖，妈妈笑得合不拢嘴。

引导思考

小刚为什么不想打小丽了？我们从中悟出了什么道理？

启发认识

本来小刚很生气想打小丽，这时他想起了以前打人的事给妈妈带来的痛苦，不想再发生这样的事了。不但没有打小丽，还下决心当一个好孩子、好学生，结果他真的做到了。

我们从中知道，不管做什么事都不能不顾后果，一时冲动只能造成不良的后果。不管什么原因都要好好想想可能产生的各种后果，一定选择最理想的后果，也就是我们希望的后果，这样我们学习、生活才能顺利而快乐。

亲子互动

请同学们和家长一起回忆你做过哪些取得良好效果的事，自己有什么感悟？下次上课我们一起交流。

教学感悟

小学生由于好奇心和求知欲，常常凭感觉和兴趣做事，不顾后果。通过对事物之间因果联系的学习，引导他们自觉注意做事要顾及后果，争取做事取得好的结果。

哲思哲理

事物的因果联系具有普遍性，一定的原因必然引起一定的结果。有了对后果的科学预见，才能正确指导自己的行动，促进事物向人们所期望的结果发展。正确把握事物因果联系，才能提高人们实践活动的自觉性和预见性。

第四节　透过表面现象看事物的本质

——三打白骨精

学习目标

1. 知道事物现象和本质的关系。
2. 想问题办事情要透过事物的现象，把握事物的本质。

问题引导

我们所看到的都是真实的吗？我们怎样做才能看清事情的真相呢？

激趣导入

请观看视频《视错觉小球实验》。

启发认识

你们看了之后，觉得小球是上坡还是上坡？很多人看了这个实验后会认为小球是上坡。事实上是因为光的反射，使得我们产生了"小球会上坡"的错觉。

这个小事例说明，我们所看到的不一定是事实。能够为我们的感觉器官所感觉到的称为"现象"，这里的"错觉"就是我们所说的"现象"。现象具有多变性，在不同的条件下，我们在观察同一事物时可能会看到不同的结果，而不能为我们的感官所直接感觉到的隐藏在事物的内部，需要我们通过分析后才能知道的，是事物内部的本质。本质具有稳定性。

哲理故事

高明的测试

二战后期，盟军攻入比利时。一天，一支部队抓到了一个犯罪嫌疑人，被怀疑是德国间谍。平托上校对他进行了审问，尽管犯罪嫌疑人的回答毫无破绽，但是上校凭着多年经验感觉到这个犯罪嫌疑人非常值得怀疑。他决定从语言入手，找出破绽。

因为这个地区的比利时人都讲法语，如果这个犯罪嫌疑人是德国间谍，不管他对法语多么精通，作为母语的德语还是可能流露出来的。上校开始对犯罪嫌疑人进行了三次语言测试。但三次测试都失败了。

第二天，犯罪嫌疑人被带进了上校的办公室。上校装作在看一份文件，看完后拿起笔在文件上签了字，然后，上校抬头看看犯罪嫌疑人，平静地用德语说："好了，一切都弄清楚了，你现在自由了。"这时犯罪嫌疑人长舒一口气，像卸下了沉重的包袱一样，仰起脸露出了愉快的表情，然后开始往外走。但他立刻又警觉到自己犯了一个致命的错误，可是一切都晚了。平托上校在一系列失败之后，终于在最后关头使犯罪嫌疑人露出了破绽。

引导思考

平托上校是怎样抓到犯罪嫌疑人的破绽的？

启发认识

上校正是凭多年经验怀疑这个犯罪嫌疑人是德国间谍这一现象入手，想到了"如果犯罪嫌疑人是德国间谍，不管他对法语的掌握程度多高明，作为母语的德语还是可能流露出来"这一本质，进而在三次特定的语言测试失败后，想出通过自然情境下的这一高明测试，犯罪嫌疑人听到德语后的反应表明他听得懂德语，也正是犯罪嫌疑人听到德语后的种种表现，暴露了他是德国人的本质。

任何事物都是现象和本质的统一体，现象是本质的外部表现。人们认识任何事物，首先要从现象入手，逐步认识事物的本质和规律。"现象是入门的向导"，想问题办事情要做到透过现象认识事物的本质。平托上校正是利用这一规律才识破德国间谍的真实面目。

拓展理解故事

"蒸汽锁"

一天，一个客户写信给美国通用汽车公司的庞蒂雅克部门，抱怨道：最近买了一部新的庞蒂雅克后，每次只要他买香草口味的冰激凌，从店里出来车子就无法发动。庞蒂雅克派一位工程师去查看情况，发现的确是这样。

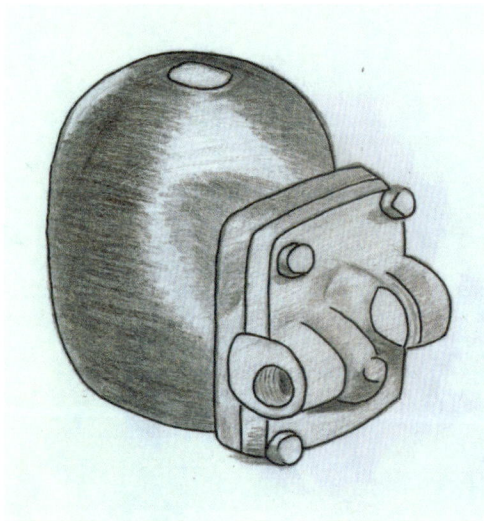

　　这位工程师当然不会相信这辆车子对香草过敏。他经过深入了解后发现，由于香草冰激凌最畅销，为便于顾客选购，店家就将香草口味的冰激凌分开陈列在单独的冰柜，并将冰柜放在店前。

　　深入调查发现，问题出在"蒸汽锁"上。当这位车主买其他口味的冰激凌时，由于时间较长，引擎有足够的时间散热，重新发动时就没有太大的问题。但买香草冰激凌由于花的时间短，因而引擎还无法让"蒸汽锁"有足够的散热时间。据此，该公司通过修改"蒸汽锁"的内部结构，使其能够在更短的时间内就能达到很好的散热效果，进而解决了这一问题。

引导思考

　　如果工程师也像客户那样，只是看到"买香草冰激凌会造成车子发动不着"这一表面现象而不去进一步找出其内部原因，那么这一问题还能解决吗？你从中得到什么启示？

启发认识

　　任何事物都是现象和本质的统一体，现象是本质的表现，本质总要表现为现象。只看到现象无法解决我们身边的很多问题，这要求我们想问题办事情要透过事物的现象，把握事物的本质以指导我们的行动。材料中客户只是看到了买香草冰激凌会造成车子发动不着这一表面现象，未能找出其内在的原因和实质性的问题，而工程师经过认真研究后，发现了其中存在的内在原因和本质的东西，进而通过修改"蒸汽锁"的内部结构，使这一问题得到了解决。所以我们要善于透过事物的现象，把握事物的本质，只有这样才能更好地、有针对性地解决问题。

实践平台

三打白骨精

　　唐僧师徒四人西天取经，经过碗子山，妖魔白骨精为了吃唐僧肉而长生不老,第一次变成了花容月貌的村姑来送斋饭,把猪八戒迷得神魂颠倒,唐僧也不辨真伪,认为来了个"女菩萨"。孙悟空火眼金睛,一眼识破白骨精的伪装,一个金箍棒将白骨精打跑,唐僧才没有落入妖精手中。唐僧却认为孙悟空无故伤人性命。白骨精一计不成,又连施两计,先变成白发苍苍的老婆婆来寻女儿,又被孙悟空识破、打跑;再变成白发老公公,来寻女儿和老伴,唐僧大发慈悲,差点儿上当,但还是躲不过孙悟空的火眼金睛,任凭白骨精用尽心机,又被孙悟空识破它的原形和诡计。心地善良的唐僧误认为孙悟空无故伤人,佛法难容,竟然将孙悟空赶回了花果山。离开了孙悟空,唐僧果然中了白骨精的奸计,白骨精将他和沙僧捉去。猪八戒侥幸逃出,没办法了,急奔花果山,智激美猴王。孙悟空救师心切,不念前怨,毅然下山,变成老妖,巧入妖精洞府,一番激战,终于打死了白骨精,解救出唐僧和沙僧。师徒四人又愉快上路,继续西天取经。

引导思考

从这个神话故事中我们得到了什么启示?

启发认识

这个故事对我们有深刻的启示:要想通过现象甚至是假象,认识到事物的本质,就要像孙悟空那样,要有能通过现象看清本质的本事。白骨精变成美丽少女、白发老妪、悲情老翁,这都是事物的现象甚至是假象,本质则是一个想吃唐僧肉的妖精。这使我们知道,现象是表面的、多样的、不断变化的,事物的现象可以凭借人的感官去感知,而本质是隐蔽的,比较稳定的。现象暴露在人们面前,而本质却隐藏在现象之中。在生活中,我们常常接触到事物的现象,就要对现象进行分析,深入事物的内部,达到对事物本质的认识。只有这样,才能练就"火眼金睛"。

亲子互动

与家长一起思考:在我们的生活中,你有没有因为根据自己所看到的不真实的现象，而使自己做错事的情况？

教学感悟

通过学习，引导学生在生活中能够学会抓事物的本质，不为表面现象所迷惑，做到把事情做正确。

哲思哲理

任何事物都具有现象与本质两个方面。现象是事物的外部联系和表面特征，是事物本质的外在表现，是人们认识和研究事物首先感觉和接触到的东西。本质是事物的根本性质，是事物内部构成要素的稳定的联系，是深藏于事物现象之后的东西。

现象是表面的、丰富多彩的、不断变化的，事物的现象可以凭借人的感官去感知；而本质则是隐蔽的、相对稳定的，事物的本质要靠人的抽象思维才能把握。

人们在实践中首先接触到的就是事物的现象，经过对现象的感知和理性分析，才能逐步深入事物的内部，接触到事物的本质。

第五节　学会分辨真假
——狐假虎威

学习目标

能够透过事物的现象发现其本质，就要学会分辨真假。

问题引导

我们该怎样去分辨真假呢？

激趣导入

同学们，谁会讲成语故事《狐假虎威》？

我们想一想，在老虎眼里的动物们怕狐狸是真相还是假象？狐狸让老虎知道的是真相还是假象？狐狸心里知道的是什么？

启发认识

狐狸为了不让老虎吃掉它，就设计了一个假象。老虎被假象所迷惑，认为动物们怕狐狸。这样，狐狸以此掩盖了真相。真相就是动物们怕老虎。假象就是事物的现象，真相就是事物的本质。

哲理故事

孙坚换盔计

东汉末年，权臣董卓想要篡位，引起朝廷内外的不满。大将军袁术、地方官员韩馥与袁绍等相约，同时举兵，共同讨伐董卓，并推举袁绍做盟主，孙坚为先锋，向董卓占据的洛阳进发。董卓派自己的大将军华雄率兵与孙坚对阵。

两军厮杀，孙坚抵抗不住，败阵逃跑。由于孙坚的头盔上有个红色标记，华雄领士兵全力追赶戴红色标记头盔的将军。孙坚的部将祖茂看到情势危急，急中生智，把孙坚的头盔戴到了自己的头上，与孙坚分路而逃。后面的追兵只瞄准红色标志的头盔追赶，从而让孙坚乘机逃走了。祖茂戴着孙坚的头盔逃到一个树林茂密的地方，借着月光，将头盔挂到树上，自己也逃跑了。

华雄看到头盔，命令士兵向头盔放箭。可想而知，头盔下根本不会有孙坚的影子。一只头盔险些送了孙坚的性命，同时，这只头盔又救了孙坚的性命。

引导思考

为什么华雄没能捉到孙坚？通过这个故事，我们能得到什么启示？

启发认识

祖茂制造了一个假象"以假乱真"，对方没能通过假象识破计策，被假象所迷惑。把有红色标记的头盔戴在祖茂头上，是一种假象、一种伪装，而不是孙坚的本人所在。头盔既可以戴在孙坚头上，也可以戴在祖茂头上，甚至也可以戴在树上。华雄及部下没有识破伪装，混淆了事物的现象与本质的关系，以事物的假象取代了事物的真实本质，盲目追逐，在假象中迷失了方向。华雄及部下以红色头盔当孙坚，必将被头盔所愚弄。

拓展理解故事

蝴蝶救了列宁格勒

1941 年 6 月的一天清晨，一位苏联将军视察阵地时，偶然发现几只蝴蝶在花草丛中飞来飞去，时隐时现，令人眼花缭乱，难辨真假。将军深受启发，立即去找研究蝴蝶的专家斯万维奇，要他设计一套蝴蝶式防空迷彩。斯万维奇参照蝴蝶翅膀花纹的色彩和构图，将保护、变形和伪装三种方法综合起来，对坦克、军用车辆等涂上同地形相似的巨大斑点迷彩，改变其外形轮廓，对机场、炮兵阵地、雷达站、军用仓库等固定军事重地进行伪装，在遮障上涂染与背景相似的迷彩图案。就这样，他们为列宁格勒数百个军事目标披上了神奇的"隐身衣"，当几百架满载炸弹的德军轰炸机飞临该城上空时，原定的袭击目标一个也找不到，一些曾身经百战的优秀飞行员也惊呼眼前一片迷茫。飞机在空中转了几个大圈后，只好胡乱丢了一些炸弹仓促返航，而列宁格勒却安然无恙。

引导思考

小小的蝴蝶竟然救了列宁格勒，这其中的奥秘何在？

启发认识

原来，苏联将军正确地认识了现象与本质的辩证关系，并成功地将它运用于战争实践，以制造假象即设计了一套蝴蝶式防空迷彩伪装，救了列宁格勒。苏军制造了假象，而德军没有识破才遭到失败，这就是其中的奥妙。一切事物都是现象和本质的对立统一，但现象有真相与假象之分，假象并不是本质的表现，反而能掩盖事物的真相。所以，认识了事物的现象，还不能说是认识了事物的本质和规律。因为在复杂的现象中，既有真相又有假象，要把真相和假象区分开来，进而揭露假象所掩盖的真相。

实践平台

丑小鸭

太阳暖烘烘的。鸭妈妈卧在草堆里，等她的孩子出世。

一只只小鸭子都从蛋壳里钻出来了，就剩下一个特别大的蛋。过了好几天，这个蛋才慢慢裂开，钻出一只又大又丑的鸭子。他的毛灰灰的，嘴巴大大的，身子瘦瘦的，大家都叫他"丑小鸭"。

丑小鸭来到世界上，除了鸭妈妈，谁都欺负他。哥哥、姐姐咬他，公鸡啄他，连养他的小姑娘也讨厌他。丑小鸭感到非常孤单，就钻出篱笆，离开了家。

丑小鸭来到树林里，小鸟讥笑他，猎狗追赶他。他白天只好躲起来，到了晚上才敢出来找吃的。

秋天到了，树叶黄了，丑小鸭来到湖边的芦苇里，悄悄地过日子。一天傍晚，一群天鹅从空中飞过。丑小鸭望着洁白美丽的天鹅，又惊奇又羡慕。

天越来越冷，湖面结了厚厚的冰。丑小鸭趴在冰上冻僵了。幸亏一位农夫看见了，把他带回家。

一天，丑小鸭出来散步，看见丁香开花了，知道春天来了。他扑扑翅膀，向湖边飞去，忽然看见镜子似的湖面上，映出一个漂亮的影子，雪白的羽毛，长长的脖子，美丽极了。这难道是自己的影子？啊，原来我不是丑小鸭，是一只漂亮的天鹅呀！

引导思考

丑小鸭后来变成了白天鹅还是丑小鸭本来就是白天鹅？为什么人们把它当成了丑小鸭？

启发认识

丑小鸭本来就是白天鹅。人们把它当成丑小鸭，这是因为那个特别大的蛋是被鸭妈妈孵出来的，人们认为凡是鸭妈妈孵出来的肯定是小鸭。可是，这个特别大的蛋原来是个天鹅蛋，却被鸭妈妈孵出来了，这就造成了一种假象，认为它是一只与小鸭不一样的丑鸭子。丑小鸭从来也没见过天鹅，连它自己也认为自己是丑小鸭。所以，它很伤心。可是，当它长大了，天鹅的真相表现出来了，才知道自己本是一只漂亮的天鹅。

亲子互动

同学们，在我们生活中存在着以假乱真的假象。遮蔽真相的事情常有发生，你见过吗？上过当吗？和家长讨论：在生活中怎样才能辨别假象，把握事情的真相？总结点经验与大家分享。

教学感悟

学生通过学习，初步认识到事物的现象有真假之分，知道常常有假象掩盖真相的情况。在分析问题时，自觉辨别事物现象的真假，不被假象所迷惑，认清事物的真相。

哲思哲理

事物现象有真相和假象之分。研究事物的现象，应注意区分真相和假象。现象的丰富多彩，突出体现在现象的多样性上。在五光十色的现象中，既有真相又有假象，从正面表现本质的是真相，从反面表现本质的是假象。

由于事物现象是多种多样、真伪并存的，所以，要完全地反映整个的事物，反映事物的本质，反映事物的内部规律，就必须经过思考和科学研究，将丰富的感觉材料加以去粗取精、去伪存真、由此及彼、由表及里地改造。

现象有真与假之分，本质也有深与浅之别。人们认识事物，不仅要透过现象把握本质，而且还要逐层深入地认识本质，揭示事物的规律。

第六节　偶然性与必然性是事物联系的两个方面
——守株待兔

学习目标

1. 初步了解偶然性和必然性是事物联系的两个方面。

2. 知道偶然性和必然性的关系是事物普遍联系中的一种重要形式。

问题引导

在生活中有些事情的发生出乎我们的意料，我们该怎样去看待这样的事情呢？

激趣导入

同学们，是哪位科学家通过一个不被人们注意的偶然现象发现了"万有引力定律"？

启发认识

对，是牛顿。牛顿通过偶然看到"苹果往地下掉"这一现象，并进行深入的科学研究发现了万有引力定律。万有引力定律是事物之间相互联系的一种必然关系。

有很多科学家都是通过对偶然现象的关注和研究，发现偶然现象中事物的必然联系。

哲理故事

壶盖为什么会动？

瓦特是100多年前英国著名的发明家。他发明了蒸汽机，被人称为"蒸汽机之父"。

瓦特小时候非常喜欢提问题。一天，他在厨房看奶奶做饭。一会儿，炉子上烧的水开了，奶奶对瓦特说："孩子，帮奶奶把炉上的水壶拿下来。"瓦特答应着来到火炉旁。

他看见壶里冒出的水蒸气不断发出"哧哧"的声响，壶盖也不停地上下跳动。瓦特感到很奇怪，就问奶奶："奶奶，壶盖为什么会上下跳动呢？"

奶奶说："水一开，壶盖就跳动了呗。"

瓦特又问："为什么只有水开了，壶盖才会跳动呢？"奶奶一时答不上来，就没再吭气。

这以后，瓦特像着了魔一样，常常盯着烧水壶，一看就是大半天。他想："壶盖一定是被水蒸气推动而上下跳动的。既然一壶开水能够推动一个壶盖，那么，用更多的开水产生更多的水蒸气，不就可以推动更重的东西吗？"

随着年龄的不断增长，瓦特逐渐明白了：水蒸气在膨胀时，它的压力要比水大 1800 倍。瓦特从水蒸气原理中进一步得到启发，又吸取前人的经验，经过无数次的试验，他发明了"蒸汽机"。

瓦特的这一发明，推动了世界上工业的大发展。

引导思考

通过科学家对一个偶然现象的关注和研究，能得出一个规律性的必然结果，你对偶然现象和必然结果之间的关系有什么看法？

启发认识

瓦特就是这样从水蒸气推动水壶盖的偶然现象中经过多年的关注和研究，认识了水蒸气原理，发明了蒸汽机，为人类社会的发展做出了巨大贡献。

这使我们认识到偶然现象中包含着一个必然存在的事物。必然性总是藏在偶然现象的背后，它总是通过偶然现象表现出来。偶然性和必然性是相互联系的，所以在生活中，我们一定要特别关注偶然现象，通过科学研究，揭示出偶然中所包含的必然的规律性的事物。

拓展理解故事

守株待兔

从前，有个农夫，每天在田地里劳动。

有一天，这个农夫正在地里干活，突然一只野兔从草丛中蹿出来。野兔因见到有人而受了惊吓。它拼命地奔跑，不料一下子撞到农夫地头的一截树根上，折断脖颈而死。农夫便放下手中的农活，走过去捡起死兔子，他非常庆幸自己的好运气。

晚上回到家，农夫把野兔交给妻子。妻子做了香喷喷的野兔肉，两口子有说有笑美美地吃了一顿。

第二天，农夫照旧到地里干活，可是他再也不能像以往那么专心了。他干一会儿就朝草丛里瞄一瞄、听一听，希望再有一只兔子蹿出来撞在树桩上。就这样，他心不在焉地干了一天活，该锄的地也没锄完。直到天黑也没见到有兔子出来，他很不甘心地回家了。

第三天，农夫来到地边，已完全无心锄地。他把农具放在一边，自己则坐在树桩旁边的田埂上，专门等待野兔子蹿出来。可是又白白地等了一天。

后来，农夫每天就这样守在树桩边，希望再捡到兔子，然而他始终没有再得到，而农田里的禾苗因杂草丛生而渐渐枯萎了。

——选自《成语故事大全》

引导思考

通过这个故事，你认为这个农夫犯了一个什么错误？

启发认识

这个农夫因偶然的一次机会捡到了撞到树根而死的野兔子，便从此不能专心在地里干活，甚至到了最后还在等野兔蹿出来。其实，并不是所有的野兔经过大树都会撞死的。农夫犯了把偶然性当成必然性的错误。

说谎的放羊娃

有个放羊娃赶着他的羊群到村外很远的地方去放羊。他老是喜欢说谎，开玩笑，时常大声向村里人呼救，谎称有狼来袭击他的羊群。开始两三回，村里人都惊慌得立刻跑来，被他嘲笑后，没趣地走了回去。后来，有一天，狼真的来了，窜入羊群，大肆咬杀。牧羊娃对着村里拼命呼喊"救命"，村里人听到了放羊娃的呼喊，却没有一个人跑来。结果，他的羊全被狼吃掉了。

——选自《伊索寓言》

引导思考

为什么村里人听到了放羊娃的呼喊却没有一个人跑来救他的羊？

启发认识

必然性寓于偶然性之中，村里人之所以听到放羊娃的呼喊却没有一个人跑来救他的羊，正是放羊娃之前偶然的两三回的撒谎所致。正是因为之前被放羊娃所愚弄，使得人们认为这一次也一定是放羊娃在撒谎，如果跑上去，必然再一次被放羊娃所嘲笑。这是牧羊娃偶然撒谎给人们造成的错觉，因此，没有人跑上来救羊群。

这故事给我们的启示是，那些常常说谎话的人，即使再说真话也会有人不相信。

亲子互动

与家长一起查一查，还有哪位科学家是通过偶然现象发现了必然的科学规律？他们是怎样发现的？怎样研究的？

教学感悟

由于小学生生活经验少，常常把偶然现象当作必然，通过学习引导学生在解决问题时，自觉分析事物的偶然性和必然性，把握必然性，认识事物的本质。

哲思哲理

　　偶然又叫偶然性，是指现实中由非本质的、互相交错的因素决定的以多种可能状态存在的联系。必然又称必然性，是指事物发展、变化中的不可避免和确定不移的趋势。必然是由事物的本质决定的，认识事物的必然就是认识事物的本质。

　　必然性和偶然性是反映事物发展过程中确定联系和非确定联系相互关系的一对范畴。

　　必然联系是事物发展过程中不可避免的、一定如此的趋向。它之所以是确定不移的，是由事物内部的根本矛盾决定的。

　　偶然性联系是指事物发展过程中的不能确定的因素和联系，在事物发展过程中，它可能出现也可能不出现，可能此时出现也可能彼时出现，可能这样出现也可能那样出现。偶然性联系之所以是非确定的，是因为它是由事物的外部条件即一事物同其他事物的关系引起的，而条件本身则是不确定的。

　　必然性和偶然性是事物发展过程中不可分割的两个方面，它们是辩证统一的关系。

　　必然性和偶然性互以对方为自己存在的前提。必然性总是通过大量的偶然性表现出来，并为自己开辟道路。偶然性背后总是隐藏着必然性，它是必然性的表现形式和补充。既没有脱离偶然性的赤裸裸的必然性，也没有脱离必然性的纯粹的偶然性。必然性亦即事物的规律性，规律的实现需要具备种种必要的客观和主观的条件，其中就包含着多种偶然性成分。如果必要条件不具备，必然性的实现就不具有可能性。

第七节　学会把握机遇

——世界地图引出的发现

学习目标

1. 了解机遇的含义。
2. 学习把握机遇，把事情做成功。

问题引导

偶然性和机遇是什么关系？

激趣导入

我出一个问题请同学们解决。

有一个专门生产各种汤匙和小勺的小老板，他的工厂小，竞争不过大工厂，因此工厂濒临倒闭。正在发愁时，他在街上突然看见一位妇女正在用小汤匙给婴儿喂汤。她一边向汤匙吹气，一边用舌头试，之后才让婴儿喝下。看到这一幕，这位小老板心里有了主意。

如果你是这位小老板，你能有什么主意？你会创造一种什么样的汤匙，使自己的生意做新做强呢？看谁能抓住这个机遇？

启发认识

同学们非常聪明，有智慧。机遇是偶然性不常见的特点。妇女用汤匙喂小孩儿的情境是一个很少见的偶然现象，但对做汤匙的小老板来说就是一个机遇。他抓住了这个机遇，开发出带温度计的汤匙，很适合喂婴儿用，必然会销路好。

这是发生在美国加州的一个真实故事，我们从中可知道怎样把握机遇。

哲理故事

胸腔叩诊法和听诊器的发明

很久以前，一位奥地利医生给一个胸腔有疾病的人看病，由于当时还没有发明出听诊器和 X 射线光透视技术，医生无法发现病因在哪里，病人不治而亡。后来经尸体解剖，才知道死者的胸腔已经发炎化脓，而且胸腔内有大量积水。这位医生很自责，决心要研究判断胸腔积水的方法，但久思不得其解。恰巧，这位医生的父亲是个精明的卖酒商，父亲不仅能识别酒的好坏，而且不用开桶，只要用手指敲敲酒桶，就能估量出酒桶里所装酒的数量。医生从他父亲敲酒桶的举动突然想到，人的胸腔不是和酒桶有相似之处吗？既然父亲能通过敲酒桶发出的声响判断桶里有多少酒，那么，如果人的胸腔内积了水，敲起来的声音也一定和正常人不一样。此后，这个医生再给病人检查胸部时，就用手敲敲听听；他通过对许多病人和正常人的胸部的敲击比较，终于能从几个部位的敲击声中，诊断出胸腔是否有积水，这种诊断方法就是现在医学上所称的"叩诊法"。

后来，这种"叩诊法"得到了进一步的发展。1861 年的某一天，法国男医生雷克给一位心脏有病的贵妇人看病时，为难了。这时，他忽然想起了自己在参与孩子游戏活动中的一件事情。孩子们在一棵圆木的一头用针乱划，另一头用耳朵贴近圆木能听到搔刮声，而且还很清晰。在这件事的启发下，他请人拿来一张纸，把纸紧紧卷成一个圆筒，一端放在那妇人的心脏部位，另一端贴在自己的耳朵上，果然听到病人的心率声，甚至于比直接用耳朵贴着病人胸部听的效果更好。后来他就根据这一原理，把卷纸改成小圆木，再改成现在的橡皮管，另一头改进为贴在病患者胸部能产生共鸣的小盒，就成了现在的听诊器。

引导思考

两位医生发明胸腔叩诊法和听诊器的过程有什么共同之处？从他们的成功中你懂得什么道理？

启发认识

两位医生发明胸腔叩诊法和听诊器的共同之处在于，二者都非常善于利用有利的偶然机会，把握机遇，把事情做成功。奥地利医生正值研究判断胸腔积水的方法而久思不得其解之时，恰巧遇到其卖酒商的父亲用手指敲酒桶来辨别酒的多少的方法给了他启示。他抓住这一偶然的机遇，将胸腔与酒桶进行类比与联系，发明了"叩诊法"。由此可见，这偶然的因素为其发明"叩诊法"创造了机遇。而叩诊法后来发展为听诊器，是法国医生在参与孩子玩圆木的游戏，将叩诊法与儿童游戏中传播声音相比照，抓住这一偶然的机遇，根据医学原理，将叩诊法发展成听诊器。

拓展理解故事

世界地图引出的发现

1910 年的一天，年轻的魏格纳因病住进了医院。魏格纳性格豪放，天性好动，在静谧舒适的病房里坐卧不安，就像软禁在牢笼中的困兽一般。他常常耐着性子，面对墙上的地图呆呆地出神。实在无聊了，魏格纳就站起来，用食指在地图上画着各个大陆的海岸线，借此消磨时光。他画完了大洋洲，又画南极洲；画完了非洲，又画南美洲。突然，他的手指慢了下来，停在地图上南美洲巴西的一块凸出的部分，眼睛却盯住非洲西海岸呈直角凹进的几内亚湾。瞧！这两个地方的形状竟是这般不可思议的吻合！魏格纳被自己偶然的发现惊呆了！他精神大振，仔细端详着美洲和非洲大陆形状上的不同点。果然，巴西东海岸的每一个凸出部分，都能在非洲西海岸找到形状相对凹进的海湾；同时，巴西的每个海湾，又能在非洲找到相应的凸出部分。

"这不会是一种巧合吧?"

魏格纳兴奋极了,将地图上一块块陆地进行了比较,结果发现,从海岸线的凸凹对应情形看,地球上所有的大陆板块都能较好地吻合在一起。

于是,这位年轻人的脑海里形成了一个崭新的奇想:很久以前,地球上所有的陆地都是连在一起的,后来因为不断漂移,才分成今天的各个大陆,它们的海岸线才会惊人地吻合。

第二天一早,他找到了著名科学家柯彭教授,把自己这个想法告诉了他。教授肯定了他的假想有道理,并说也曾有人提起过,但都没有足够的事实加以证明,教授劝他打消念头,不必为此枉费心机。

魏格纳并不是一个轻易改变自己想法的人。他开始在各大洲之间的联系和对比中进行考察,在浩如烟海的资料中寻找大陆漂移的证据。一次,他看到一份材料,里面提到分布在南美洲和非洲大陆上的古生物化石有一定的相似性。一种叫中龙的爬行动物,既见于巴西东部,也见于非洲西南部。显然,这些动物当时生活在同一块大陆上,否则,即使是插上翅膀也难以飞渡重洋。这个重要的发现大大鼓舞了他。他充满信心，又做了很多考证工作。

1912 年，在法兰克福召开的地质学会上，魏格纳作了题为《大陆与海洋的起源》的演讲，提出了关于大陆漂移的假说，引起了地质界的震动。

魏格纳的假说后被科学证明，地球上的七大洲六大块陆地，在若干亿年前是一块完整的陆地，后来是由于地壳的运动，经过漫长年代的漂移后，才形成了现在这个样子。这就是著名的"大陆漂移说"。自然界中的万事万物都在运动，地壳的运动是必然的规律。

——选自（人教版《语文》四年级上册）

引导思考

魏格纳是怎样提出大陆漂移假说的？你从中得到了什么启示？

启发认识

魏格纳在观察地图时，偶然发现地图上两块陆地的凹凸部分的形状竟然是不可思议地吻合，并将地图上一块块陆地进行比较，都有同样的现象。由此他产生了崭新的奇想：在太古时代，地球上所有陆地都是连在一起的，因后来不断在海上漂移才形成今天这样子。当著名的科学家不支持他的观点，他也没有改变自己的观点，抓住这个偶然的发现，充满信心地进行了许多考证，在地质学会上作了《大陆与海洋的起源》的演讲，提出假说，震动了地质界。后被科学证明魏格纳假说的科学性。

我们从中得到的启示是：在生活中做一个有心的人，要善于对事物进行观察、思考，勇于发现偶然事件，一旦发现了偶然事件，就要抓住机遇，坚持研究不放弃，找到背后的必然性，一定会取得自己所追求的结果。

这就是善于抓机遇。一个人要想人生有成就，就做魏格纳这样的人。机遇是给有追求的人准备的。无追求的人，也发现不了偶然事件，即使发现了，也不会坚持研究下去，自然也找不到偶然背后的必然规律。

袁隆平的故事

袁隆平，外国人称他为"杂交水稻之父"，中国人称他为"现代的神农氏"。20 世纪 80 年代，报纸上曾引述农民的话说："我们吃饱饭，靠的是'两平'，邓小平和袁隆平。"

袁隆平为什么能够获此殊荣？

袁隆平是世界著名的杂交水稻专家，是我国杂交水稻研究领域的开创者和带头人，为我国粮食生产和农业科学的发展做出杰出贡献。他的主要成就表现在杂交水稻的研究、应用与推广方面。

1960 年，一次偶然的机会，袁隆平在试验田中发现了一株"鹤立鸡群"的水稻，不仅穗大粒多，而且粒粒饱满。他如获至宝，将种子收集起来，在第二年种下进行试验，满心希望这个品种能成"龙"。结果却让他大失所望，种子性状竟发生了分离，高的高、矮的矮，生长期也有长有短，没有一株超过前一代。但就在失望和疑惑之余，袁隆平产生了顿悟：根据遗传学常识，纯种水稻的第二代是不会出现分离现象的，只有杂交后的种子才会。这样看来，原先发现的那株优良水稻可以断定是天然杂交水稻的第一代。这一发现使袁隆平对当时育种界的流行观点产生了质疑，进而提出了自己的设想并设计出整套培育杂交水稻的方案和一套杂交水稻生产程序。从此，他坚定地踏上了杂交水稻的研究道路，并最终取得了成功。

对此，袁隆平是这样总结的："我成功的秘诀：知识、汗水、灵感、机遇。"他指出：有知识是很重要的；有了知识，又发愤努力，才会有灵感；再加上好的机遇，才有可能获得事业上的成功。他分析说："试想一下，如果我没有对水稻知识的储备，没有对水稻问题的研究和思考，我就不会'发现'那株'鹤立鸡群'的水稻，也不会产生什么顿悟。偶然与必然的辩证法说明：一方面，在科学研究过程中，切勿放过'思想火花'；另一方面，'幸运'只会惠顾有准备的人。"

如果没有平常日积月累的知识，即使流再多的汗水，在科学上也出不了灵感；即使机遇再好，也可能视而不见。

引导思考

1. 袁隆平的机遇是什么？他为什么能抓住这个机遇？
2. 他成功的秘诀是什么？给我们什么启示？

启发认识

袁隆平成功的机遇是他发现了那株"鹤立鸡群"的水稻。他抓住这个机遇的原因是他对水稻知识的储备，对水稻问题的研究与思考从而产生了顿悟。他成功的秘诀正像他自己总结的："我成功的秘诀：知识、汗水、灵感、机遇。"

袁隆平的成功给我们深深的启示：要学会抓住机遇，就要会识别机遇，识别机遇需要知识的储备；有了知识再抓住机遇，还要有灵感，也就是"思想火花"；还要付出艰苦的研究过程，才能从研究中悟出必然性的规律。所以，他说："'幸运'只会惠顾有准备的人。"幸运也就是机遇。

如果没有平常日积月累的知识，即使流再多的汗水，在科学上也出不了灵感；即使机遇再好，也可能视而不见。

亲子互动

请你给家长讲一讲袁隆平的故事，并说说袁隆平成功的秘诀对你有什么启发。

教学感悟

由于小学生的好奇心和刨根问底的率性特点，促使他们不断地发现问题，但分析问题的能力不成熟，有必要引导他们在发现问题中抓住偶然性的机遇，不放弃地进行探索，找到事物必然性的规律，取得自己所追求的结果。

哲思哲理

　　运用必然性和偶然性的辩证统一关系的原理于实践，重要的是善于把握机遇促进事物的发展。机遇作为偶然性具有不确定性和非长驻性的特点。但是机遇背后隐藏着必然性，所以机遇的出现并非神秘莫测、不可把握，而是有规律可循、有原因可查的，机遇的出现体现了偶然性和必然性的统一。把握机遇不仅有助于改变事物发展的速度，而且在一定条件下能够改变事物发展的方向和趋势，使潜在的可能性变成现实。在现实实践中，善于认识和把握机遇具有重要意义。在人类历史上出现的一些重大的历史机遇，往往改变了一个民族和一个国家的命运。我们必须十分注意把握住并充分利用好我国经济社会发展的战略机遇，全面深化改革，推动经济社会的和谐发展和全面进步。

第二章　学会换个角度思考

第一节　事物总是变化发展的

——科利亚的木匣

学习目标

1. 知道世界上的一切事物都是变化发展的。
2. 学习用变化、发展的观点看问题和做事情。

问题引导

事物是固定不变的，还是在不断变化发展的？

激趣导入

我请大家观看两组照片。

第一组：几张咱班同学小时候的照片，请你们猜一猜，他们都是谁？

第二组：过去的北京的照片和现在的北京照片，比较一下，你想到了什么？

这两组照片表达了怎样的共同的观点？

启发认识

第一组的几张照片，有的我们猜出来他是谁，有的我们却没有猜出来。即使猜对了，与现在的同学相比，也有不少变化了。没猜对的，是因为他们的变化太大，让我们认不出来了。同学们都在长大，在变化。大家不仅容貌变了，高矮变了，学识、眼界也有变化，变得有知识、懂道理。人在不断成长变化。

第二组照片，显而易见，旧北京破旧落后，新北京经过几十年的发展，变成了现代化的大都市。

通过两组照片我们知道了事物都在变化发展，人类社会在变化发展，人也在变化发展。所以，事物都是在不断变化发展着的。

哲理故事

呼风唤雨的世纪

20 世纪是一个呼风唤雨的世纪。

是谁来呼风唤雨呢？当然是人类；靠什么呼风唤雨呢？靠的是现代科学技术。在 20 世纪一百年的时间里，人类利用现代科学技术获得那么多奇迹般的、出乎意料的发明。正是这些发明，使人类的生活大大改观。

人类在上百万年的历史中，一直生活在一个依赖自然的农耕社会。那时没有电灯，没有电视，没有收音机，也没有汽车。人们只能在神话中用"千里眼""顺风耳"和腾云驾雾的神仙，来寄托自己的美好愿望。我们的祖先大概谁也没有料到，在最近的一百年中，他们的那么多幻想纷纷变成了现实。20 世纪的成就，真可以用"忽如一夜春风来，千树万树梨花开"来形容。

20 世纪，人类登上月球，潜入深海，洞察百亿光年外的天体，探索原子核世界的奥秘；20 世纪，电视、程控电话、互联网以及民航飞机、高速火车、远洋船舶等，日益把人类居住的星球变成联系紧密的"地球村"，科学在改变着人类的生活。

1923 年，英国数学家、哲学家伯特兰·罗素说："归根到底，是科学使得我们这个时代不同于以往的任何时代。"回顾 20 世纪的百年历程，科学的确是在创造着一个又一个神话，科学正在为人类创造着比以往任何时代都要美好的生活。在新的世纪里，现代科学技术必将继续创造一个个奇迹，不断改善我们的生活。

——选自（人教版《语文》四年级上册）

引导思考

故事中说的是人类社会哪个世纪的发展？发展的原因是什么？人类为什么能发现和发明？人类社会的发展会停止吗？为什么？

启发认识

故事中说的是人类社会 20 世纪的发展。这个世纪变化发展的程度是人类历史上百万年发展的总和。发展的原因是人类利用的科学技术，而科学技术又是人类的发现和发明。人类发现了事物发展变化的规律，利用规律在实践中发明创造出新的技术。人类社会不会停止发展，因为人类的追求和理想是永无止境的。实现了一个理想，还有更高的理想。为了实现理想，人类不停地探索发现和发明，不断改变物质生活的同时，人也变得越来越有智慧，会创造比以往任何时代都要更好的生活。

拓展理解故事

中国震撼

旧中国受到几个帝国主义的侵略，人民贫困潦倒，无法生活，每遇到水灾、旱灾，饿死的人遍地都是，受尽了苦难和欺负。尤其是日本帝国主义从 1931 年侵略中国，到处烧、杀、抢，无恶不作，杀死了几千万中国人民，掠夺了中国不计其数的资源和财富，给我国人民带来了极大的苦难。

中国人民在中国共产党的领导下，打败了日本帝国主义的侵略，把其他帝国主义赶出了中国，打垮了国民党反动政权，建立了属于人民自己的新中国。

经过艰苦奋斗、自力更生，挫败了以美国为首的帝国主义的经济封锁，迫使美国主动跟新中国建立了外交关系。中国人民又在改革开放的推动下，经济得到了举世瞩目的发展，成为世界第二经济大国，超过了日本。

中国坚持发展，在不久的将来，必将赶上并超过美国。在今天，世界上的重大事件如果没有中国的参与，是无法解决的！这就改变了以美国为首的西方国家主导世界的格局。

现在，中国以"一带一路"的倡议，带领世界经济大发展，给各国人民带来共同发展的幸福，让地球上所有贫困的人民都能很好地生活，和中国人民一样幸福。

中国的发展是个奇迹，使世界震撼，也使世界人民看到发展的希望。

引导思考

中国的发展变化说明了什么问题？

启发认识

中国的发展变化有力地证明，任何事物都不会固定不变的，总是发展变化的。中国人民不会甘于帝国主义的侵略，我们要独立自主，做自己的主人，不甘落后，不受人欺负。中国人民有智慧，要自强、要发展，打造一个对人类有贡献的大国，担当起大国责任。

实践平台

科利亚的木匣

战争开始的时候，科利亚刚学会数数，只会数到十。他从家门口向前走，数了十步，就用铲子挖起坑来。

坑挖好了，他把一个木匣放进坑里。木匣里盛着各种各样好玩的东西，有冰鞋、小斧头、小手锯和其他小玩意儿。他放好了木匣，盖上土，用脚踩实，还在上面撒了一层细沙，免得被人发现。

科利亚为什么要把这些东西埋起来呢？因为德国法西斯快打到他们村子了。科利亚和妈妈、奶奶决定离开村子，到喀山城去躲避。家里的东西不能都带走。妈妈把所有东西放进箱子里，从家门口向前走了三十步，把箱子埋在地下。科利亚只会数到十，就向前走了十步，埋下他的木匣。

就在那一天，妈妈、奶奶带着科利亚到喀山去了，在那儿住了差不多四年，科利亚长大了，上了小学，数数能数到一百多了。

法西斯终于被赶走了。妈妈、奶奶带着科利亚回到了故乡。他们家的房子还在，屋里的东西却被法西斯抢走了。

妈妈说："不用难过，我们还有一些东西埋在地下哩。"

妈妈从家门口朝前走了三十步，挖出了她埋的箱子。她高兴地说："算术真有用。如果当初我随便挖个坑把箱子埋了，现在就不好找了。"

科利亚也拿来铲子，从家门口向前走了十步，动手挖了起来。他挖呀，挖呀，坑已经挖得很深了，还没找到匣子。他又朝左边挖，朝右边挖，仍然没找到。

小伙伴们围上来，都朝着科利亚笑："你的算术不管事啦！也许，法西斯把你的宝贝挖走了。"

科利亚说："不会的，敌人连我们家的大箱子都没挖走，还能找到我的小木匣吗？这里面一定有原因。"

科利亚丢下铲子，坐在台阶上，用手摸着脑门想。突然他笑起来，对小伙伴们说："我知道是怎么回事啦！木匣是我四年前埋的，那时候我还小，步子也小。我现在九岁啦，步子比那时候大了一倍，所以应该量的不是十步，而是五步。你们看，我马上会找到我的木匣子。"

科利亚量了五步，又动手挖起来，不多一会儿，他果然找到了木匣子。

科利亚高兴地说："伙伴们，今天我不光找到了匣子，还懂得了时间一天天过去，人一天天长大，步子也在渐渐变大。周围的一切，不是都在变化吗？"

——选自（人教版《语文》三年级上册）

引导思考

科利亚为什么一开始没有找到木匣？他怎么改变了想法才找到木匣的？

启发认识

科利亚开始找木匣时，还用几年前的步子多少来量距离。忘记了自己已经长大了，步子的长度也变化了。所以，他用长大时步子的大小来量距离，是找不到木匣的。而后，他意识到了这个问题，将步子数量减半，最终找到了四年前埋下的木匣。说明：想问题、做事情，要根据变化发展的实际情况，才能把事情做对、做好。

亲子互动

请同学们与家长一起找一找，中国还在哪些方面超越发达国家，对人类做出了贡献？你们有什么感想？

教学感悟

由于小学生阅历短，经验少，看问题、做事情容易凭自己的小经验。教学中，通过实例让学生知道，任何事物都不是固定不变的，总是发展变化的。引导学生想问题、做事情要根据变化发展的实际情况，才能把事情做对、做好。这既是对他们世界观的培育，也是做事方法的指导。

哲思哲理

　　运动、变化和发展的一切事物都是作为过程而存在的。从广义上来说，是整个宇宙运动、变化和发展无限性的进程；从狭义上来说，又是具体事物运动、发展、变化的具体过程的有限性的进程。就事物运动的无限性来说，整个宇宙的运动、变化和发展是无始无终的，既无来者，又无去者；而就具体事物运动的有限性来说，宇宙间的一切具体的个别的事物的运动、变化和发展却又是有始有终的，既有头又有尾。

　　整个变化的世界就是由无数的变化过程所构成的，整个世界的运动、变化、发展是普遍的、永恒的、无始无终的，而具体事物的运动、变化和发展却又是有头有尾、有始有终的。

　　唯物辩证法关于事物变化发展的观点，具有重大的世界观和方法论的意义，用变化、发展的观点看问题，就是要历史地看问题，用具体的、历史的观点看问题。只有这样，才能正确地认识事物、把握规律、顺应趋势，从而正确地指导实践。

　　学习辩证法，就要学会用辩证思维方式认识事物，其根本任务在于从万事万物复杂多变的现象和纷繁复杂的联系中找出其固有的辩证规律，认识事物的规律性，以此作为人们行动的向导，使人们能够照规律办事，有效地改造世界。人们运用辩证思维，认识和把握事物的规律，就可以在实践中预见事物的出现和未来发展趋势，就可以利用、改变和创造条件，发挥规律的作用，使事物向好的方向发展，有目的地按照客观事物的本来面目、按照事物的发展趋势来改造世界。

第二节　任何事物内部都存在着矛盾

——发发的重大发现

学习目标

1. 知道矛盾就是一个事物内部存在着相互联系又相互对立的两个方面。

2. 知道矛盾是普遍存在的。

3. 学习用矛盾的观点想问题、做事情。

问题引导

一个事物存在的内部秘密是什么？事物之间的相互联系又是怎样的？

激趣导入

自相矛盾

古时候，有个卖矛和盾的楚国人，他夸他的盾说："我的盾坚固无比，任何锋利的东西都穿不透它。"又夸耀自己的矛说："我的矛锋利极了，什么坚固的东西都能刺穿。"

有人问他："用您的矛来刺您的盾，结果会怎么样呢？"那人便答不上话来了。

——选自《成语故事大全》

启发认识

故事里说的"矛盾"，是指卖矛和盾的人过分夸大自己矛、盾的质量好，有人

让他用自己的矛刺自己的盾，他不知所措。讽刺了卖矛和盾的人，自己制造了矛盾。而我们讲的是哲学矛盾，是每一个事物内部存在着相互联系又相互对立的两个方面。

怎么认识事物的矛盾呢？

哲理故事

发发的重大发现

发发是一个三年级的小学生，他兴趣广泛，总爱提问题，有时甚至提出很怪的问题。

数学课上，老师讲了加法这个内容。一个加数加上另一个加数等于一个和数，即加数＋加数＝和。学完了加法，又学减法。老师讲：被减数－减数＝差。老师举例子，让同学们思考：$5+3=8$，那么 $8-3=$? $8-5=$?

这引起了发发的思考：加法就是加法，减法就是减法，它们本来不同，可是，从老师举的例子中，$8-3=5$，$8-5=3$，这不是加法中包含着减法，减法中也包含着加法吗？要是没有加法，也就不会有减法；同样，没有减法也就不会有加法。加法和减法虽然算法不相同，可是谁也离不开谁，这倒是挺有意思的。

有一次，发发听航空知识讲座，航空专家讲喷气式飞机，说飞机尾部喷出大量气体的目的，是给飞机一个反推力，使飞机向前飞。喷气式飞机是根据作用力和反作用力的原理制造的。发发回家问爸爸：什么是作用力和反作用力？爸爸说："发发，你现在用拳头往墙上打。"发发说："那多疼呀！"爸爸接着说："这就对了。当你打墙的时候，你给墙一个力，墙回敬你一个力，你手疼了，就是反作用力的作用。"

这时发发深思起来：手给墙一个作用力，墙就给手一个反作用力，本来只是一个力，却包含着两个相反的力，这多像加法和减法的关系，这样的道理在哪里还有？

又有一次，发发去买钢笔。他把钱给售货员，售货员给了他一支钢笔。发发接过钢笔，又联想起算术和作用力中的道理。他想：买和卖是一个交换行为的两个方面，对于我来说是买，而对于售货员来说则是卖。如果我不买，也就不会有售货员的卖；没有买和卖，就没有交换行为，这到底是什么道理呢？

发发最爱玩磁铁，在他的房间里，吊着一根磁铁棒。磁铁棒总是一头指北方，另一头指南方。指北的一端称为北极，也叫 N 极，指南的一端称为南极，也叫 S 极。有一天，发发又玩磁铁棒。玩着玩着，他又定神思索起来，一块磁铁有两极，这两极能不能分开呢？于是，发发让人把 S 极磁退掉，但出乎意料的是，N 极磁也没有了，磁铁真的变成了一个普通的铁块了。发发马上联想到加减法的问题、作用力和反作用力的问题、买钢笔的事，这些事都反映了一个事物的两个方面。这两个方面互相联系，一方不存在，另一方也就不存在了，磁铁变成普通铁就是这个道理。发发的好奇心更大了，这到底是怎么回事呢？

于是，他去问爸爸。爸爸说："只要是磁铁，两极就分不开，除非你退磁。退了磁，就是一大块普普通通的铁块了。"

发发想了半天也不明白其中的道理，忍不住又去找爸爸。爸爸说："你知道这是什么道理吗？在哲学上，这叫作'矛盾'！"发发问："什么是矛盾？""矛盾就是一切事物都包含着既相互联系又相互对立的两个方面，这两个方面缺一不可，缺少一个，事物就不存在了。"发发说："是吗？举例说说吧！"爸爸说："这很简单，一个电池必须有正负极，缺少哪一极，都不是电池；没有爸爸就没有儿子……"发发接着说："没有老师就没有学生，没有……"爸爸说："不用说了，你已经明白了，你发现了一个很重要的哲学道理！"发发说："照你这么说，世界上所有事物都存在矛盾，矛盾无时不在无处不在了？"爸爸说："说得对！"

发发为自己发现了一个有哲学道理的大问题而高兴。

引导思考

从发发的发现中你懂得了什么道理？你们还能举出别的例子吗？

启发认识

从发发的发现中我们认识到，一切事物都包含着矛盾，矛盾双方既相互联系，又相互对立。所谓相互对立，就是事物的两个方面是有区别的，即你不是我，我也不是你，同时又是分不开的一个事物。一方不存在了，另一方也会随之消失，原来的事物也不存在了。比如，磁铁去了 N 级，S 级也不存在了，原来的磁铁也不是磁铁了。世界上的万事万物都包含着矛盾，所以，矛盾无处不在，无时不在，没有矛盾的事物是不存在的。

现在，我给大家读一首声律儿歌。

美对丑，爱对恨。

真诚对虚假，冷漠对热忱。

贫对富，冷对暖。

饥寒对温饱，索取对奉献。

人人献出一点爱，人间永远是春天。

其实，这首声律儿歌内含着一个重要的哲学观点，这就是：不仅一个事物内部，就是事物之间也是存在着既相互联系又相互对立的关系，更进一步证明矛盾无处不在，无时不在。矛盾具有普遍性。

拓展理解故事

火山喷发的利与害

火山是由地球表层压力降低，地球深处的岩浆等高温物质从裂缝中喷出地面而形成的锥形高地。地球上大部分火山已经沉睡，变为死火山，而经常或周期性喷发的活火山还有 500 多座。近几年，有数座活火山相继爆发，造成了巨大的生命和财产损失。火山喷发虽有摧毁建筑，吞噬生命，污染大气等危害性的一面，但也有造福人类的一面。

　　火山能把地下大量有用的金属和非金属带到地面，形成矿床。据地质学家鉴定，我国辽宁鞍山铁矿的"造物主"就是海底火山。江苏南京的梅山铁矿、安徽的马鞍山铁矿、浙江的明矾石矿，其成因也归功于火山的搬运。意大利西西里岛的一座活火山，每天喷射出的气焰中含有金银成分。我国云南的腾冲火山，每年要输出 5000 多吨硫黄。曾于公元前 79 年毁灭了意大利古城庞贝的维苏威火山，已经成为几家大型化工厂的天然原料仓库。现在意大利人仍在利用活火山喷出的化学气体制造硼酸、氨水和硫酸化合物。美国加利福尼亚州也在本地的火山区兴建了许多家一本万利的"火山化工厂"。冰岛用火山蒸气为家庭供暖，意大利在相对安全的活火山区建造了一座火山蒸气发电厂。另外，火山灰中含有的多种化学物质对于植物的生长有促进作用。每次火山喷发后，散落的火山灰等于给周围广大的土地施了一次肥，使农作物大面积增产。

　　🧒 引导思考

　　听过老师对火山喷发知识的讲解后，你对火山喷发有了哪些新的认识？

启发认识

大部分人在对火山喷发没有充分了解的情况下，想到更多的是火山喷发所带给人类的灾难。任何事物都有其两面性，火山喷发同样有着其功与过。火山喷发一方面会有摧毁建筑、吞噬生命、污染大气等危害性，同时也有很多的好处：如能把地下大量有用的金属和非金属带到地面，形成矿床，活火山喷出的化学气体能被人们利用来制造硼酸、氨水和硫酸化合物等等。火山的功与过是共存共生的。

实践平台

小诗：凡事感激

感激伤害你的人，因为他磨炼了你的心志；

感激绊倒你的人，因为他强化了你的双腿；

感激欺骗你的人，因为他增进了你的智慧；

感激蔑视你的人，因为他觉醒了你的自尊；

感激遗弃你的人，因为他教会了你该独立；

凡事感激，学会感激，感激一切使你成长。

——选自（人教版《语文》一年级下册）

引导思考

《凡事感激》这首小诗给了我们什么启示？

启发认识

矛盾是任何事物内部都存在的既相互联系又相互对立的两个方面，事物之间也存在着这种相互联系和相互对立的关系。矛盾又是普遍存在的。

小诗启示我们就要学会从两个方面看问题，才能把事情做正确。

亲子互动

与家长一起查一查"塞翁失马，焉知非福"的出处？说一说它揭示了一个什么道理？

教学感悟

一切事物都包含着矛盾，矛盾双方既相互联系又相互对立。这是最简单、最基本的唯物辩证法道理。通过学生的经验和已有的知识可以了解。但关于"对立"，学生容易认识绝对。为了让学生了解其基本含义，我们这样表述："所谓相对立就是事物的两个方面是有区别的，即你不是我，我也不是你，同时又是分不开的一个事物。一方不存在了，另一方也随之消失，原来的事物也不存在了。"又用故事的实例证明，用事实归纳的办法，引导学生初步认识其中的道理，学生能举出生活中的实例说明这个道理。

哲思哲理

矛盾始终贯穿一切事物的全过程，矛盾规律是宇宙间的普遍规律，矛盾是辩证法的实质和核心。矛盾观点是唯物辩证法的根本观点，矛盾分析是辩证法的根本方法，要学会用矛盾观点分析、认识和解决问题。

所谓矛盾，就是指事物内部的对立统一，即事物内部包含着相互联结、相互依存、相互渗透、相互转化，又相互排斥、相互分离、相互否定、相互斗争的方面和倾向。矛盾概念形象地概括了万事万物的既对立又统一的、在对立统一中发展的最普遍的客观法则。矛盾观点是对立统一观点的马克思主义哲学中国化的通俗表述。

矛盾的普遍性是指矛盾无所不在，没有不存在矛盾的地方和事物，矛盾存在于一切事物的发展过程之中；矛盾无时不有，每一事物在其发展过程中都自始至终存在着矛盾运动；矛盾是一切事物运动、变化和发展的根本原因，是一切事物运动、变化和发展的动力和源泉。无论物质世界还是精神世界、自然世界还是人类社会，都充满了矛盾。没有什么事物不包含矛盾，也没有什么时候没有矛盾，没有矛盾就没有事物，否认矛盾就是否认事物。矛盾是普遍的、绝对的客观存在，是不以人的意志为转移的。在现实生活中，不论你主观意愿如何，矛盾都是普遍的客观存在的。正确对待矛盾的态度是承认矛盾、正视矛盾、分析矛盾、积极地化解矛盾。

第三节　学习全面看问题
——小蝌蚪找妈妈

学习目标

任何事物都存在着矛盾着的两个方面，看待问题要坚持一分为二的观点，防止片面、孤立地看问题，学习全面地看问题，才能把事情做好、做对。

问题引导

我们怎样才能学会全面地看问题呢？

激趣导入

同学们知道"小蝌蚪找妈妈"的故事吗？请你想一想，小蝌蚪找妈妈的经历吧！

在小蝌蚪找妈妈的经历中，他们都碰到了谁？又是怎么说的？为什么小蝌蚪问了这么多次才知道妈妈的样子呢？

小蝌蚪找妈妈

池塘里有一群小蝌蚪，大大的脑袋，黑灰色的身子，甩着长长的尾巴，快活地游来游去。

小蝌蚪游啊游，过了几天，长出两条后腿。他们看见鲤鱼妈妈在教小鲤鱼捕食，就迎上去，问："鲤鱼阿姨，我们的妈妈在哪里？"鲤鱼妈妈说："你们的妈妈有一张宽嘴巴。你们到那边去找吧！"小蝌蚪游啊游，过了几天，长出两条前腿。他们看见一条宽嘴巴的鲇鱼。连忙追上去，叫着："妈妈，妈妈！"鲇鱼笑着说："我不是你们的妈妈。你们的妈妈有四条腿、没尾巴，你们快去找吧！"

他们看见一只乌龟摆动着四条腿在水里游，连忙追上去，叫着：

"妈妈，妈妈！"乌龟伸长了脖子，认真地说："我不是你们的妈妈，你们的妈妈头顶上有两只大眼睛，白肚皮，披着绿衣裳。你们到那边去找吧！"

小蝌蚪游啊游，过了几天，尾巴变短了。他们游到荷花旁边，看见荷叶上蹲着一只大青蛙，披着碧绿的衣裳，露着雪白的肚皮，鼓着一对大眼睛。

小蝌蚪游过去，叫着："妈妈，妈妈！"青蛙妈妈低头一看，笑着说："好孩子，你们已经长成青蛙了，快跳上来吧！"他们后腿一蹬，向前一跳，蹦到了荷叶上。

不知什么时候，小青蛙的尾巴已经不见了。他们跟着妈妈，天天去捉害虫。

——选自（人教版《语文》一年级下册）

启发认识

为什么小蝌蚪前三次找妈妈都找错了，而最后一次却能找对呢？

小蝌蚪第一个遇到了鲤鱼妈妈，它只告诉小蝌蚪妈妈的一个特点；第二次遇到了鲶鱼，又告诉了两个特点；第三次遇到了小乌龟，告诉了三个特点。最后，小蝌蚪才找到了他们的妈妈。鲤鱼、鲶鱼和小乌龟都只看到青蛙的部分特点，没有看清全部特点，才使小蝌蚪一次一次地找错了。但是，他们很聪明，把这些特点全记住了，就找到了自己的妈妈。

　　这个故事告诉我们：看任何一个事物都要了解它的全貌，才能把握它的特点，正确地认识它。我们今天学习全面看问题，不仅看事物外表的样子，还要看事物的本质，就是从构成事物的既相互联系又相互对立的两个方面看问题，不能顾此失彼，这样才能把事情分析清楚，把事情做正确。

哲理故事

孔雀的遭遇

　　走进百鸟园，人们会对两种动物留下深刻的印象——孔雀和鸵鸟。在孔雀群中有一只最出众、最美丽、名叫"王子"的孔雀，它像王子一样骄傲，游人也因为它的美丽而称它为"孔雀王子"。在一个春天里，孔雀王子曾有一段令它难忘的经历。

　　孔雀们被散养在小河的南岸。它们的邻居是被圈养在紧靠河边一个低洼地带的鸵鸟们。鸵鸟们长得高高大大的，它们的毛色远没有孔雀们的丰厚美丽。游人走到孔雀身边的时候，总爱千方百计地逗孔雀开屏，并与开屏的孔雀合影。可是在鸵鸟跟前，却很少照相，仅仅是像欣赏异地稀有动物一样观望而已。这使得孔雀们有一种难以掩饰的骄傲感，尤其是孔雀王子，它为自己的美丽骄傲极了，经常隔着栅栏嘲笑鸵鸟们，说它们是"傻大个""丑八怪"。

　　春天里，来游览百鸟园的人非常多，孔雀王子在这样的日子里得意极了，快活极了。可是，春天的一个傍晚，发生了一件令人悲哀的事情——雷雨突然降临，来不及跑回窝里的孔雀王子因躲在一棵树下避雨而被雷电击中了，侥幸保住了性命，可是身上美丽的羽毛几乎被闪电引起的火烧光了。

　　第二天，人们见到身上光秃秃的孔雀王子都很诧异：这是一只什么鸟？是一种鸵鸟？可这鸵鸟怎么个子这么矮呀！真难看！人们不再欣赏它，而是转身离去，被冷落的孔雀王子伤心地哭了。泪眼朦胧中，它看到人们在鸵鸟前边饶有兴趣地观看着，还纷纷站在鸵鸟旁边照相。大概是在自己这个丑鸟的衬托下，人们更觉得鸵鸟的强健和与众不同吧。孔雀王子突然觉得鸵鸟原来是这般健美，而原来自己只看到了自己羽毛的美丽，却从未发现别人的美丽之处，有些方面自己是远远比不上别人的。

又一个春天来临的时候，孔雀王子换上了一身新的羽毛，虽然劫后重生，它身上的羽毛更美丽了，但它不再骄傲了。

引导思考

起初孔雀王子是怎样看待自己和鸵鸟的？后来是什么原因使孔雀王子对自己和鸵鸟的看法发生了变化？发生了什么样的变化？这个故事给了我们什么启示？

启发认识

起初"孔雀王子"认为自己美丽极了，觉得鸵鸟们是"傻大个""丑八怪"。后来因为雷雨突然降临，来不及跑回窝里的孔雀王子因躲在一棵树下避雨而被雷电击中了，虽然侥幸保住了性命，可是身上美丽的羽毛几乎被闪电引起的火烧光了，这时它才发现原来鸵鸟是那样的健美，而自己有些地方并不是有多么好。这启示我们对别人和对自己都要坚持从两方面来看问题，既看到自己好的方面，也要知道自己的不足，还要看到别人的优点，这就是一分为二地看问题，全面地看问题。只有这样，才能虚心地学习别人的优点，才能把事情做正确，不断进步。

拓展理解故事

爱屋及乌

我国历史上，商朝的最后一位君主叫商纣王。纣王残忍凶暴、欺压百姓。他让百姓缴纳很重的税来支持他的挥霍无度的生活，满足他个人的享乐，根本不管老百姓是否承受得起。谁敢反抗，哪怕只是一句怨言，也会招来杀身之祸，遭到各种惨不忍睹的酷刑。后来纣王的暴行终于激起了人民的愤怒，周文王率先起义，他的儿子周武王则经过艰苦的战斗最终推翻了纣王的残暴统治。

商纣王死了，大周建立起来，可是武王却认为天下并没有安定下来，因为在国内的很多地方，仍然是商朝的旧官吏掌握着政权；在京城也仍然有不少商朝遗留下来的旧臣，如何处置他们是一个难题。杀了他们吧，他们却并没有犯下多大的罪恶，所有的坏事都是商纣王一个人干的；让他们留职吧，可他们是先朝旧臣，用着不舒服、不放心。武王很着急，便去向军师姜子牙请教。姜子牙说："我听说，如果喜欢一个人，对他家屋上的乌鸦也会同样爱惜，这叫爱屋及乌；而恨一个人，就会对他身边的人以及他的家人、朋友等也感到讨厌。这样做，只是从个人感情出发，而并没有什么道理。大王痛恨纣王是对的，但对那些无辜的臣民也不信任、心存偏见就不对了。希望大王能对他们一视同仁，贤能者留用，无能者辞退，有恶者惩之，这样天下才能安定呀！"于是，周武王听从了姜子牙的话，正确地对待前朝旧臣，国家真的很快安定下来了。后来周王朝延续了800年，这与姜子牙的话有着很大的关系。

——选自《成语故事大全》

引导思考

周武王对商朝臣民的处置遇到了什么难题？姜子牙是怎样分析商朝旧臣的？你认为他的分析对吗？在我们的生活中，对人、对事应当用什么方法来认识和处理才能够取得较好的效果？

启发认识

周武王不知道是杀了这些旧臣，还是继续留用他们。姜子牙认为纣王很可恶，但那些臣民是无辜的，对于这些旧臣应一视同仁，贤能的人继续留用，无能的人则辞退，对于作恶的人要严惩，只有这样才能使天下太平。周武王正是接受姜子牙全面看问题的方法，不持偏见，全面分析问题，才团结了很多人，使国家安定下来。

这个故事启发我们对人、对事都要从多个角度全面分析问题，确定正确的方法解决问题。

实践平台

好汉查理

查理是个很调皮的孩子，爱搞恶作剧，没有人喜欢他，倒是他称自己是"好汉查理"。

放暑假的时候，镇上来了度假的罗伯特先生一家。罗伯特先生的女儿杰西很可爱，不过，她只能坐在轮椅上。

一天下午，查理跑到罗伯特家的院子里玩儿，看到屋里的墙上挂着一把漂亮的长刀，喜欢极了。他从窗户爬进房间，羡慕地望着那把长刀。

"你想把它拿走吗？"听到说话声，查理才发现有个小女孩坐在轮椅上。

"不，好汉查理从来不随便拿别人的东西。"

"你可以拿下来看看。好汉查理，我叫杰西。"

"谢谢！"查理显得彬彬有礼。他抽刀出鞘，仔细地看着。

杰西说："这刀是爸爸的，要不然我会送给你。好汉查理，能推我到外面晒晒太阳吗？"

"好吧。"查理恋恋不舍地把刀挂回墙上。

在草坪上，杰西高兴地背诵着一首首诗。他们俩在阳光下度过了一个快乐的下午。

分开时，杰西问查理："你能常来陪我吗？"

"当然可以。"

查理虽然调皮，但说话是算数的。整整一个暑假，他每天都陪杰西在草地上玩儿。镇上的人们发现查理没有再搞恶作剧。

暑假很快过去了，罗伯特一家要走了。临走的时候，罗伯特先生把查理叫到家里，说："查理，你是不是很喜欢这把刀？现在它是你的了。"

"不行，罗伯特先生，我不能随便要您的东西。"

　　"查理，你带给杰西的礼物是快乐的，现在我把刀作为礼物送给你。"

　　查理第一次听到有人这样夸自己，连忙说："谢谢您，罗伯特先生。"

　　与杰西告别时，查理握着杰西的手，说："杰西，我会做个好汉。"

　　"你会的，我从来就相信。"

　　——选自（人教版《语文》三年级上册）

引导思考

　　查理原来是一个什么样的孩子？他有什么优点？他要做一个什么样的好汉？我们应该怎样看待别人？

启发认识

　　查理原来是个很调皮的孩子，爱搞恶作剧，没人喜欢他。但是，查理从来不随便拿别人的东西，说话算数，整整一个暑假每天陪着坐轮椅的杰西。他很有爱心、很善良，他也不随便要别人的东西，这些都是非常可贵的优点。从陪伴杰西以后，他再没有搞恶作剧了。当他第一次听到杰西爸爸夸他时，他说做个好汉，再也不搞恶作剧了，做一个人人喜欢的好孩子。

　　我们应该全面看别人，既看到别人的缺点，更要看到别人的优点，不仅是对别人的信任，也是对别人的尊重，对别人改掉缺点发扬优点起促进作用。这就是全面看问题。

亲子互动

　　请家长帮助分析自己的优缺点，找到怎样克服缺点、发扬优点的好方法。

教学感悟

　　由于小学生的心理和认知的特点，看问题易片面。通过学习，引导学生从事物的两个方面全面分析问题、看问题，用这样的方法解决问题才符合实际，把事情做正确，收到好的效果。

哲思哲理

　　矛盾的普遍性要求我们做任何事情都要运用矛盾的分析方法，即从事物内部矛盾的两个方面分析问题，坚持一分为二的分析方法，不片面，不全部肯定，也不全部否定，尤其是既要看到事物有利的一面，同时也要看到不利的方面，并能促使不利方面向有利方面转化，把事情做正确，取得做事的良好效果，这就是全面地看问题。矛盾分析方法是人们认识和改造世界的根本方法，要学习全面地看问题，必须学好哲学，才能把握全面看问题的根本方法。

第四节　学习换个角度思考
——黄金不换的窝窝头

学习目标

1. 初步了解事物的两个方面在一定条件下可以相互转化的道理。
2. 能初步找到事物转化的条件，学习换个角度思考问题。

问题引导

在生活中，我们会遇到各种各样的问题，该怎样思考和对待这些问题呢？

激趣导入

大屏幕上有两样东西，先看一看分别是什么？如果你有这样一个大元宝，我用一盘窝窝头和你交换，你愿意换吗？为什么？

启发思考

在一般情况下，谁也不会换。因为二者的价值相差太多。如果在另一种情况下，会怎样呢？偏偏有一个吝啬的财主想用两个金元宝来换一个窝窝头，这是怎么一回事呢？

哲理故事

黄金不换的窝窝头

从前有一个财主十分吝啬，经常克扣长工的工钱。

有一天突然山洪暴发，凶猛的大水夹杂着泥土和石块从山上奔腾而下。在地里干活的长工一看就赶快奔逃。洪水飞流而至，一直冲向村庄。只见房屋倒塌，人们呼喊着慌忙逃命。

这时，正在家里逍遥享乐的财主见势不妙，抓起身上的钥匙，打开柜子，往怀里揣了好几个金元宝，逃出了村子。同时，一个长工见势不妙，赶紧跑进厨房掀开锅盖，往怀里揣了几个窝窝头，也逃出了村子。

财主和长工在大水中相遇。水越涨越高，几乎快要把他们淹没了。这时，长工发现了一棵大树，就喊道："老财主，上树吧！"他俩都爬到了树上，总算没有被淹死。他们趴在树上，被倾盆大雨淋着，等待着大水的回落。一天，两天……真不知道要等多少天哪！水势也不见减退。揣着窝窝头的长工，在饥饿难耐的时候，就把窝窝头拿出来吃了。他大口大口地吃着，看上去简直香极了。这时，财主看在眼里，他再也忍不住了，摸摸怀里的大元宝，对长工说："喂，你给我一个窝窝头，水落后，我给你长工钱！"长工说："老财主，谁会相信你的鬼话，你说话从来不算数！再说了，你是吃白面馍馍的，怎么能吃窝窝头呢？"长工继续吃，财主又摸摸怀里揣着的大元宝。他饿得实在受不了了，已经头昏眼花了。他想，这样下去，我会被饿死的。于是，他狠了狠心拿出一个元宝说："喂，我用一个元宝换你一个窝窝头行吗？"长工说："元宝嘛，现在没用了，它不能吃，不能充饥，你还是留着吧！"财主无奈又拿出两个元宝换窝窝头，长工说："这些金元宝，都是我们长工辛辛苦苦种地挣来的，这元宝是血和汗堆成的，我不要！我给你半个窝窝头。"财主说："大水过去了，我给你加工钱。"

又一天过去了，大水眼见回落，而老财主挺不住了，忽然从树上掉了下去，落到了水里。长工从树上跳了下来，把老财主从水里捞了上来，把他扶到了树下。一会儿，老财主苏醒过来，长工把留给自己的半个窝窝头给了他。财主从怀里掏出元宝对长工说："你救了我的命，这个给你吧！"长工说："我不要！我要了就对不起我那帮兄弟了。我的心没那么黑！"说完，长工就蹚着水走了。

🧒 启发认识

任何事物都包含着既联系又对立的两面性，双方在一定的条件下可以相互转化。在一定条件下是宝贵的东西，在另外的条件下就可能变成无用的东西。故事中，黄金和窝窝头就是很好的例证，当发洪水时，财主和长工被困在树上，这时窝窝头可以用来充饥，而金元宝却不能，在这种条件下，窝窝头要比黄金的用处大。

拓展理解故事

善与恶

古希腊大哲学家苏格拉底（文中简称"苏"）能说善辩，他的口才能够征服每一位听众。和他对话，简直是一种享受，人们对他机智幽默的谈吐肃然起敬。这不，苏格拉底又和他的弟子讨论开了。

这位弟子名叫欧提德穆斯（文中简称"欧"）。他这次向老师请教的问题是怎样区分"善"与"恶"。"善"是指好的行为，"恶"是指坏的行为。下面就是他们的对话。

欧：请问老师，什么是善？什么是恶？

苏（反问）：盗窃、欺骗是恶吗？

欧：这是恶。不过我说的是朋友，没有说敌人。

苏：你认为盗窃朋友的东西是恶。假如你的朋友打算自杀，你盗窃了他准备用以自杀的剑，使他自杀不成，这也算恶吗？

欧：……

苏：你认为欺骗朋友是恶。假如在战争中，军事统帅为了鼓舞士气，告诉士兵援军就要来了，结果士气大振，打了胜仗，可实际上并没有援军。这种欺骗是恶吗？

欧：……

苏：你认为欺骗朋友是恶。一个小孩子生了病又不肯吃药，他的父亲欺骗他说药是很好吃的，哄他吃了，救了他的命，这种欺骗又怎么样？

欧：哎呀老师，您的话太有趣太深刻了！请您快快告诉我认识

"善"与"恶"的奥妙吧！

引导思考

听了这个故事，你能不能说一说"盗窃"和"欺骗"在什么条件下表现为"善"？在什么条件下表现为"恶"？

启发认识

善可以转化为恶，恶也可以转化为善。就拿"盗窃"来说，当我们从"盗窃朋友的宝剑的目的是防止朋友自杀"这一角度进行分析时，"盗窃"就是善行；而当我们看到"朋友兜里有钱，你伸手去掏朋友的腰包"这个角度去分析时，那"盗窃"就是地地道道的恶行了。因为任何事物都包含着对立统一的两个方面，在一定条件下这两个方面可以相互转化。

什么是条件？就是影响、制约、决定一个事物存在、变化和发展的因素。如盗窃敌人的武器和朋友自杀的剑、骗士兵援军到了、骗小孩儿说药好吃等等都是条件，这样做都是善行。

我们常常说"善意的谎言"就是这个道理。我们从不同角度去分析问题时，所得到的结果是完全不同的。

实践平台

优缺点的相互转化

有一个同学看打篮球都躲得远远的，怕球砸到自己的身上；看到伙伴打闹，更是扭头就走。他认为自己胆小、没出息，将来不会有什么发展前途。

这一天，他提心吊胆地去找心理老师说："老……老……老师，我有……有……有一个很……很大的缺点，就是胆小怕事……"心理老师听完他结结巴巴的诉说，马上站起来握住他的手说："这怎么能说完全是缺点呢，你只不过是非常慎重而已。慎重的人往往是非常可靠的，很实在的，他们很少出差错，这也是优点啊。"

这位同学有点儿糊涂了，说："老师，胆大是不是反而变成了缺点了？"心理老师摇摇头说："胆大也要从两方面看，不顾后果的胆大是莽撞，是缺点，但胆大也有勇敢的优点。如同胆小有慎重的优点，也有不自信的缺点。改变不自信很重要，在生活中自觉培养自己的自信心，你就会变成一个勇敢的孩子。"

这位同学有些放心了，脸上也有些笑意了。心理老师向他提出了一个问题："你喜欢啰唆的人吗？"他回答："谁会喜欢这样的人？"老师接着说："你看过巴尔扎克的小说吗？"他回答说："语文书上就有。"老师说："伟大的法国作家巴尔扎克就很'啰唆'，一个小景色，他就要絮絮叨叨写个没完。但是，如果这些都删了，那就不是巴尔扎克的小说了。你能说这一定是巴尔扎克的缺点吗？"

这个同学咪咪地笑了起来。老师又问："你喜欢酒鬼吗？"同学说："当然讨厌，甚至瞧不起他们。"老师说："对，酒鬼这个名称确实不好听。但是，李白难道不是酒鬼吗？"他打断老师的话，说："不是，他和陶渊明一样，是爱喝酒的诗人。李白还'斗酒诗百篇'呢！"老师鼓起掌来，笑道："对，对，对极了！我非常赞成你的观点。你的意思是说——缺点在不同人的身上，会有不同的色彩。有的酒鬼仅仅是一个酒鬼，而李白却是寄情于酒中的诗仙。"

心理老师继续说道："如果你是个战士，胆小显然是缺点；如果你是司机，慎重肯定是优点；如果你现在仍然认为胆小是缺点的话，你与其想办法克服胆小，还不如千方百计地增长自己的学识、才干和自信。当你有更多的见识、视野更为开阔的时候，即使你想做一个懦夫，也很困难了！你刚才勇敢地打断了我的话为李白辩护，就说明了这个问题。"

引导思考

这个故事对你有什么启示？故事中的心理老师是怎样转变了这个同学对自己缺点认识的？可以举例用自己的体验来说明。

启发认识

同学们举了很多实例和亲身体验，初步明白了换个角度思考问题。所谓换个角度思考，就是遵照事物内在的两个方面在一定条件下可以相互转化的原理，看问题不要绝对地肯定或者否定，要在一定条件下，从肯定当中看到否定的一面，在否定中看到肯定的一面，就像我们的优点和缺点，在一定条件下是优点，在另一个条件下可能就是缺点，关键是把握实际存在的条件。

在这个故事中，心理老师能及时抓住这位同学完全否定自己的时机，指出"胆小"的另一面的优点，并举了好几个实例来说明，对他的正确看法及时鼓励，并指出要努力学习，开阔视野，给自己创造条件克服缺点。

亲子互动

为什么说"骄傲使人落后，虚心使人进步"？请与家长讨论。

教学感悟

事物的内部包含着既相互联系又相互对立的两个方面，这两个方面在一定条件下相互转化，这是对对立统一规律的基本表述。"转化"的道理比较难懂。在教学中，我们换了一种表达方式，即"换个角度思考"，并以蕴含这种关系的故事引领学生进行深入分析，抓住"转化条件"这个关键联系生活实际，用这个道理分析和解决遇到的问题，学生感到新奇和兴趣。

哲思哲理

事物包含着对立统一的两个方面，双方在一定的条件下可以相互转化，在一定条件下是好事，在另外条件下可能是坏事。换个角度分析问题，目的是把握事物两方面转化的条件，促进事物向积极健康的方面转化。这对我们正确地分析问题、解决问题，促进个人成长都是非常重要的。

　　分析问题的角度决定想法，想法决定做法，而做法往往会决定事情的结果如何，由此可见，改变我们分析问题的角度对我们所做事情的结果有着重要的影响。

　　所谓条件就是影响、制约、决定事物存在和发展的一切因素，包括该事物同它相关的事物之间全部关系的总和。

第五节　怎样换个角度思考
——马克·吐温的真话

学习目标

初步懂得学习换个角度思考，把握事物矛盾两个方面相互转化的条件，这就需要有智慧。

问题引导

学习换个角度思考的方法是什么？

激趣导入

同学们，我今天给大家讲一个有趣的故事。

马克·吐温的真话

有一天，美国著名作家马克·吐温应邀参加一次盛大的宴会。

他来到自己的座位，见身边有一位一向高傲自大的贵妇人，他就彬彬有礼地对她说："夫人，您今天真是漂亮极了！"

妇人听了，傲慢地扬起头说："是吗？我看你今天很丑，不是吗？"

马克·吐温不慌不忙，轻蔑地一笑说："是吗？夫人，今天咱们俩人说的可都是假话。"

启发认识

马克·吐温用什么方法回敬了贵妇人的无理？

本来马克·吐温是想应付一下这位贵妇人，却遭到了她的无礼。

马克·吐温为了维护自己的尊严，就用真与假的逻辑关系进行逻辑推理"回敬"这位贵妇人。以本来两人说的都是真话为依据，按真话的对立面是假话为条件，用"今天咱们俩人说的可都是假话"推出结论，既肯定了自己说的"漂亮"是假话，那么那贵妇人就是不漂亮、是丑，也肯定贵妇人说的"丑"是假话，反而变成了真话就是自己"美"，是"漂亮"，既回敬了无礼，也维护了尊严，这就是智慧。

哲理故事

查理·卓别林笑对人生

19世纪末，英国伦敦，一个不幸的男孩诞生了。出生后一年，父母离婚，他跟了母亲。然而母亲在他6岁时精神失常被收入精神病院，他也被收入孤儿院。他自小当过药店的徒工、旅馆的服务生、书店的伙计、玻璃厂的零工、印刷厂的学徒。他的童年饱尝都市里的苦难，没有一个正常儿童应有的快乐，但他后来却发现了对付苦难的有效方法，他掌握了笑的秘密和诀窍。于是他就把他的笑拍成电影，他的每一部影片均在世界范围内拥有3亿观众。他征服了观众，征服了世界。他就是查理·卓别林。

引导思考

如果卓别林因为病痛、苦难、挫折等人生不幸而从此消沉下去，他能获得成功吗？你从中得到了哪些启示？

启发认识

卓别林遭遇病痛、苦难、挫折等人生的不幸，但他从苦难中找到了人生的另一面，就是积极乐观的人生态度，为自己创造了转变命运的条件，用积极的行动笑对人生，成了他一生宝贵的财富。卓别林笑对人生不仅征服了自己的苦难，也征服了观众，把快乐也给予了别人，可以说给予了全世界，自己的人生境界也得到升华。证明事物矛盾的两个方面在一定条件下可以转化。人是有主观能动性的，人能为自己创造出转化的条件，这条件就决定了自己的人生方向。

拓展理解故事

草船借箭

周瑜十分妒忌诸葛亮的才干。一天，周瑜在商议军事时提出让诸葛亮在十天内赶制十万支箭，并对他说不要推却。这本是不可能做到的事情，但诸葛亮却胸有成竹地对周瑜说，都督委托，理应照办，并答应三天造好，还立下了军令状。

诸葛亮事后请鲁肃帮忙，请他借给自己二十条船，每条船要有三十名军士，一千多个草把子排在船两旁，船要用青布幔子遮起来，并请求鲁肃不要将借船的事情告诉周瑜。

第三天，诸葛亮请鲁肃一起去取箭。这天，大雾漫天，对面看不清人。天还不亮，诸葛亮下令开船，并让士兵擂鼓呐喊。曹操下令说，雾大，看不清虚实，不要轻易出动，只叫弓弩手朝来船射箭。太阳出来了，雾还没散。船两边都插满了箭。诸葛亮下令回师，这时曹操想追也来不及了。十万支箭"借"到了手。周瑜得知借箭的经过后长叹一声：我真不如他！

——选自《三国演义》

引导思考

为什么在周瑜和鲁肃看来三天内造十万支箭是不可能的事，而诸葛亮却敢答应周瑜在三天内交出十万支箭，他们在思考这件事时的角度有什么不同？

启发认识

周瑜和鲁肃是从造箭的过程去考虑的，认为在三天内是不可能造出十万支箭的。这也是我们许多人所思考的角度。诸葛亮没有考虑如何在三天内去造箭，而是创造有利条件，即巧妙地利用草船向曹军

"借箭"，自然不会花很多功夫。这就是智慧。这个故事启示我们想问题时要多变换角度，利用经验和智慧创造解决问题的条件，这样才能有助于问题的解决。

 实践平台

玲玲的画

玲玲满意地端详着自己画的《我家的一角》。这幅图明天就要参加评奖了。

"玲玲，时间不早了，快去睡吧！"爸爸又在催她了。

"好的，我把画笔收拾一下就去睡了。"

就在这时候，水彩笔掉到了纸上，把画弄脏了，玲玲哇地哭了起来。

"怎么了，孩子？"爸爸放下报纸问。

"我的画脏了，另画一张也来不及了。"

爸爸仔细地看了看，说："别哭，孩子。在这儿画点儿什么，不是很好吗？"

玲玲想了想，拿起笔，在弄脏的地方画了一只小花狗。小花狗懒洋洋地趴在楼梯上。玲玲满意地笑了。

爸爸看了，高兴地说："看到了吧，孩子。好多事情并不像我们想象的那么糟。只要肯动脑筋，坏事往往能变成好事。"

在第二天的评奖会上，玲玲的画得了一等奖。

——选自（人教版《语文》二年级下册）

引导思考

玲玲画画遇到什么问题？爸爸怎么说的？玲玲怎么做的？结果怎样？你受到什么启示？

启发认识

玲玲画完画，不小心把水彩笔掉到画上，把画弄脏了。爸爸给她出主意，在弄脏的地方画点儿什么。玲玲很聪明，在弄脏的地方画了一只懒洋洋的小狗。结果，玲玲的画得了一等奖。

当我们面对生活中各种各样的困难和挫折时，我们要学会换个角度思考，用积极的态度去看待它们，发挥自己的聪明才智，创造性地把困难和挫折转化为成功的条件，把事情做成功。

亲子互动

请你和家长一起再读一读我们的课文《小鹿的玫瑰花》，想一想，鹿哥哥没看见自己种的玫瑰花，很惋惜，但后来他为什么高兴了，认为玫瑰花没白种？他是怎么换个角度思考的？

教学感悟

怎样换个角度思考是这一章的主要目标指向，关键是"条件"。教学中，联系人会思考、能创造，发挥人的能动性，启发学生想问题时要变换多个角度思考，利用自己的经验和优势创造转化的有利条件，促进事物向有利的方向转化，有利于问题的解决。

这一课的内容引起学生的兴趣，激发学生用积极的态度面对困难和挫折，自觉发挥自己的聪明才智，创造性地把困难和挫折转化为成功的条件，把事情做成功，增长智慧。

哲思哲理

事物的矛盾是普遍存在的。事物内部矛盾的两个方面在一定条件下可以相互转化。掌握换个角度思考的方法就要促成事物的转化，就要掌握事物转化的条件。掌握事物转化的条件不是一件容易的事，需要我们学好哲学、学好知识，才有智慧抓住条件，并能按事物发展规律创造条件，促成事物的转化，达到换个角度思考的目的，把事情做正确。

第三章　学会用不同的方法解决不同的问题

第一节　每个事物都有自己的特点
——陶罐和铁罐

学习目标

1. 知道每个事物都有区别于其他事物的独特的特点。
2. 了解认识一个事物一定要抓住这个事物的特点。

问题引导

为什么世界上的万事万物都不一样？

激趣导入

同学们，有人说没有两片相同的树叶，你信吗？为什么？

另外，全球 70 多亿人没有完全相同的两个人，你认为对吗？你能找个例证吗？

启发认识

我们讨论的结果有的同学相信，认为对；有的同学持相反意见。

其实，天下所有的事物都有自己的特殊性。就是同一棵树上每一片树叶也都不尽相同。课下，每个同学找几片树叶比一比，完全相同的确实没有。全世界 70 多亿人谁跟谁都长得不一样，不仅长相不同，就是人的内脏器官也不一样。有个最好的例证，就是用指纹来辨别人，那就是说每个人的指纹全都不一样，就是一家人的指纹也不一样。这都是为什么呢？这就是事物都有自己的特殊性。所谓特殊性就是一个事物区别于别的事物的特点，这个特点只有这个事物具备，另外的事物都不具备。虽然大家都是人，但人和人不一样，虽然都是学生，每个学生又都有不同，而且有许多的不同，不管多么相近的人和事，也都能找到不同的地方。

哲理故事

宽宽和展展吃包子

宽宽和展展是孪生姐妹，今年四岁了，她们同样聪明、伶俐。

一天早上，奶奶要带她俩去吃包子。奶奶先带宽宽到了包子铺，对老板说："给我小孙女来六个包子！"老板转眼一看，心想，这么小的女孩子能吃六个包子吗？就说："老太太，你没有搞错吧？这么小的孩子能吃六个包子吗？"老太太灵机一动，打趣地说："怎么，你不相信吗？咱们打个赌儿，如果吃了六个包子，你不要钱，如果吃不了，我给双份钱！"老板非常自信地说："好，一言为定。小朋友，给你，吃吧！"说着，把一大盘包子递给了奶奶。奶奶端着包子，找好位子，就和宽宽悄悄说了几句话。宽宽神秘地一笑，很快吃完了三个包子，就跑了出去。这时，爸爸把展展送来了，奶奶也和她悄悄说了几句话，展展机灵地笑了笑说："我们一定赢。"

一会儿，展展吃完了，就对老板说："老板，包子吃完了，你输了！"老板一看，哇，果真都吃了，就说："好，我输了，不要钱了。"话音刚落，宽宽跑了进来，拉起展展，一同站到老板面前，说："你看看是谁吃了您的包子？"老板定神一看，十分惊奇，这两个孩子怎么长得这么像。他左看右看，怎么也分不出来。这时，有些顾客也好奇地过来看：这两个孩子，高矮、胖瘦一样，两双大眼睛一样，就连每个人左脸都长着的一个酒窝也一样，更别说穿戴了。有人说："这真是天生的一对。"有人问老太太："你能分清吗？""我也常常犯糊涂。"

说着，一位风度儒雅的老先生，微笑着弯下腰对两个孩子说："叫爷爷好！"宽宽大声爽朗地说："爷爷好！"可展展小声地、慢条斯理地说："爷——爷——好！"这时人们才惊奇地发现，两个孩子的性格不同。

这时，老太太发话了："老板，我的两个孩子吃了你六个包子，我付钱！"这时，老板才恍然大悟。

引导思考

双胞胎的奶奶和饭店老板开了一个什么玩笑？为什么如此相似的宽宽、展展也会有不同？

启发认识

任何事物都有自己的特殊性，不管多么相像的事物总会有差异。法国有一位大作家福楼拜说过："世上没有两粒相同的沙子，没有两只相同的苍蝇，没有两只相同的手掌，没有两个相同的鼻子。"即使是孪生兄弟，外貌酷似，性格也不完全相同。

拓展理解故事

世界上什么东西最好吃？

兔子和猫争论着一个问题：世界上什么东西最好吃。

兔子抢着说："世界上最好吃的东西就是青草，那股清香味儿，远远胜过萝卜。特别是春天的青草，吃起来还甜滋滋的。我一说就要流口水。"

猫不同意这个意见，他说："我认为世界上没有比老鼠更好吃的东西了。你想想，那鲜嫩的肉，柔软的皮，嚼起来又酥又松。只有最幸福的动物，才懂得老鼠是世界上独一无二的好东西。"

他们两个都坚持自己的意见，争论了好久，还是得不到解决。最后只好去找猴子来评个理。

猴子听了他们的两种意见，都不同意。他说："你们都是十足的傻瓜，连世界上最好吃的东西都不知道。我告诉你们吧，世界上最好吃的就是桃子。嗨！说起桃子，我的口水只能往肚里咽，那个甜蜜味儿，谁吃了谁都会高兴得唱歌。你们这回该记住了吧，世界上最好吃的是桃子。"

猫听了直摇头，他说："我以为你要说别的什么，没想到你会说桃子，那玩意浑身都毛毛的，有什么好吃的？你拿十个桃子，也抵不上一只老鼠。算了吧，我可不相信你的话。"

兔子听了没有说什么，不过，他心里这样嘀咕："要是说桃子是世界上最好吃的东西，那么为什么我宁肯吃青草呢？"

引导思考

为什么这些小动物都认为自己爱吃的东西是最好的，而别的动物不这样认为呢？你认为说些什么才能来结束这场争论？

启发认识

因为这些小动物是不同的动物，都有自己独特的生活习性。任何一个小动物独有的生活习性都不能代替别的动物的生活习性。动物生活的独特性是不可改变的事实。哲学上把事物独特的特殊性叫作矛盾的特殊性。事物的特殊性决定事物的本质特征，这正是矛盾的特殊性。正因为有了事物的特殊性，我们才能把事物区别开来。

小动物们的争论正是因为总想以自己的特性来改变别的动物的特性，这是不可能的。

实践平台

陶罐和铁罐

国王的御厨里有两只罐子：一只是陶的，一只是铁的。骄傲的铁罐看不起陶罐，常常奚落它。

"你敢碰我吗，陶罐子？"铁罐傲慢地问。

"不敢，铁罐兄弟。"陶罐谦虚地回答。

"我就知道你不敢，懦弱的东西！"铁罐带着更加轻蔑的神气说。

"我确实不敢碰你，但并不是懦弱。"陶罐争辩说，"我们生来的任务是盛东西，并不是来互相碰撞的。在完成我们的本职工作方面，我不见得就比你差。再说……"

"住嘴！"铁罐愤怒地说，"你怎么敢同我相提并论！你等着吧，要不了几天，你就会变成碎片，消失掉。我却会永远在这里，什么也不怕。"

"何必这样说呢。"陶罐说，"我们还是和睦相处好，吵什么呢！"

"和你在一起，我感到羞耻，你算什么东西！"铁罐说，"我们走着瞧吧，总有一天，我要把你碰成碎片！"

陶罐不再理它。

时间在流逝，世界上发生了许多事情。王朝覆灭了，宫殿倒塌了。两只罐子被遗落在荒凉的场地上，上面堆积了厚厚的渣滓和尘土，一个世纪连着一个世纪。

许多年以后的一天，人们来到这里，掘开厚厚的堆积层，发现了那只陶罐。

"哟，这里有一只罐子！"一个人惊讶地说。

"真的，一只陶罐！"其他的人也高兴得叫起来。

大家把陶罐捧起来，把它身上的泥土刷掉，擦洗干净。陶罐和它当年在御厨的时候完全一样，朴素、美观、漆黑锃亮。

"多美的陶罐呀！"一个人说，"小心点儿，千万别把它损坏了，这是古代的东西，很有价值的。"

"谢谢你们！"陶罐兴奋地说，"我的兄弟铁罐就在我的身边，请你们把它挖出来吧，它一定闷得够受了。"

人们立即动手，翻来覆去，把土都挖遍了，但是，一点儿铁罐的影子也没有。它，不知在什么年代，就已经完全锈烂了，早就无影无踪了。

——选自（人教版《语文》三年级上册）

引导思考

这个故事告诉我们什么道理？

启发认识

陶罐和铁罐虽然都是盛东西的，但它们是用不同的材质做成的，这是它们各自的特殊性。它们各有自己的长处，也有自己的不足。以自己的长处否定对方的不足，就看不到对方的长处与自己的不足。要相互尊重各自的特点，做人也是这个道理。谁都有自己独特的长处，不能只看到自己的长处，看不到别人的优点，这样不利于正确地认识人和事的特点，不能正确地对待人和事，肯定会影响自己的发展和进步。

亲子互动

请和家长一起想想：怎样才能记住以下这些汉字？记住这些汉字的方法一样吗？为什么？把道理讲给家长听。

天　田　爱　抓　跳

教学感悟

引导学生认识事物的特点，就是认识事物的特殊性，即事物矛盾的特殊性，让学生知道事物都有自己的特性。小学生抽象思维开始开展，主要从形象抽象思维开始，容易忽视事物本身的特点。学习区别事物，引导他们认识事物的本质是不会改变的。对他们能初步运用具体问题具体分析的思维方法认识事物。

关于什么是特殊性，为了小学生能接受，我们这样表述的："所谓特殊性就是一个事物区别于别的事物的特点，这个特点只有这个事物具备，别的事物都不具备的特点。"从教学效果看，这样表达贴近学生的认知能力。

哲思哲理

每一事物的矛盾都有其特殊性。每一事物内部的矛盾特殊性构成它区别于其他事物的特殊本质。认识矛盾的特殊性是认识事物的基础。不研究事物矛盾的特殊性，就无从确定事物的特殊本质，无从发现事物变化的特殊原因，无从把握事物发展的特殊规律，也就无法正确地认识事物、合理地改造事物。认识事物，最主要的是认识事物的特殊性；研究问题，最主要的是研究问题的特殊性；结合实际，最主要的是结合实际的特殊性。

第二节　学习用适当的方法解决问题
——晏子使楚

学习目标

知道因为每一个事物都有自己的特性，所以要对不同的问题用不同的方法解决，也就是要选择适当的方法解决问题，才能把事情做正确。

问题引导

要使每一个具体问题得到正确的解决，我们该怎么办呢？

激趣导入

我们生活中有很多相矛盾的事情，你有什么好办法解决呢？我们听听下面的故事。

土地爷的哲学

古时候有这样的一个神话故事，有一次土地爷外出，临行前嘱咐儿子们把祈祷者的话记下来。他走后，来了4个祈祷者：船夫祈祷赶快刮风，果农祈祷别刮风，农民祈祷赶紧下雨，行路人祈祷千万别下雨。这一下子可难住了土地爷的儿子们，他们不知该怎么办才好。

土地爷回来了，看了儿子们的记录，便在上面批了4句话：刮风莫刮果树园，刮到河边好行船；白天天晴好走路，夜晚下雨润良田。如此一来，4个不同的祈祷者都如愿以偿、皆大欢喜。

说一说：你们认为土地爷想的办法好不好？好在哪里？

启发认识

在这个故事中，"刮风"与"别刮风"、"下雨"和"别下雨"是两对矛盾，而这两对矛盾又恰恰构成了四个祈祷者的不同愿望，而土地爷在解决这两对矛盾时，分别根据果农和船夫做业的不同地点，以及避开行人白天出行的时间在夜间下雨，从而顺利地解决了两对矛盾。这反映了土地爷做到了具体问题具体分析，对不同的问题用不同的方法加以解决，由于方法适当，才出现了皆大欢喜的结果。

哲理故事

船长的妙计

有几个不同国家的商人，包租了一艘美国的小型豪华客轮，准备到一个国家去考察。他们要合作开发一种资源。

由于这艘船年久失修，还没到达目的地，船底就漏水了，船开始下沉。这时，来自不同国家的商人正在开会，研究开发资源的合作问题。船长不想让他们知道船正在下沉的情况，以免他们惊慌失措，不利于救援工作。他一边发出呼救信号，一边命令大副装着若无其事的样子，让这些商人穿上救生衣，跳到海里去。

大副来到会议室，不慌不忙，还表现出蛮有兴趣的样子说："大家穿上救生衣跳到海里去玩玩吧！"商人们正在研究问题，没有兴趣跳水。

几分钟后，大副回来报告："他们都不跳。"

船长说："你来照看这里，我去看看。"

一会儿，船长回来了，说："他们全都跳下去了。"

大副惊疑地问："你是怎样让他们跳下去的？"

如果你是船长，你会怎样说服他们跳下水？

船长说："我对英国商人说，跳海是一项新兴的体育运动，因为英国人喜欢运动；我对法国商人说，穿救生衣跳海是很潇洒的，因为法国人素以爱潇洒闻名于世；我对德国人说，这是命令，因为德国人呆板听话；我对俄国人说，这是革命运动，因为俄国有着光荣的革命传统，我用革命行动来激励俄国人。"船长十分得意地说。

"那你是怎样让美国人跳下去的？"

船长说："美国人有经济头脑，所以，我对美国人强调：'坐我的船都是上了保险的。'等于告诉美国人：大胆跳吧，出了意外是可以领到一大笔赔偿金的。这样，美国人也毫不犹豫地跳了下去。"

大副竖起大拇指说："不同的人有不同的需要，就用不同的方法。"

由于船长的机智、从容不迫，船上所有的人都顺利获救了。

引导思考

你佩服这位船长吗？佩服他什么？如果用一种方法来解决有什么不好？

启发认识

大家都很佩服这位船长，他对不同的人用不同的方法才使大家都得救了。乘船的人来自不同的国家，各带有自己国家的特点。如果只用一种方法，可能只适用于一个人。所谓不同的问题就是指事物都有自己的特殊性，我们才能把事物区别开，就是因为事物都有特殊性。

所以，对不同的问题用不同的方法才能使问题得以解决。故事中的船长正是根据不同国家商人的特点选择了不同的解决方法，因此才使得问题迎刃而解。

拓展理解故事

晏子使楚

晏子是春秋战国时期齐国的国相，头脑睿智，内辅国政，外维国威。他做事时既坚持原则，又富有灵活性，是当时著名的贤才。国王把国家大事交给他来管理，他都能非常圆满地做好，不辱使命。

一次，国王派他出使楚国，楚王就问身边的大臣："我们怎么做才能让晏子受辱呢？"一位大臣就给楚王出了一个主意。

晏子来到宫殿拜见楚王，楚王让晏子看见一个犯人被绑着走过，故意问道："这人是干什么的？"大臣说道："他是齐国人。"楚王又问："他犯了什么罪？"大臣回答道："此人犯了偷窃罪。"

楚王转过头，故意问晏子："齐国人是不是惯于偷窃？"楚国大臣们忍不住都哈哈大笑起来。晏子很镇定地说："大王，我听说过这样一件事：橘生长在淮河以南就是橘，生长在淮河以北就是枳，只是叶子的形状相似，它们的果实味道却完全不同，这是什么原因呢？这是因为水土条件不同。这个人生活在齐国时不偷东西，进入楚国就偷东西，莫非是楚国的水土使百姓惯于偷东西吗？"晏子望着楚王说道。

楚王苦笑道："我原来想取笑大夫，没想到反让大夫取笑了。"

晏子使楚，舌战楚王，维护国家尊严的故事被广为传诵，为世人所赞扬。

——选自（人教版《语文》五年级下册）

引导思考

1. 楚王用什么方法侮辱晏子的？晏子为维护国家尊严是用什么方法反驳的？

2. 晏子的反驳方法包含了一个什么哲学道理？

启发认识

楚王让晏子看一个被绑的犯人，故意问犯人是干什么的，让大臣说出犯人是齐国人，并引出了侮辱晏子的话题——齐国人惯于偷窃，想让晏子受到侮辱。晏子很镇静地给楚王打了一个比方："橘生长在淮河以南为橘，生长在淮河以北为枳，虽然叶子的形状相似，它们的果实味道却完全不同，这是什么原因呢？这是因为水土条件不同。这个人生活在齐国时不偷东西，进入楚国就偷东西，莫非是楚国的水土使百姓惯于偷东西吗？"楚王听了后不得不承认是自取其辱了。

这则故事告诉我们，事物的特性会因条件的变化而不断变化，就像橘子一样，生长在淮河以南就是橘，而在淮河以北生长的条件变化，橘子变成了枳。所以，认识事物要具体认识事物存在的具体条件。存在条件变化了，事物的特性也会发生变化，这是事物特殊性的重要方面。晏子正是把握了这个道理，而楚王不懂这个道理，才自作聪明，结果成了聪明的傻瓜，落了一个"自取其辱"。晏子就是凭自己的智慧维护了国家的尊严。

实践平台

大狮子和小老鼠

有一天，一只大狮子正在草地上睡大觉。一只小老鼠正好路过草地："嘻嘻，大狮子睡着了，这下我可以好好玩玩了。"小老鼠一下子就跳到大狮子背上，它刚想站起来看看大狮子的脸，大狮子醒了，看见了小老鼠："好啊，你这个小东西，我要吃掉你！"小老鼠连忙请求道："好狮子，求求你，放了我吧，说不定哪一天我会帮助你的。"

"哈哈哈，你这么小，我这么大，我怎么会要你的帮助？"大狮子傲慢地说。后来，大狮子还是放了这只小老鼠。

一天，大狮子在草地上散步，一不小心掉进了猎人设的陷阱里。大狮子急得大吼："谁来帮帮我？谁来帮帮我？"小老鼠听见了，赶紧跑过来，说道："别怕，亲爱的大狮子，我有办法救你。"小老鼠跳到大网上，咬断了网上一根又一根线，直到网上慢慢出现了一个大洞洞。

大狮子从网中钻了出来，得救了。"谢谢你，小老鼠！"大狮子说，"虽然我这么大，你这么小，但是你也能帮我的忙，我们做好朋友吧。"

从此以后，大狮子和小老鼠就成了一对好朋友。

——选自《伊索寓言》

引导思考

这个很简单的故事，可能我们从小都听过，不过这里包含着一个哲学道理，是什么呢？

启发认识

任何事物都是相互区别的，就因为都有自己的特殊性。大狮子和小老鼠就是这样。我们每个人也都不一样，各有自己的长处，也尊重别人的长处，并能在学习生活中各自发挥自己的长处，做到相互帮助，共同进步。

亲子互动

请和家长一起分析下面"笑话"中小猪傻的原因是什么？我们在生活中是否也犯过和小猪一样的错误？

笑 话

有一天，鹦鹉约小猪一同去旅游。上了飞机不久，鹦鹉叫道："空姐，给爷来杯茶！"小猪也学着鹦鹉的样子叫道："空姐，给爷来杯茶！"

空姐听到他们不礼貌的叫声，非常生气，就把他们扔出飞机。这时，鹦鹉打趣地对小猪说："傻了吧，爷会飞！"

教学感悟

学生知道了每个事物都有自己的特点的道理，目的是引导学生能初步做到具体问题具体分析，对不同问题用选择不同的解决方法，方法适当，才能把问题解决好。

引导学生认识自己的优势和不足，在解决问题时，自觉发挥自己的优势，学习别人的长处，增长智慧。

哲思哲理

事物矛盾的特殊性会因条件的变化而变化。所以，认识事物要具体地分析认识事物的矛盾的特殊性，做到具体问题具体分析，坚持对不同的问题要用恰当的方法解决。

第四章　学习做事情抓重点

第一节　事物的矛盾有主次之分
——养猫还是养鸡

学习目标

1. 了解事物矛盾有主次之分。
2. 知道什么是主要矛盾，什么是次要矛盾。
3. 知道做事情要学会抓主要矛盾。

问题引导

在生活中往往会遇到许多矛盾，怎样解决好这些矛盾才能把事情做好呢？

激趣导入

同学们，有一家父子在养猫还是养鸡的问题上产生了矛盾，你能帮助他们解决问题吗？

养猫还是养鸡

赵国有一个人，因为家中老鼠成灾，吃尽了苦头，就向中山国要了一只猫。这只猫很会捉老鼠，但也很爱吃鸡。过了一个月，他家的老鼠确实没有了，可是鸡也没有了。他的儿子为这件事发愁，对其父说："为什么不把猫赶走呢？"父亲说："这个道理不是你所能懂得的。我家的祸害在于老鼠，不在于没有鸡。老鼠偷吃粮食，咬坏衣服，穿通墙壁，毁坏家具，我们就要挨饿受冻了，这不比没有鸡的害处大吗？没有鸡，只不过不吃鸡罢了，离挨饿受冻还远着呢！为什么要把猫赶走呢？"

启发认识

同学们，这父子俩谁对呢？

在这个故事中，关于养猫还是养鸡这个问题父子出现了分歧。养猫的利与弊构成了一对矛盾，"有利"的一面是猫可以抓老鼠，"弊端"在于猫还会吃掉鸡。同样，养鸡也有其利与弊，这也构成了一对矛盾，其"有利"的一面就在于可以吃到鸡肉，"不利"的一面是鸡的存在会招来老鼠，老鼠成灾，会偷吃粮食，咬坏衣服，穿通墙壁，毁坏家具……由此可见，决定这家人是否挨饿受冻这一结果的是能不能把老鼠消灭掉，因此"老鼠成灾"是这个家的主要问题。

我们知道事物都是相互联系的。在复杂的联系中存在着多种矛盾。各种矛盾对事物的发展起着不同的作用。因为作用不同，把各种矛盾分为主要矛盾和次要矛盾。主要矛盾对事物发展起着决定作用。次要矛盾起辅助作用。

故事中的父与子的不同认识究竟谁对呢？这就涉及了抓主要矛盾的方法运用。在养猫和养鸡的选择中，其父抓住了养猫这个主要矛盾，抓住了有利的方面，他的做法和看法是正确的。其子由于颠倒了主次，不利于问题的解决。该故事启示我们在实际生活中，要分清主次，善于抓主要矛盾。

哲理故事

擒贼先擒王

唐朝"安史之乱"时，安禄山气焰嚣张，连连大捷，安禄山之子安庆绪派勇将尹子奇率十万劲旅进攻睢阳。

御史中丞张巡驻守睢阳，见敌军来势汹汹，决定据城固守。敌兵二十余次攻城，均被击退。尹子奇见士兵已经疲惫，只得鸣金收兵。

晚上，敌兵刚刚准备休息，忽听城头战鼓隆隆，喊声震天。尹子奇急令部队准备与冲出城来的唐军激战。而张巡"只打雷不下雨"，不时擂鼓，像要杀出城来，可是一直紧闭城门，没有出战。尹子奇的部队被折腾了整夜，没有得到休息，将士们疲乏至极，眼睛都睁不开了，倒在地上就呼呼大睡。这时城中一声炮响，突然之间，张巡率领守兵冲杀出来。敌兵从梦中惊醒，惊慌失措，乱作一团。张巡一鼓作气，接连斩杀五十余名敌将，五千余名士兵，敌军大乱。

张巡急令部队擒拿敌军首领尹子奇，部队一直冲到敌军帅旗之下。张巡从未见过尹子奇，根本不认识，现在他又混在乱军之中，更加难以辨认。张巡心生一计，让士兵用秸秆削尖作箭，射向敌军。敌军中不少人中箭，他们以为这下完了，没命了。但是发现，自己中的是秸秆箭，心中大喜，以为张巡军中已没有箭了。他们争先恐后向尹子奇报告这个好消息。张巡见状，立刻辨认出了敌军首领尹子奇，急令神箭手、部将南霁云向尹子奇放箭。正中尹子奇左眼，这回可是真箭，只见尹子奇鲜血淋漓，抱头鼠窜，仓皇逃命。敌军一片混乱，大败而逃。

引导思考

你能说说在这个故事中都存在着哪些矛盾吗？决定张巡所带领的

唐军大获全胜的是什么？

启发认识

张巡军队与尹子奇所带领的军队双方交战，其中存在着多个矛盾，而双方将领之间的矛盾是决定张巡军队和尹子奇军队孰能获胜的关键。张巡看到了这一点，所以他命手下向尹子奇射箭。将领失败了，士兵无人指挥就会被打败，正所谓"擒贼先擒王"。这就是抓住了主要矛盾，使战争取得胜利。

拓展理解故事

"领头羊"的启示

"森为"家电公司的产品在市场上很有竞争力，它在许多城市都设立了规模很大的代销处。但公司负责销售的副总很苦恼，常常想："怎样打进 A 市的市场，扩大销售呢？"

一次偶然的机会，该副总在回乡下探亲时，看到夜色渐浓，一位放羊的牧童正把一大群绵羊往回家的路上赶。让他惊奇的是，牧童只赶着最前面的一只羊，其他几十只羊便紧跟在这只羊的后面，温驯地鱼贯而行，没有一只羊脱离羊群。

这位副总大受启发，马上想到晨欣商场是 A 市最大的商场……

该副总回去后马上召集销售部的人员，集中力量向 A 市最大的晨欣商场推销自己公司的产品。在销售人员一轮轮的"轰炸"下，晨欣商场终于答应销售"森为"产品。

有了晨欣商场这只"领头羊"，其他商场也望风跟进，"森为"产品很快就走进了 A 市的千家万户。

引导思考

牧童能把羊顺利赶回家的关键是什么？森为的这位副总从中得到什么启发？他是怎么做的？

启发认识

在哲学的学习中我们已经知道，在复杂的事物中存在着各种矛盾。矛盾分为主要矛盾和次要矛盾。解决了主要矛盾就为次要矛盾的解决创造了条件：牧童抓着领头羊就把一大群羊都领回了家。

"森为"公司的副总就是从牧童抓住领头羊这个偶然的机遇中受到启发，明白了打进 A 市的关键是把 A 市最大的晨欣商场作为推销自己产品的"领头羊"。他们抓住了这个主要矛盾，集中推销力量，使晨欣商场成了产品的主要销售阵地，使"森为"产品很快走进了 A 市，使产品在 A 市的营销问题得到了解决。

实践平台

同学们，通过学习矛盾有主次之分，我们知道了什么是主要矛盾和次要矛盾，明白了生活、做事要抓主要矛盾，抓关键。作为学生的我们，在生活中什么是我们要解决的主要问题，也就是我们要解决的主要矛盾？我们要成为有社会责任感、有创新精神和实践能力的新型人才，今天要成为具有中国情怀、国际视野的芳草学子，就要德智体美全面发展。

引导思考

在德智体美中，哪方面是主要的，是决定其他方面发展的关键，是主要矛盾？

启发认识

通过讨论，同学们非常明确学生的主要任务是学习。学习各方面的知识，包括自然的、社会的和思维等各方面的科学知识。通过哲学的学习，为我们学习各方面的科学知识提高了认识的指导，提供了科学的学习方法。

在全面发展中，道德最重要。有了良好的道德品质，我们就懂得做人的道理；有了明确的学习目的和学习动力，就能发挥能动性，努力提高各方面的素质。

我们今天是芳草学子，明天就是实现中国梦的栋梁之材。

亲子互动

请和家长一起反思一下：上学以来是否明白了上学的主要任务？是怎么做的？这与实现自己的理想是什么关系？

教学感悟

让学生了解事物矛盾有主次之分，从已知的事物都是相互联系的进入，告诉学生事物联系是复杂的，有多种矛盾，但矛盾有主要和次要之分。用故事中的道理引导学生知道，主要矛盾起决定作用，次要矛盾起辅助作用。让学生知道，分清主次矛盾是为了抓住主要矛盾，抓住主要矛盾就抓住了解决问题的关键，次要矛盾就会随之解决。

启发学生联系自己的实际，在自己成长中，要德智体美全面发展而学会做人，要做有高尚道德的人是主要的关键。要自觉培育和践行社会主义核心价值观，遵照习近平爷爷教导那样，像学习"系第一粒扣子"那样认真，落实到行动上。

哲思哲理

　　在事物的发展过程中，特别是对复杂事物来说，客观上存在着多种矛盾，各种矛盾在事物发展中地位和作用是不同的，由此形成了矛盾发展上的不平衡。主要矛盾和次要矛盾（非主要矛盾）及其辩证关系就是对诸多矛盾发展不平衡的反映。

　　主要矛盾是指处于支配地位，对事物的发展过程起着决定性作用的矛盾。次要矛盾是处于从属地位，对事物的发展过程起非决定性作用的矛盾。其中，主要矛盾支配和制约着次要矛盾，非主要矛盾也影响、反作用于主要矛盾。一般而言，主要矛盾的解决为次要矛盾的解决创造条件，次要矛盾的解决为主要矛盾的解决提供有利条件。二者在一定条件下可以相互转化。

第二节　做事情要善于抓重点
——寻马后记

学习目标

知道在想问题、办事情的时候要善于找出导致该问题的关键所在，抓主要矛盾，就是抓重点。只有抓住了重点，才能使事情得到解决。

问题引导

事物内部的矛盾有主次之分，怎样做才能抓住事物的主要矛盾，使事情得到解决呢？

激趣导入

同学们，毛泽东是中国人民的伟大领袖，也是一位伟大的军事家、哲学家。他善于运用哲学思想指导战争，取得伟大的胜利，建立了属于中国人民自己的国家——中华人民共和国。下面，我给大家讲一讲在解放战争中他的"神机妙算"。

毛泽东的神机妙算

日本投降后，国民党反动派把枪口对准了人民军队，大举进攻根据地。当时，国民党军队的人数要比人民军队多三倍，更有美国强大军备的支持，武装精良、物资充足。敌强我弱，怎么办？毛泽东提出，消灭敌人的数量，克敌制胜，并制订出"以歼灭敌人的有生力量而不是以保存地方为主"的战略。这样，人民军队大踏步后退，诱敌深入，进入设计好的"大口袋"，让敌人进来，关门打狗。

国民党军队自以为是，很得意地按毛泽东的"神机妙算"一步一步地进入了人民军队准备好的"大口袋"。人民军队运用"蘑菇战术"

把敌人的实力慢慢地消灭掉。仅仅一年，人民军队以弱胜强，消灭了国民党军队一百万人，缴获了大量的武器、弹药、物资等，解放了大片领土。国民党反动政府军事失利、政治失信、经济陷入困境。人民军队在共产党的领导下，用三年多的时间解放了全中国，建立了中华人民共和国。

启发认识

毛泽东的"神机妙算"体现了什么样的哲学道理呢？

通过学习哲学，我们知道毛泽东的"神机妙算"体现在他抓住了主要矛盾，遵照"集中优势兵力打歼灭战"的战略，创造了人民军队以"小米加步枪"战胜国民党军队"飞机加大炮"的战争奇迹。

毛泽东的哲学思想经常强调全面看问题的"两点论"，又要抓住主要矛盾的"重点论"。抓重点成了解放战争胜利的关键。

所谓抓重点，毛泽东叫"重点论"，就是在研究复杂事物的时候，着重抓主要矛盾，反对不分主次、平均地看待各种矛盾，平均地使用力量解决矛盾，结果是眉毛、胡子一把抓，哪儿也没抓住，任何问题也解决不了。

哲理故事

寻马后记

从前，有一个善于识马的人叫伯乐。他的年岁越来越大了，国王担心他老了，行动不便，就对他说："你能不能在你的后代中举荐一个继承人呢？"伯乐说："一般的好马，看外貌、骨架就成了，但宝马却没有一定的模样，奔跑起来飞快，看不见尘土，也找不到脚印。我的子孙都没有出众的才干，识别一般的好马还成，而要寻千里马就不成了。我有一个担柴挑菜的朋友，他虽然比我年轻，但识马的本领一点儿也不比我差，就请他来替您找马吧。"

国王很快就把伯乐的朋友召来了，并且派他出去寻找千里马。三个月之后，这位朋友回来了，对国王说："我已经找到了一匹千里马。"国王问道："那是一匹什么样的马呢？"朋友说："那是一匹黄色的母马。"国王立刻派人去看那匹马，可是到地方一看，原来是一匹黑色的公马。国王很不高兴，把伯乐叫来说："真糟糕，你的那个朋友连马的颜色和公母都分不清，还怎么识别马的好坏呢？"伯乐却赞叹道："我朋友的技术竟然高超到了这样的程度，他识别马的本领何止超过我千万倍，简直到了登峰造极的地步啊！他看到的是马的精髓，而忽略了它的外表；他看到的是马的内在的东西，而忘掉了它的外形。他只看他应该看的，而没有在意其它的；他一心只发现他需要的，而遗漏了不需要的，像他这样识别马的本领，已经大大超过找到一匹千里马的价值了。"

后来，那人把那匹马牵来一看，果然是一匹天下少有的千里马。

🧑 引导思考

寻找千里马这件事给了我们什么启示？

🧑 启发认识

故事启示我们，在观察和处理复杂问题时，首先要抓住主要矛盾，抓住重点，抓住本质。像寻找千里马一样，要抓住千里马的主要特征，对其他特征不要过多追究。我们在生活、学习中不要把力气全用在次要矛盾上，也就是非重点上，一定要抓住主要问题、主要矛盾，就是抓住重点，这样才能把事情做好。

拓展理解故事

挑选美国太空第一人

为了在太空探索方面获得领先地位，美国宇航局于1958年秘密制订了一项"水星计划"。所谓"水星计划"，就是将载人飞船送入指定的轨道，研究人在太空中的身体变化，然后将宇航员安全送回地球。完成这项计划的关键是挑选执行这一任务的宇航员。那时，美国对于宇航员的要求还没有一个准确的标准，到底什么样的人才能当宇航员，谁也拿不出一个确切的尺度。

当时的美国总统艾森豪威尔做出决定：宇航员必须出身于军事飞行员，而且必须是从测试飞行学院毕业的合格毕业生，受过高等教育。此外，身高和体重都必须适中，身体健康；还必须能够熟练地驾驶先进的飞机。艾森豪威尔强调：以上条件只是作为一个方面，最重要的是这样的人要有为美国航天事业献身的精神，这是因为即使有再好的技术和身体条件，而没有献身精神的人是完不成这样一个历史性重大使命的。

根据这些要求，美国宇航局从现役军队飞行员中寻找合适人选。从508人选定110人参加训练，有69人通过了初步测试。又经过第二次测试，还剩下32人，在这32人中还选出1个人，就是要有献身精神的人。这是因为当时进行宇宙飞行然后回到地球是一项前人没有做过而各国都在探索的事业，成功率还比较低，危险性比较大。宇航员必须要有为宇航事业不怕牺牲的精神，这样，才能临危不惧，面对困难才能勇于克服，才能随机应对可能出现的各种不测情况。在世界上，除了苏联的宇航员加加林之外，阿兰·谢泼德是美国在这方面的第一人。

1961年5月5日，阿兰·谢泼德登上了"水星计划"中的"自由7号"宇宙飞船。他的任务是驾驶这艘飞船进入外层空间，然后进行15分钟的飞行后返回地球。发射前，阿兰·谢泼德进入座舱，但由于种种情况，飞船没有准时发射，一推再推，阿兰·谢泼德在座舱里待了几个小时，毫无惧色，心态坦然。激动人心的时刻终于到了，上午9时43分，"自由7号"被送入了外层空间。经过15分钟的预定飞行后，"自由7号"以时速8260公里的速度下落，下落的过程持续了15分钟28秒，阿兰·谢泼德从容地、熟练地打开分离舱的门，安全返回了地球。

阿兰·谢泼德以他的勇敢精神和精湛的技术迈出了美国开发宇宙至关重要的一步，胜利地完成了具有划时代意义的太空飞行，为今后的宇航事业开辟了道路。

引导思考

美国挑选太空第一人的重点是什么？为什么？

启发认识

在挑选的很多条件中，最重要的是有为航天事业献身精神这个重点。因为当时进行宇宙飞行然后返回地球是一项前人没有做过的事情，风险很大，各国都在探索。宇航员必须要有这种为宇航事业不怕牺牲的精神，这样才能临危不惧，面对困难才能勇于克服，才能随机应对可能出现的各种不测情况。这是选人的重点。技术固然重要，如果没有献身精神，再好的技术也是无用的。阿兰·谢泼德的实际表现充分地证明了抓住献身精神这个选人重点的正确性。

实践平台

拣最重要的事先做

有一位成功人士在谈到他上学时给自己最大的满足是记住了大科

学家培根的教导："合理安排时间，就等于节约时间。"所以，从小，他在学习时就能合理安排时间，有主有次地拣最重要的事先做。

每天放学回家，最重要的事是先进行复习和预习。复习学过的知识，不仅能巩固知识，还能帮助自己又好又快地完成作业。预习要学习的知识，做到自主学习，把新知识变成自己理解的知识，听课时与老师的讲解相对照，找到自己理解不准确的，又能和老师讨教。他认为，学问学问，就是有学有问。这样，他优先保证了做最重要的事的时间，然后轻松愉快地干自己最有兴趣的事。他认为，做了自己必须做的事，也做了自己最爱做的事，每天都给自己带来最大的满足感，始终保持学习生活的热情。

引导思考

我在以后怎样抓重要的事先做呢？

启发认识

听了这个故事，我们也对照反思：我每天要拣最重要的事先做好，总结一下自己的经验，学会抓重点。

亲子互动

与家长一起查一查，"好钢要用在刀刃上"这句话的出处？说一说它揭示了一个什么道理？

教学感悟

对小学生来说，引导他们知道，要做的事情有很多，但要分清主次，抓住重点，才能把事情做好，做成功。启发他们在生活和学习中也要抓重点，每天要拣最重要的事先做，生活、学习才能有秩序地顺利进行，才能收到好的效果。

哲思哲理

做事情抓重点，主要是指把抓主要矛盾的思想方法和工作方法运用于实践，用事实证明这样的思想方法和工作方法的正确性。我们说的"重点论"是与"两点论"中辩证统一的重点论，而不是一点论，在事物发展过程中起着领导的、决定的作用，并规定和影响着其他矛盾的存在和发展。因此我们在想问题和办事情时要善于抓住中心和重点，只有抓住了问题的中心和重点，才能使整个问题得到解决。

第三节 恰当对待次要矛盾

——选错了班长

学习目标

知道主要矛盾和次要矛盾的关系，在抓主要矛盾的同时，要恰当地对待次要矛盾。

问题引导

在抓主要矛盾的同时，怎样对待次要矛盾呢？

激趣导入

同学们，谁会弹钢琴？是十个手指头一起按下吗？怎样弹才能弹出好听的乐曲呢？这里包含着什么哲学道理呢？

启发认识

会弹钢琴的同学说了，不能十个手指头同时按下，这样什么好听的曲子也弹不出来。要按乐谱，抓住主调十个手指头前后上下协调配合，才能成曲。这就是乐曲所表达的情感内涵。

任何一首乐谱都有表达某种情感的主调。只有主调是不够的，要把主调的美表达得淋漓尽致，我们弹奏时，需要让所有的音符按乐谱的安排相互配合，才能弹出优美的乐曲，把作者创作时的情感表达出来。

这就告诉我们一个哲学道理，事物都是有主要矛盾和次要矛盾的，只有主要矛盾的事物是不存在的。只有主次矛盾相互配合、协调，事物才能存在。

用钢琴弹乐曲，不仅有主调即主要矛盾，也有次要矛盾，就是各音符的相互联系、配合、协商，才能演奏出动听的乐曲。

毛泽东主席把主次矛盾的关系形象地表达为"弹钢琴"。他说：

"弹钢琴要十个手指头都动作，不能有的动有的不动。但是，十个手指头同时按下去，那也不成调子。要产生好的音乐，十个手指头的动作要有节奏，要相互配合。"

哲理故事

一粒纽扣毁掉一笔投资

一次，一位从事尖端科技研究的法国人准备在某地投资。他被对方人员热情诚挚地迎进会议室，每个人面前都端端正正摆放着专供记录用的纸和笔，还有赠送的整套资料。一位青年接待员面带微笑开始讲解，他一身朝气，头发梳理得很仔细，鲜亮的领带配着浅色西服，给人端庄大方且充满活力的印象。这位接待员很有计划地运用录像、图片和模型，对开发区的规划全貌进行熟练的介绍。讲解结束，接待员彬彬有礼地带领各方人员参观现场和周边环境。当有人为这样够得上专业水准接待员和介绍方式暗自喝彩的时候，准备投资的法国人却坦率而干脆地说："如果按照今天的情况，我们很难来这里投资。你们也许没有注意到，这位先生的衬衫袖口掉了一粒纽扣。"

引导思考

这件事是不是法国人太挑剔了？这小小的疏忽会有什么后果？在哲学上给我们什么启示？

启发认识

这件事不是法国人太挑剔了。这笔投资是用来进行尖端科技研究的。在法国人看来，在这样的场合，一粒纽扣就是一颗螺丝钉，或一个不可缺少的零部件。如果在制造精密仪器中被忽视了，那将会产生怎样的后果呢？

法国人很重视服饰仪表，因为这能表现出一丝不苟的精神状态，工作起来必然认真负责，其中包含着一种敬业精神。

这家公司因为一个如此次要的小小的纽扣，使自己引进资金的主要目标失去了。对这家公司来说，"小小的纽扣"本来是次要矛盾，因为没了投资，主要目的没有达到，变成了主要矛盾。主次矛盾因为一个小小的疏忽，这个条件发生了转化。这就启示我们，在抓主要矛盾时，绝不能忽视次要矛盾，这就是"两点论"。

"两点论"就是认识复杂的事物的时候，既要重视主要矛盾，又要重视次要矛盾。

拓展理解故事

细节决定成败

一个大学毕业生去广州想靠打工闯一番事业。但很不幸，一下火车，他的钱包被偷，钱和身份证都没了。在受冻挨饿了两天后，他决定开始拾垃圾，虽然受白眼，但至少能解决吃饭问题。一天，他正低头拾垃圾时，忽然觉得背后有人注视自己。回头一看，发现有个中年人站在他背后。中年人拿出一张名片："这家公司正有招聘，你可以去试试。"

那是一个很热闹的场面，五六十人同在一个大厅里，其中很多人都西装革履，他有点儿自惭形秽，想退下来，但最终还是在那里等下去了。当他一递上名片，小姐就伸出手来："恭喜你，你已经被录取了。这是我们总经理的名片，他曾吩咐，有个青年会拿着名片来应聘，只要他来了，就成为我们公司的一员！"就这样，没有经过任何面试，他进入了这家公司。后来，由于个人努力，他成为了副总经理。"你为什么会选择我？"闲聊时他都会问总经理这个问题。"因为我会看相，知道你是栋梁之材。"每次，总经理都神秘兮兮地一笑。

又过了两三年，公司业务越做越大，总经理要去新城市进行投资。临走时，将这个城市的所有业务都委托给了他。送行那天，他和总经理在贵宾候机室面对面坐着。"你肯定一直都很想知道，我为什么会选择你。那次我偶然看见你在拾垃圾，就观察了你很久，发现你每次都把有用的东西捡出来，将剩下的垃圾整理好再放回垃圾箱。当时我想，

110

如果一个人在这样不利的环境下还能够这么负责任，那么无论他是什么学历、什么背景，我都应该给他一个机会。而且，连这种小事都可以做到一丝不苟的人，不可能不成功。"

由此可见，细节可以使人失去一份触手可及的工作，也可以使人获得一份连自己都不敢奢求的工作。所以，面试时，应聘者要注重自己的一言一行，不要让细节毁了你的前程。

引导思考

大学生为什么能以捡垃圾这样一件小事而有了自己的大事业？总经理为什么看到这个小事而决定录用他？

启发认识

他在捡拾垃圾的时候，把有用的捡出来，把没用的整理好还放回去，在生活极困难的情况下，还能做到这样的小事，说明他很有责任心。做小事都有责任心，做大事更能有敬业精神。

这件小事对大学生的事业来说是次要的，但次要的事情能做好，主要的事情就更能做好。总经理正是知道一件小事都能做好的人，肯定是栋梁之材，能有大成功。这给我们深深的启示，做小事虽然不是我们追求的主要目标，但做小事正是为我们追求大目标辅好路。

这里告诉我们重要的哲学道理，重视次要矛盾为解决主要矛盾提供了条件。所以，在抓主要矛盾时，决不可忽视次要矛盾。大学生的表现是这样，而总经理也同样如此。

实践平台

选错了班长

班里要重新选班长了，全班同学提了几个候选人。其中，小强得到更多同学的认同。他学习好，守纪律，自觉打扫班里的卫生，爱劳动，团结同学，经常帮老师做事情，总的来说，各方面都比较好。但是，也有同学提出问题：小强上课总不爱发言，他是不是没自信？没自信，能为班上的事儿负责吗？但大多数同学认为还是看他的主要方面吧！

小强当班长以后，自己表现还是那么好，班里的事也能够负责。可是，在一些大的问题面前，他站不出来，不敢负责。比如：

有一次，老师开会，班里上自习课，有几个同学草草做完作业，就开始聊天了。他们谈天说地，声音越来越大，吵得同学们都无法做作业了。小强却不主动劝说同学来维持班里的纪律，有的班干部叫：

"班长，班长，你管不管？"他站起来还是不说话，直到其他几个班干部一起劝说几个活跃的同学，班里才平静下来。这件事让大家失去了对小强的信任。

引导思考

小强当班长后的表现给了我们什么启示？

启发认识

小强上课不爱发言，相对他的优点，不是主要方面，可是这个缺点正像有些同学担心的那样，没自信，关键时候不敢负责任。

这件事启示我们，看一个人不仅要看重他的主要优点方面，还要重视次要缺点方面，尤其对担任班长这个工作，更需要有自信、有责任心的人。

亲子互动

与家长一起查一查，"一个篱笆三个桩，一个好汉三个帮"的出处，说一说它揭示了一个什么道理？

教学感悟

在学习抓主要矛盾的基础上，引导学生知道事物都有主要矛盾和次要矛盾，在认识上就是"两点论"，抓重点是抓"两点"中的重点。只有抓主要矛盾和抓次要矛盾相互配合、协调，才能把事情做完满、做成功，收到自己预想的结果。

启发学生在生活中要注意"细节"和"小事"，这些虽是次要矛盾，但忽视了它，也会影响到主要矛盾的解决，影响事情的成功。

对抓主要矛盾的同时，用恰当的方法抓次要矛盾，是"两点论"。"两点论"在这里讲，学生比较好接受。

哲思哲理

1. 次要矛盾对事物的发展不起决定性作用，但是，它也会反过来影响主要矛盾的发展和解决。由于事物发展过程中各种矛盾力量的关系处在不断的变化中，主要矛盾和非主要矛盾的区分不是凝固的、僵死的，在一定条件下，它们的地位会发生转化。

2. 次要矛盾的解决会对主要矛盾的解决产生影响，并在一定条件下转化成主要矛盾，因此要学会统筹兼顾，恰当地处理好次要矛盾。

第五章　运用内外因共同作用的方法促进进步

第一节　内因是事物变化发展的根本原因
——两只小狮子

学习目标

1. 知道什么是事物发展的内因和外因。
2. 知道内因是事物变化发展的根本原因。
3. 知道事物的发展是内外因共同起作用的结果。

问题引导

事物都是不断变化发展的，其根本原因是什么？

激趣导入

同学们，请看大屏幕，有两样东西，先观察是什么？请你思考：哪个可以孵出小鸡？有了鸡蛋就一定能孵出小鸡吗？

请大家看看鸡蛋和石头切开后的图片再来说一说：为什么鸡蛋能孵出小鸡而石头不能呢？

启发认识

很显然，鸡蛋可以孵出小鸡来，是因为鸡蛋内部有长成小鸡的胚胎，以及为小鸡的胚胎提供营养物质的蛋黄、蛋白等。这是由鸡蛋的内部物质组成决定的。而从石头的切面图中，我们可以看出，石头的内部不具备小鸡生长的营养物质，由此我们知道了鸡蛋能孵出小鸡而石头不能孵出小鸡是因为鸡蛋和石头的内部物质组成不同。这是事物内部的原因造成的，我们称它为"内因"。

有了鸡蛋还不能孵出小鸡来，还需要其他条件，如适宜的温度和湿度等，我们把这些条件称为外因。内因是由事物自身引起事物变化的原因，而外因则是引起事物变化发展的外部条件。我们还发现：内因只能有一个，而外因有多个。从这里我们可以看出来，小鸡的出生既需要有鸡蛋，同时还需要有适宜的温度和湿度，是内因和外因共同作用的结果。

我们以《丑小鸭》的故事来进一步研究事物变化发展的内因和外因。

鸭妈妈用自己的身体把鸭蛋孵出小鸭，把天鹅蛋孵出小天鹅。鸭妈妈的身体条件是鸭蛋和天鹅蛋变化的外部条件。但是，鸭妈妈这个外部条件对天鹅蛋是变化了的条件，因为本应天鹅妈妈孵出小天鹅，而实际上变换成了鸭妈妈，外部条件变了，天鹅蛋还是孵出了小天鹅而不是小鸭子。所以才叫它"丑小鸭"。

看来，事物的内部原因也就是内因，是事物变化发展的根本原因。所以常言说，"种瓜得瓜，种豆得豆"，这是很有道理的。

哲理故事

凿壁借光

西汉时候，有个农民的孩子叫匡衡。他小时候很想读书，可是因为家里穷，没钱上学。后来他跟一个亲戚学认字，才有了看书的能力。

匡衡买不起书，只好借书来读。那个时候，书是非常贵重的，有书的人不肯轻易借给别人。匡衡就在农忙的时节，给有钱的人家打短工，不要工钱，只求人家借书给他看。过了几年，匡衡长大了，成了家里的主要劳动力。他一天到晚在地里干活，只有中午歇息的时候，才有工夫看一点书，所以一卷书常常要十天半月才能够读完。

匡衡很着急，心里想：白天种庄稼，没有时间看书，我可以多利用一些晚上的时间来看书。可是匡衡家里很穷，买不起点灯的油，怎么办呢？

有一天晚上，匡衡躺在床上背白天读过的书。背着背着，突然看到东边墙壁上透过来一线亮光。他霍地站起来，走到墙壁边一看，啊！原来从壁缝里透过来的是邻居的灯光。于是，匡衡想了一个办法，他拿了一把小刀，把墙缝挖大了一些。这样，透过来的光亮也大了，他就凑近透进来的灯光，读起书来。匡衡就是这样刻苦学习，后来成了一个很有学问的人。

——选自《成语故事大全》

🧑 引导思考

匡衡能够成为一个有学问的人，其原因有哪些？在这些原因中哪些是内因？哪些是外因？你认为促使其成才的根本原因是什么？为什么？

👶 启发认识

促使匡衡成为一个有学问的人的原因，主要是匡衡从小就是一个勤奋好学的孩子，这是内因；而有钱人家愿意借书给匡衡，以及邻居家的灯光也为其看书创造了条件这是外因。在这些原因中，显然匡衡的勤奋好学、坚持不懈的精神是其成才的根本原因，因为如果匡衡是一个懒惰、不爱读书的孩子，他就不会想到通过自己的劳动换取借书来看，更不会想到借着邻居家的灯光来看书。

拓展理解故事

NBA 矮个子球员

博格斯从小就长得特别矮小，却非常热爱篮球，他梦想有一天去打 NBA。当同伴得知后都忍不住哈哈大笑，有人甚至笑得瘫倒在地。因为他们认定："一个身高只有 1.60 米的矮子是'天灾'，'绝对不可能'进入 NBA 的。"

然而，"绝对不可能"并没有磨灭博格斯的志向，同伴的嘲笑使得他付出比一般人多几十倍的时间练球，他充分发挥自己个子小不引人注意、运球重心低、行动灵活迅速的特点，终于成为全能的篮球运动员，成为最佳控球后卫。

引导思考

为什么在别人看来"绝对不可能进入 NBA"的博格斯不仅成为了 NBA 的一员，而且还成为了最佳控球后卫，你认为他成功的根本原因是什么？

启发认识

博格斯成功的根本原因是内因。他是一个勇于坚持梦想、自尊自信的人。想一想，对于一个打篮球的人来说，个子矮可以说是一个致命的缺陷，也正因为如此，博格斯的梦想成为了别人的笑柄。然而面对同伴们的质疑与嘲笑，他并没有失去信心。他不但没有放弃自己的梦想，反而付出更多的努力，并充分发挥个子矮小的特点，行动迅速灵活，成为最佳球员，做到扬长避短，把劣势转化为优势，最终他用行动向同伴证明自己成功了。

实践平台

两只小狮子

狮子妈妈生下了两只小狮子。

一只小狮子整天练习滚、扑、撕、咬，非常刻苦。另一只却懒洋洋地晒太阳，什么也不干。

一棵小树问懒狮子："你怎么不学点本领啊？"

懒狮子抬起头来，慢吞吞地说："我才不去吃那苦头呢！"

小树说："那你以后怎样生活呢？"

懒狮子说："我爸爸和妈妈是林中的大王，凭着他们的地位，我会生活得很好！"

这话被狮子妈妈听到了，她对懒狮子说："孩子，将来我们老了，不在了，你靠谁呢？你也应该学会生活的本领，做一只真正的狮子！"

——选自（人教版《语文》一年级下册）

引导思考

你们喜欢哪只小狮子？为什么？狮子妈妈告诉小狮子一个什么道理？

启发认识

我们都喜欢自觉刻苦练习、增长自己生活本领的小狮子。狮子妈妈告诉小狮子应该自己锻炼生活本领，不要依靠爸爸妈妈而生活。

我们也应该靠自己努力的内因，不仅增长生活本领，还要有为家庭、为人民、为社会承担责任的本领。

亲子互动

与家长一起讨论：你认为好好学习锻炼生活本领重要吗？你希望自己有什么本领？可以怎样做？

教学感悟

内因、外因及其辩证关系比较抽象。

让学生知道内外因关系，首先要知道什么是内因和外因。我们通过学生的常识性知识入手分析，以学生喜欢的"丑小鸭"故事为主要分析对象，学生初步知道了什么是内因、外因和内、外因的关系，进而分析"种瓜得瓜，种豆得豆"中的内因和外因相互作用的关系。

引导学生在对故事中内、外因及关系的分析，学生基本能知道内因起决定作用，外因起重要作用。课上，老师还启发学生分析"自己的本领是怎么锻炼出来的"，学生分析得比较清楚。从中初步知道内、外因的内涵和二者关系，并用于指导自己的成长。

哲思哲理

事物的内部矛盾叫内因。内因是事物变化发展的根据，即是事物发展的根本原因，对事物发展的性质和方向起着决定性的作用。事物的外部矛盾叫外因。是事物变化、发展的条件，对事物的发展起着影响和制约的作用。

事物的变化发展是内、外因共同作用的结果。

第二节　外因通过内因起作用

——孟母三迁

学习目标

1. 知道外因是事物变化发展的条件，对事物的发展起着加速或延缓的作用。

2. 知道外因通过内因起作用，要将不利的外因变为内在动力，才能不断进步。

问题引导

内因是事物变化发展的根本原因，那么外因在事物变化发展中有什么作用呢？

激趣导入

鲶鱼效应

渔民在海里打到沙丁鱼，把它们放在船上的水槽中，然后到鱼市场去卖。沙丁鱼不易活，上岸后所有的鱼都会死掉，而唯独有一个渔民的鱼个个鲜活，所以可想而知，他的鱼总能卖得好价钱。大家不解其秘，就去问他。他神秘地让人去自己观察，众人仔细看过，才意外地发现：那些沙丁鱼里有几条异类的鱼。大家纷纷问："难道是这几条鱼的原因？"渔人便笑着说："我只是在水槽中放入了几条鲶鱼，它是沙丁鱼的天敌，沙丁鱼怕被鲶鱼吃掉就会拼命挣扎，四处游动，于是就都活了下来。"

小沙丁鱼们！俺来了！

启发认识

谁能说一说沙丁鱼的生命为什么在不知不觉间得到了延长？这件事对你有什么启发？

鲶鱼是沙丁鱼的天敌。在装沙丁鱼的船舱里放上鲶鱼，鲶鱼对沙丁鱼穷追猛咬，沙丁鱼四处逃窜，把内在活力和生存欲望都给激发出来了。这样，沙丁鱼的生命就被延长了，渔夫就能把活的沙丁鱼运回来了。

这件事使我们认识到，内因是事物变化发展的根本原因；外因是事物变化发展的条件。鲶鱼的攻击是激活沙丁鱼生存欲望的外因，这个外因是通过沙丁鱼的内因起作用的。如果沙丁鱼没有内在活力，再大的外因也起不了作用。

哲理故事

孟母三迁

从前，孟子小的时候，父亲早早地死去了，只有他和母亲一起生活。有一次，他们住在墓地旁边。孟子就和邻居的小孩一起学着大人跪拜、哭号的样子，玩起办理丧事的游戏。孟子的妈妈看到了，就皱起眉头："不行！我不能让我的孩子住在这里了！"于是，孟子的妈妈就带着孟子搬到市集，靠近杀猪宰羊的地方去住。

到了市集，孟子又和邻居的小孩学起商人做生意和屠宰猪羊的事。孟子的妈妈知道了，又皱皱眉头："这个地方也不适合我的孩子居住！"于是，他们又搬家了。这一次，他们搬到了学校附近。每月夏历初一的时候，官员到文庙，行礼跪拜，互相礼貌相待。孟子见了，一一都学习记住。孟子的妈妈很满意地点着头说："这才是我儿子应该住的地方呀！"

可没过多久，孟子就坐不住了。有一次，他逃学回到家中，孟母生气地说："还没放学，你怎么就回来了？"孟子不敢作声。孟母生气地把织布机上的梭子拆断了。她说："梭子断了，布就不能织了。学习也一样，日积月累，积少成多，才能获得成功。"孟子听了母亲的话，悔过自新，从此努力读书，长大后成为了我国著名的大思想家。

——选自《成语故事大全》

引导思考

读了这个故事，你理解为什么孟母多次带着孟子搬家吗？想一想孟子成为著名的大思想家的原因有哪些？

启发认识

孟子之所以能成为我国著名的大思想家，其原因包括孟母三迁为其创造良好的学习环境，母亲断机杼的教诲，孟子自身能够悔过自新等，而其成才的根本原因是孟子自身有了诚心悔改之心。学习环境对人的成长具有影响作用，这是外因。近朱者赤，近墨者黑，人在成长的过程当中要有一个良好的环境和氛围，孟子的母亲择邻而居，为其尽可能地提供良好的居住环境与条件。然而如果孟子自身没有悔过之意，孟母为其创造的条件再好，孟子也不会最终成为著名的大思想家。这说明外部条件再好，如果自身不努力，也不能获得成功，外因只有通过内因才能发挥其应有的作用。

拓展理解故事

霍金成才小故事

霍金从小就梦想着成为一位科学家，但他小时候的学习能力并不强。他很晚才学会阅读，上学后在班级里的成绩从来没有进过前10名，而且因为作业总是"很不整洁"，同学们总把他当成嘲弄的对象。在霍金12岁时，他班上有两个男孩子用一袋糖果打赌，说他永远不能成材，同学们还带有讽刺意味地给他起了个外号叫"爱因斯坦"。面对同学们的嘲笑，霍金并没有因此消沉下去，而是更加发愤读书，坚持不懈。20多年后，当年毫不出众的小男孩真的成了物理学界一位了不起的大人物，成为一个著名的宇宙科学家。

——选自《霍金少年时》

引导思考

霍金成才的原因有哪些？面对同学们的嘲笑霍金是怎样做的？面对不利的外部条件，我们该怎么做？

启发认识

霍金从小就有着成为科学家的梦想，并且一直坚持不懈地为梦想而努力学习，这是根本原因。另外同学们的嘲笑也是促成他成才的一个重要原因，这是外因激励。而霍金在面对同学们的嘲笑时并没有因此而放弃自己的梦想，而是更加发奋读书，坚持不懈，终于从一个毫不出众的小男孩变成了物理学界一位了不起的大人物。外部条件有时候对我们的成才和发展是有利的，但有些外部条件却是不利的，那么我们在面对这些不利的外部条件时，应将不利的外因转化为内在的动力，只有这样我们才能更好地发展。

实践平台

学　棋

《孟子》上讲过这样的故事：有一个名叫秋的下棋名手，他的棋艺在全国是独一无二的。

有两个学生一起跟他学棋，其中的一个，总是集中精神，一心一意地学。另一个，虽然也坐在那里听讲，眼睛也看着棋子，可是心里总想着打鸟，甚至还隐隐约约听到天空中鸿雁的叫声。

结果，前一个学生很快就学会了，后一个虽然学了很久，到底没有学会什么。

——选自（人教版《语文》六年级下册）

引导思考

影响两个人学习效果的外部条件有哪些？为什么在同样的外部条件下学习效果截然不同？

启发认识

影响两个人学习的外部条件有两个人的老师都是有名的下棋手"秋"、在学下棋过程中都有鸿雁飞过。面对着同样的外部条件，而两个人的学习效果却截然不同，主要是因为第一个徒弟在学下棋的时候，不为鸿雁所打扰，专心学习，不被外部条件所干扰。而第二个徒弟则没有专注地跟老师学下棋，鸿雁的叫声更是让他无心学下棋，一心想着去打鸟，因此虽然也学了很久，却什么也没有学会，被外因干扰，没发挥内因的主动性。

亲子互动

与家长一起查查"橘生淮南为橘，橘生淮北为枳"的出处？说一说它揭示了一个什么道理？

教学感悟

通过学习，学生初步知道了内因起决定作用，外因起重要作用。但外因与内因的关系到底是什么？这个问题涉及二者内在的辩证关系，必须让学生了解外因通过内因起作用。

引导学生学习的实例和故事比较简单，但蕴含着外因是事物变化发展的条件；内因是变化的根据，不具备一定的外部条件的事物是没有的。也要引导学生知道，外因作用再大，也必须通过内因起作用。还要启发学生认识到，不管是有利的外因还是不利的外因，都要积极面对，使其变成自己成长的动力。

哲思哲理

外因是事物变化发展的条件，对事物的发展起着加速或延缓的作用；内因是事物变化发展的根据，不具备一定的外部条件，事物也不会变化和发展。但必须明确一点，外因的作用再大也必须通过内因起作用。面对不利的外因时，我们要学会将其转变为自身的动力，只有这样才能取得成功。

第三节 运用内外因共同作用的方法促进发展

——让生命化茧成蝶

学习目标

1. 通过学习知道事物的变化发展是内外因共同作用的结果。

2. 通过学习道既要重视内因的作用，同时也不忽视外因的作用。

问题引导

事物的变化发展是内外因共同作用的结果，如何运用这一方法促进进步？

激趣导入

让学生观看漫画思考：你能讲一讲漫画是什么意思吗？漫画中的人能够跳过悬崖的原因有哪些？你认为他能跳过悬崖的根本原因是什么？

启发认识

这个过崖人之所以能跳过悬崖是因为这个人对于狗的恐惧超过了对悬崖的恐惧，另外狗的追赶是其能够跳过悬崖的外因。这幅漫画充分反映了外因通过内因起作用，如果这个人本身不害怕狗的话，就是有再多的狗追赶他，他也跳不过去。

哲理故事

马德拉群岛为什么是残翅甲虫的天下？

达尔文曾在马德拉群岛考察，发现岛上有200多种昆虫因为翅膀残缺而不能飞翔。这一现象引起他的极大的兴趣。经过研究，达尔文认为昆虫也有全翅的，但是全翅甲虫在飞翔时很容易被海风吹进大海而被淘汰；但他还发现，某些翅膀非常大的、强有力的、可以抵抗大风的全翅甲虫也能保留下来。只有那些飞不起来的残翅甲虫才不受海风的威胁，并将这一特征遗传给后代。久而久之，马德拉群岛就成了残翅甲虫的天下了。

引导思考

有人说，海风是残翅甲虫保存和部分全翅甲虫被淘汰的原因。你觉得这种说法是否完全正确？为什么？

启发认识

我们知道事物的变化发展是由内因和外因共同引起的，马德拉群岛成为残翅甲虫的天下是内、外因共同作用的结果。甲虫不同的内因决定了它们有"全翅"与"残翅"之别，全翅甲虫善飞，残翅甲虫不能飞，分别具备了被淘汰和被保留的内在依据。如果没有海风，马德拉群岛当然也不会只保留残翅甲虫。当它们不同的内在依据都具备以后，海风起着裁决作用，使两类甲虫有着两种命运。海风作为外因在马德拉甲虫的去、留过程中只起第二位的作用，甲虫去、留的根本原因在于它们自身的内在根据。显然，同样是海风，但却淘汰不了残翅甲虫。达尔文还发现，某些翅膀非常大的、强有力的、可以抵抗大风的全翅甲虫也能保留下来，这充分说明海风不是马德拉残翅甲虫形成过程中的决定因素。

拓展理解故事

让生命化茧成蝶

有个孩子长相丑陋，说话口吃，而且他又因为得了疾病导致左脸局部麻痹，嘴角畸形，讲话时嘴巴总是歪向一边，还有一只耳朵失聪。为了矫正自己的口吃，这孩子模仿古代一位有名的演说家，嘴里含着小石子讲话。

看着嘴巴和舌头被石子磨烂的儿子，母亲心疼地抱着他流着泪说："不要练了，妈妈一辈子陪着你。"

懂事的他替妈妈擦干眼泪说："妈妈，我要做一只美丽的蝴蝶。书上说每一只漂亮的蝴蝶，都是自己冲破束缚它的茧后变成的。"

后来，他终于能流利地讲话了。因为勤奋和善良，他中学毕业时，不仅取得了优异的成绩，还获得了良好的人缘。1993年10月，他参加加拿大总理大选。他的对手居心叵测地利用电视广告夸大他的脸部缺陷，然后写上这样的广告词："你要这样的人来当你的总理吗？"但是，这种极不道德的、带有人格侮辱的攻击招致大部分选民的愤怒和谴责。

他的成长经历被人们知道后，赢得了极大的同情和尊敬。他说的"我要带领国家和人民成为一只美丽的蝴蝶"的竞选口号，使他高票当选为总理，并在1997年再次获胜连任总理。人们亲切地称他是"蝴蝶总理"。他就是加拿大第一位连任两届的总理——让·克雷蒂安。

引导思考

你认为束缚克雷蒂安的"茧"有哪些？克雷蒂安是如何"化茧成蝶"的？除了他自身的努力外，他能够成功当选加拿大总理的原因还有哪些？请你想一想生活中还有哪些束缚我们成功的"茧"？听了克雷蒂安的故事，你认为该如何面对这些束缚我们成功的"茧"？

启发认识

事物的发展是内因和外因共同起作用的结果。内因是事物发展的根据，外因是事物发展的条件，外因通过内因起作用。人生道路上许多外因条件是不能自由选择的。比如低微的门第、丑陋的相貌、痛苦的遭遇等。这些都是我们生命中的"茧"。但有些东西则人人都可以选择，比如自尊、自信、毅力、勇气等这些内因条件。它们是帮助我们穿破命运之茧由蛹化蝶的生命之剑。克雷蒂安的人生经历说明：只要充分发挥内因的积极作用，不悲观、不消沉，与逆境抗争，扬长避短，变不利为有利，同样能够成才，甚至做出通常情况下做不出的奇迹来。

实践平台

上课时，老师正在讲一道数学题，这时老师发现小明和小刚正在座位上窃窃私语，说个不停。老师分别叫起两位同学来回答问题，结果可想而知，两个同学都没能回答出老师的提问。下课后老师将两位同学叫到办公室问道："为什么回答不出我的问题？"老师的话音刚落，小明便指着小刚说道："老师，是他上课时总和我说话，所以吵得我没法听讲。"还没等小明说完，小刚便愤愤地指着小明说道："哼！明明是你先和我说的，你现在反倒猪八戒倒打一耙，怪我吵得你没法听讲。"说完便把头扭向了另一边。

引导思考

如果你是老师，你认为两个同学谁对呢？为什么？

启发认识

两个同学都不对，因为他们都把不能回答出老师问题的原因归结为是"对方先和自己说话，所以吵得自己没法认真听讲"这个外部原因。我们知道外因是通过内因起作用的，如果两个同学都想认真听讲的话，即使别人再和自己说话，只要自己有定力不去理会别人，那么别人再怎么说话也不会吵到自己。因此，我们在分析问题时，一定要坚持内因和外因相结合的观点，凡事要从自身做起，从自身找原因，不怨天尤人，不随波逐流，坚定自己的立场。成功与否，归根结底取决于自己的努力，否则，再好的外部环境也无济于事。

亲子互动

与家长一起观看漫画思考：漫画中的人在干什么？对此你是怎样认为的？

教学感悟

事物变化发展也是一个过程，体现一个过程中的阶段性。

学生对事物的认识也有过程。

知道事物内因、外因及其作用和关系之后，要在认识事物中给学生认识事物一个完整过程。这是符合事物本身变化发展的客观规律，也符合人对事物的认识规律。

教学中引用实例和故事，充分体现了一个事物变化发展是内、外因在整个过程中共同发挥作用而促成的，并从学生的体验中引导他们知道，在内外因共同起作用中，内因是事物变化发展的根本原因，外因是事物发展变化的条件，外因通过内因起作用，重视内因的作用，不忽视外因的作用，自觉运用内外因相结合的作用，才能促进自己的进步和成长。

哲思哲理

事物的变化发展是内因和外因共同起作用的结果。内因是事物变化发展的根本原因，外因是事物变化发展的条件，外因通过内因起作用。

坚持内因和外因相结合的观点，重视内因的作用，不忽视外因的作用。

第六章　学习做事要有度

第一节　事物的发展有量的变化也有质的变化
——田忌赛马

学习目标

1. 了解事物的量变、质变和事物的度。
2. 知道量变和质变的关系。
3. 学习运用量变和质变的关系原理培养自己的好习惯。

问题引导

事物是怎样发展变化的？过程是怎样的？

激趣导入

我们来做个小实验。

我们知道温度有零上和零下之分，以"0℃"为分界线。

如果我们把水加热到零上100℃时，水就沸腾变成了水蒸气，水由液态（可以流动）变成了气态；如果把水降温到零摄氏度以下时，水就渐渐凝固成了冰，水由液态变成了固态。

我们来看下面水的三态变化的图示。

看到图想一想：加温和降温的过程是什么在变？由水变气、变冰，就是由液态变气态或固态，是什么在变？什么是变化的节点？图上的四个括号可以怎么填？这两个变化之间有什么关系？

启发认识

加温和降温的过程是温度在增加和减少。我们把事物数量的变化叫作量变；由水变成气或冰，水的形态变了。气是由水变来的，由液态变气态，水蒸气不是水，水蒸气和水是有区别的；同样的道理，水变成冰，由液态变固态，冰由水变来的，冰不是水，有区别了。我们把这种变化叫质变。

现在，我们可以把四个括号填上了。变化的节点是100℃和0℃。我们把事物量变和质变的节点叫度。这两个变化之间存在着事物的数量的变化，引起事物性质的变化。

哲理故事

吃　饼

一个人肚子饿了买大饼吃，吃了一个没有饱，于是吃了第二个，又没有饱，于是吃了第三个、第四个、第五个、第六个，吃到第七个终于吃饱了。他拍着肚子说："早知道吃第七个大饼就能吃饱，前面六个大饼就不吃了。"

引导思考

这个人的看法你认同吗？为什么？这个故事说明了什么道理？

启发认识

我们不赞同这个吃饼人的看法。这个故事的可笑，是因为这个人不知道量变与质变的关系。没有一个接一个吃饼的量变，就没有从饿到饱的质变。就如同没有温度升高的量变，就没有水到气的质变一样。同样的道理，如同滴滴清水汇成海，颗颗黄沙堆成山一样，水的数量的增加，由清水变成了海的质变，沙的数量的增加，由沙变成了山的质变，都是一样的道理。

任何事物的变化都不是凭空产生的，都是首先从量变开始，没有量的变化的过程就不会有质变的发生。

135

田忌赛马

　　齐国的大将田忌，很喜欢赛马。有一回，他和齐威王约定，要进行一场比赛。他们商量好，把各自的马分成上、中、下三等。比赛的时候，要上马对上马、中马对中马、下马对下马。由于齐威王每个等级的马都比田忌的马强得多，所以比赛了几次，田忌都失败了。

　　田忌觉得很扫兴，比赛还没有结束，就垂头丧气地离开赛马场。这时，田忌抬头一看，人群中有个人，原来是自己的好朋友孙膑。孙膑招呼田忌过来，拍着他的肩膀说："我刚才看了赛马，威王的马比你的马快不了多少呀。"孙膑还没有说完，田忌瞪了他一眼："想不到你也来挖苦我！"孙膑说："我不是挖苦你，我是说你再同他赛一次，我有办法准能让你赢了他。"田忌疑惑地看着孙膑："你是说另换一匹马来？"孙膑摇摇头说："连一匹马也不需要更换。"田忌毫无信心地说："那还不是照样得输！"孙膑胸有成竹地说："你就按照我的安排办事吧。"

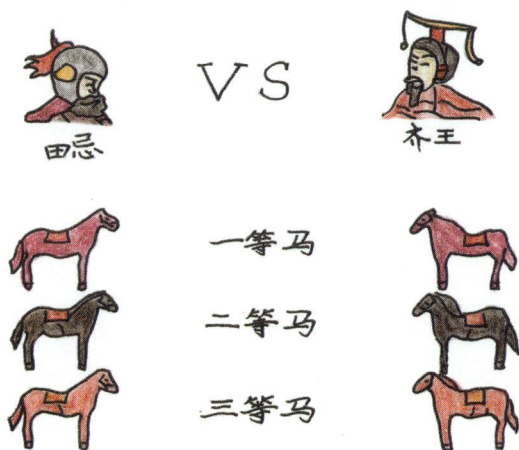

VS

田忌　　齐王

一等马

二等马

三等马

　　齐威王屡战屡胜，正在得意洋洋地夸耀自己马匹的时候，看见田忌陪着孙膑迎面走来，便站起来讥讽地说："怎么，莫非你还不服气？"田忌说："当然不服气，咱们再赛一次！"说着，"哗啦"一声，把一大堆银钱倒在桌子上，作为他下的赌钱。齐威王一看，心里暗暗好笑，于是吩咐手下，把前几次赢得的银钱全部抬来，另外又加了一千两黄金，也放在桌子上。齐威王轻蔑地说："那就开始吧！"

一声锣响，比赛开始了。孙膑先以下等马对齐威王的上等马，第一局输了。齐威王站起来说："想不到赫赫有名的孙膑先生，竟然想出这样拙劣的对策。"孙膑不去理他。接着进行第二场比赛。孙膑拿上等马对齐威王的中等马，获胜了一局。齐威王有点心慌意乱了。第三局比赛，孙膑拿中等马对齐威王的下等马，又战胜了一局。这下，齐威王目瞪口呆了。比赛的结果是三局两胜，当然是田忌赢了齐威王。

——选自（人教版《语文》五年级下册）

引导思考

田忌赛马时，参赛的马没有变，但两次的做法有什么不同？比赛的结果是怎样的？

启发认识

两次做法不同：

第一局：

上等马迎战上等马

中等马迎战中等马

下等马迎战下等马

结果：0:3，失败。

第二局：

下等马迎战上等马

上等马迎战中等马

中等马迎战下等马

结果：2:1，取胜。

我们前面讨论的是事物数量的增减，引起质变。而田忌赛马就不同了。马没变，马的数量也没变，只是在比赛时，马出场排列的顺序不同，使比赛发生了由负转胜的质变。所以，在事物总数不变情况下，

137

只是由于构成事物的排列次序上的变化，也能引起质变。田忌正是由于调整了赛马出场的次序，使比赛的结果就不一样了。

所以，量变引起质变有两种情况：一是数量的增减引导质变，二是构成事物的部分的排列次序引导事物的结构变了，也能引起质变。

实践平台

智力题：荷塘里的荷叶

法国一个童话故事中有一道"脑筋急转弯"的智力题：荷塘里有一点儿荷叶，它每天增长一倍，假使 30 天会长满整个荷塘，问第 28 天，荷塘有多少地方是荷叶？

引导思考

这道智力题给我们什么启发？

启发认识

答案要从后往前推，即有 1/4 荷塘的荷叶。这时，你站在荷塘的对岸，会发现荷叶那么少，但到第 29 天就会占满一半，第 30 天就会长满了池塘。因为每天成倍增长。

荷叶长的过程，给了我们深深地启示。正像荷叶长满荷塘的整个过程，荷叶每天的变化数量的积累，用了漫长的 28 天，我们只能看到 1/4 的荷塘的荷叶。就好像在好习惯的养成过程中，前面用了 28 天的漫长过程，也无法得到一个结果，常常令人难以忍受。如果你只对第 29 天的希望和 30 天的好结果充满期待，却因不能忍受漫长的量变过程而在第 28 天时放弃，进步的积累半途而废！结果一事无成，好习惯没有养成，最终没有达到质变。

如果我们每天坚持下来，每天进步一点点，进步的量的积累越来越多，就会有产生质变的巨大威力，这质变就是好习惯的形成。几乎所有的成功人士都有自己独特的好习惯。所以，只有量变的积累过程坚持不懈，积累到一定的程度才能产生质变，好习惯才能最终养成。

亲子互动

请和家长一起总结一下，在好习惯的养成中自己的成功经验是什么？体会又是什么？

教学感悟

本章主要讲唯物辩证法的质量互变规律。

事物的量变和质变在生活中是比较常见的，只是人们尤其是小学生不会从哲学的角度认识这个问题。

让学生了解事物的量变和质变问题，从他们常见的现象分析进入，学生比较好接受。

引导学生更深一层知道，"质量互变"不仅表现在数量和质量上，由于事物排列次序的变化也会引起质的变化，这一层意思在现代科学中，尤其在生命科学中表现极为明显。虽然难了一些，但给学生一个印象，对以后学习科学知识是有用的。

通过荷叶增长的数学关系，启发学生认识到人的好习惯的养成，也是经过从量的积累的量变过程到好习惯的养成的质的变化。让学生知道，一个好习惯的养成，必须坚持下去，才能成功。

哲思哲理

唯物辩证法认为，世界上任何事物的变化都是量变和质变的统一。量变和质变是事物发展的两种状态，量变是质变的前提和必要准备，质变是量变的必然结果。事物发展最终是要通过质变实现的，没有质变就没有发展。所以，在量变已经达到一定程度，只有改变事物原有的性质才能向前发展时，我们就要果断地、不失时机地突破其范围和限度，积极促成质变，实现事物的飞跃和发展。

质是一事物区别于其他事物的内在规定性，是事物的本质属性。

量是事物存在和发展的规模、程度、速度等，可以用数量表示的规定性。

　　量变又称"渐变"，是指事物在数量上的增加或减少以及构成事物的成分在结构和排列次序上的变化，是一种连续的、逐渐的、不显著的变化。

　　质变又称"突变"，是指事物根本性质的变化，是渐进过程的中断。

　　任何事物的变化都是从量变开始的，量变是质变的必要准备，只有当量的积累达到一定程度时，才会引起质变。

第二节　质量互变是有规律的
——水滴石穿

学习目标

1. 知道质变和量变相互转变的规律。

2. 知道质变有前进性和倒退性两种状况，量变有向下和向上两种状态。

3. 学习运用质量互变原理促进自己进步。

问题引导

什么是质量互变的规律呢？

激趣导入

同学们，你们都上过幼儿园吗？上幼儿园时是几岁？

同学们是三岁上的幼儿园。在上幼儿园以前是一个不懂事的小婴儿，在家长的呵护下，经过三年的成长，懂得了一些事情，由婴儿长成为一个幼儿，走出家门，上了幼儿园。

在幼儿园接触更多的人和事，养成自理生活的能力和学习一些知识，又经过了三年的成长，由幼儿成长为一个儿童，就上小学了。

在学校的环境中接触很多同学和老师，学习更多的知识，参加各种社会活动等。经过六年，就由儿童变成了少年，变成青年……

同学们对自己这个成长过程是很有体验的。在这个过程中，有怎样的一个变化发展过程？

启发认识

这个过程就是一个人成长由量变到质变的过程。从婴儿经过三年的量变实现到了幼儿的质变；在幼儿的新质的基础上又经过三年的量变，实现了到儿童的质变；在新质的基础上，又经过六年的量变，实现了到少年的质变；接着，还要经历量变到新质的变化。就这样，经过质量互变有规律的变化发展，人不断成长为对社会有贡献的人。

人的变化发展是质量互变的过程。一切事物的变化发展都是这样的，质量互变是一切事物发展变化的共同规律。

哲理故事

质变都是好的吗？

于思是四年级的学生。他很喜欢学哲学，总爱提问题。

有一次，他问老师："质变都是好的吗？"

老师笑笑说："你又在向我发出挑战了！比如，有一个人本来是个好学生，后来他迷上了电脑游戏，整天待在网吧。家里不给他钱，他就产生了偷的念头。他第一次偷了同学的钱，得手了。后来，成了惯偷。你说这样的质变是好的吗？"

于思："当然不是。质变有好坏之分吗？"

老师："科学地说，质变有前进性和倒退性两种状况。"

于思："量变……"

老师："不管是前进的质变还是倒退的质变，都是量变引起的。量变有向上、向下两种状态。比如，水的温度从0℃～100℃是向上的量变，而从0℃往下就是向下的量变了。"

于思："事物的发展是前进的，还是前进和倒退交替的？"

老师："问得好！事物发展总的方向是前进的，倒退只是暂时的。"

所以，事物发展的过程是曲折的，前途是光明的。一个人要求进步是总的方向，我们把握这个方向，可以用各种方法帮助一个人改掉缺点，纠正错误。

我们中国的发展，让世界人民羡慕。可是，有些国家处心积虑地想阻止、破坏，阻止中国的发展，你认为他们能做到吗？

对自己也是一样，把握进步的大方向，即使出现了缺点、错误，也不灰心，努力去克服，总是朝着自己想好的方向发展，这就是把握质变的前进性。

🧒 **引导思考**

从这个故事中你知道了什么哲学道理？你对有缺点的同学怎么看？对自己的进步有什么想法？

🧒 **启发认识**

从这个故事中我们知道了，事物的质变有前进和倒退两种状况，量变有向上和向下两种状态；事物的发展总的方向是前进的，倒退只是暂时的。

我们对有缺点甚至有错误的同学，要看到他是要求进步的，要积极帮助他克服缺点，纠正错误，不要认为他永远不能进步。这样，我们就有信心，用友善之心想办法帮助他，使他由量变的进步直到改掉缺点和错误的质变，变成一个好学生。

我们自己有时也会有错误，有错误就改正，把握自己进步的要求，坚持每天进步一点点，不断进行量的积累，最终实现自己的理想。

👩 **拓展理解故事**

水滴石穿

宋朝有个叫张乖崖的县令，为官清廉正直。

一天，他看见一个管理仓库的小吏从仓库出来的时候，顺手将仓库里的一枚铜钱放进了自己的口袋。他立即派人把这个小吏抓来询问，小吏心里很不服气，大声嚷道："一枚铜钱有什么大不了的？"张乖崖一听，非常生气，提笔批道："一日一钱，千日千钱，绳锯木断，水滴石穿。"意思是说，一天一枚铜钱，一千日就是一千枚铜钱，这就像绳子锯木头、水滴在石头上一样，日久天长，木头也会被锯断，石头也会被滴穿。

成语"水滴石穿"就是由这个故事来的。有时也写成"滴水穿石"。这个成语原来的意思是说缺点、错误虽小，但累积起来，就会造成很大的危害。现在，常从积极的方面来使用，比喻学习或者做事只要有恒心，坚持不懈，就能够战胜困难，取得成功。

——选自《成语故事大全》

引导思考

这个成语故事告诉我们一个什么哲学道理？"水滴石穿"可以从哪两个方面来使用？

启发认识

这个成语告诉我们事物量变的积累到一定的程度就会发生质变。就如故事中所说，"一日一钱，千日千钱"，任何事物都是质与量的变化，就像水滴在石头上一样，日久天长，石头也会被滴穿。水滴的过程就是量变；当石头被滴穿时，就发生了质变。故事原本的意思是说缺点、错误不及时纠正，积累起来就变成了大错。

"水滴石穿"可以从积极的正向的、前进方面的质变使用。可以比喻学习、做事要有恒心、有毅力、坚持不懈，勇于克服困难，坚持自己既定的方向，一定能取得成功。所有成功人士都有这样的优秀品质。"水滴石穿"从反向来说，就是有错不改，错误由少到多，由小变大，积累到一定的量就质变，这个质变是倒退的质变。

我们要从学习运用质量互变规律中懂得怎样从积极的方面学习、进步，将来成为有社会责任感、有创新精神和实践能力的人才。

实践平台

同学们，中华民族是一个富有哲学智慧和悠久哲学传统的民族。中国有世界上最丰富的、充满了唯物辩证法思想的成语、谚语和歇后语等名言警句，其中含有"质量互变"规律的成语、谚语和歇后语等名言警句也很多。

引导思考

同学们能说出有关这方面的成语、谚语和歇后语等名言警句吗？

启发认识

让我们一起来归纳，并选择一条作为自己进步的要求。

只要功夫深，铁杵磨成针。

梅花香自苦寒来。

十年树木，百年树人。

冰冻三尺非一日之寒。

不积跬步，无以至千里。

千里之堤，溃于蚁穴。

一丝之累，以至于寸。累寸不已，遂成文匹。

台上一分钟，台下十年功。

祸患常积于忽微。

……

亲子互动

请同学们和家长一起交流：你今天学习哲学的收获，并把你选择的成语做成书签放在铅笔盒里。

教学感悟

让学生了解一切事物变化发展都有质量互变过程，是一切事物变化发展的共同规律。初步了解质变有前进性和倒退性，量变有向上和向下两种状态，但事物前进是大方向，倒退是暂时的。

引导学生用这个道理对人、对己要有一个正确的态度。别人有了缺点、错误一定要积极帮助他进步，自己有缺点、错误，要积极改正。坚持每天进步一点点，坚持不懈。量的积累，最终会使自己成为一个好学生。

哲思哲理

在任何事物中，质与量是相互联系、相互规定、相互制约的，任何事物的质都以一定的量为条件、前提和基础。二者质规定量，量支撑质。不同质的事物是由一定的量所决定的，具有一定量的界限，超过这一量的界限，事物的质就要发生变化。量以质为基础，质制约着量，质又以一定的量作为必要条件，任何事物的质都以数量为条件。

量变和质变的互相转化就是质量互变，这是事物发展的普遍规律。

事物在数量上的增加和减少，在一定限度内，不会引起质的变化。然而，量的变化一旦超出这个界限，旧质就会消灭，新质就会产生，这就是由量变到质变的转化。然而，在新质的基础上，又会发生新的量变过程，这是由质变到量变的转化。量变引起质变，质变又引起了新的量变，由量变到质变，再由质变到量变，循环往复以至无穷，构成了事物无限多样的发展过程。

质变有前进性和倒退性两种状况。

无论前进性质变或倒退性质变，都是由量变引起的，也有向下、向上两种状态的区别。一定程度的向上的量变引起前进性的质变，一定程度的向下的量变引起倒退性的质变。

由于量变与质变有向上或向下、前进性或倒退性的区别，因此在实际工作中必须区分哪些是向上的量变，哪些是向下的量变，哪些是前进性的质变，哪些是倒退性的质变。向上是新量的增加，向下是旧量的减少，前进性的是新质的变化，倒退性的是旧质的变化。我们要做向上的量变、前进性的质变的促进派。对于向上的量变和前进性的质变，要创造条件，积极促进；对于向下的量变和倒退性的质变，要防微杜渐，防患于未然。

第三节　学会做事要有度
——老鼠困毙与"度"的把握

学习目标

1. 了解事物的度的含义。

2. 认识事物的度，学习把握好事物变化的关节点，想问题做事情注意适度的原则。

问题引导

什么是事物质量互变的关节点？

激趣导入

老鼠困毙与"度"的把握

请同学们看这幅图，你能从中看出老鼠被困的原因吗？

一只饥饿的小老鼠遇到了一只盛满大米的米缸，看着白花花的大米，小老鼠兴奋不已，每天跳进跳出，想吃就吃，但是缸里的米一天天减小，缸口与米之间的距离一天天拉大。当小老鼠所能跳过的高度低于缸口与米之间的距离时，它没能摆脱米的诱惑，仍跳入缸中享受米的滋味，但就这一跳，使小老鼠在吃完缸中的米之后，困毙在缸中。

启发认识

你从这个小故事中得到什么启示？

这则故事告诉我们，由于量变达到一定程度就会引起质变。量变只有在一定的限度之内事物才不会质变，保持它原有的质。做任何事情，都要注意分寸。我们常常说把握火候，在哲学上就是把握事物量变的关节点。这个关节点就是"度"，超越了这个"度"，事物就会发生质的变化。小老鼠的悲哀就在于它太贪吃了，没有把握好能够跳出米缸的"度"，再也出不来了。本来吃米能活命，结果被困死在缸中。这个故事体现了事物的量变到质变是有一定的限度的，这个限度是最关键的量，叫最佳适度的量。不超这个量，事物就不会质变；超出了这个量，事物就变化了，

　　老鼠就是没有把握适合自己能跳出去的适度的量，而是超出了这个量，就是我们常说的"过犹不及"。

　　"不及"就是没达到；"过"就是超过了一定的限度；"犹"就是像。这个词的意思是把事情做过了头，就像做得不够是一样的，都是不好的。

　　老鼠被困死就是事与愿违，是向相反的方向质变。

哲理故事

扁鹊治病

　　我国古代有一位名医叫扁鹊。有一天他拜见蔡桓公，在他旁边站了一会儿便说："我看您皮肤上有点小病，要是不医治，恐怕会向体内发展。"蔡桓公毫不在意地说："我没有病。"扁鹊于是退了出去。蔡桓公对左右的人说："医生就喜欢给没有病的人治病，以便邀功请赏。"

　　过了十天，扁鹊又来拜见，说道："您的病已发展到了皮肉之间，要不治还会加深。"蔡桓公没答理。扁鹊又退了出去。

　　又过了十天，扁鹊再来蔡桓公还是不答理。扁鹊又退了出去。

　　再过了十天，扁鹊老远望见蔡桓公就躲开了。蔡桓公便派人去问原因。

　　扁鹊解释道："病在皮肤，用热水敷烫就能够治好；发展到皮肉之间，用针灸的方法可以治好；即使发展到肠胃里，服几剂汤药也还能治好；一旦深入骨髓，只能等死，医生再也无能为力了。现在大王的病已经深入骨髓，所以我不再请求给他医治！"

　　五天以后，蔡桓公浑身疼痛，派人去找扁鹊，他已经逃到秦国去

了。蔡桓公很快就病死了。

——选自（人教版《语文》四年级下册）

引导思考

这个故事说明了什么哲学道理？

启发认识

量变到一定程度必然会引起质变。蔡桓公不懂这个道理，日积月累，等到病入骨髓这个质变的"度"，就无法医治了。这使我想起成语"防微杜渐"。"防"，就是防止；"微"，就是微小；"杜"，就是杜绝；"渐"，事物发展的开端。这个成语告诉我们，在不正确的思想或错误刚开始出现的时候，就要防止错误的苗头发展扩大，否则就像蔡桓公那样的结局。

拓展理解故事

成功来自勤奋

张鹏曾是北京大学数学学院的本科研究生，毕业后到美国哈佛大学读研深造。

张鹏出生于辽宁省沈阳市一个普通工人的家庭。父母的文化水平都不是很高。

张鹏从小喜欢在家里看书，从小学开始总考第一名，老师说他是"不用教"的学生。他从小对数学有着浓厚的兴趣，凡是难题不解答出来绝不罢休。他从小学到高中参加过多次数学竞赛，都获得前三名的好成绩，高三毕业被直接保送到北京大学。

在大学，他读的是数学专业，但从二年级开始，他开始向更多的科学领域学习发展。他在寒暑假跟着钱敏平教授做生物信息的课题，把生物研究的问题转化成数学模式，然后编计算机程序进行运算。他编的程序很快就能算出结果了。

由于他的勤奋，本科毕业便被直接保送北大读研究生。这样的高度是他的理想追求。但当一位教授建议他超越现在的决定，去考美国的哈佛大学时，他决定向更高的目标发展。他进一步发挥自己特有的自学能力，就夜以继日地学习英语，终于以优异的成绩克服了英语难关，充满信心地向哈佛大学提出申请。

哈佛大学在给他的回信中写道："成绩很好，在本科阶段就能跟着教授做工作，很有能力，不是一味地学习……"

哈佛大学有三个专业都录取了他。

引导思考

张鹏是怎样一步步走向成功的？

启发认识

我们知道事物的发展总要超出自己的度，达到质变。这是合乎规律的事情。张鹏从小就学习勤奋，一直保持到被保送北京大学，达到一个新的人生高度。然而，他又为自己提出攻读哈佛大学的新高度。为此，他努力攻克英语的难关，为自己达到理想目标这个新质的飞跃，创造了前进性的质变条件。他在不断积累知识的同时，总是勤奋努力，不断前进，不断超出自己发展一个一个高度，积极促进自己前进性的质变。这是他的成功之路。

我们应该向张鹏学习不满足已有的成绩，发挥能动性，促进向上的量变，为自己的发展创造前进性的质变。

实践平台

同学们，认识事物发展的度，把握事物发展的度，是我们生活、学习时时不可缺少的事情。

当你发烧到38℃时，你要看病；当你走进学校的时候，你要想到校规，这是保证我们正常学习的"度"；当你走在街上，交通规则就是行进中的度；当你做事时，法律的界限是不可触动的，如此等等。这是我们正常生活、学习所需要认识事物的度。把握事物的度，不仅保持生活的正常秩序，还要把握事物向上、向前发展的度，创造条件超越度，使自己不断朝着理想的目标发展。

但是，认识事物的度，要从小事做起，要从身边做起，这也是量变的积累不可缺少的重要条件。

看电视

每天，我们全家人都看电视，
我家看电视，真有些奇妙——
爸爸明明是个足球迷，
却把一场精彩的球赛关掉。
不知为啥换成了京剧，
咿咿呀呀的，唱个没完没了。
只有奶奶听得入了迷，
我和爸爸都在打盹睡觉。

奶奶啥时换了频道？
球员们正在场上飞跑。

"好球，好球，快射门！"
我和爸爸乐得直叫。
奶奶不看电视只看我们，
和我们一起拍手欢笑。

妈妈从书房走了出来，
她在修改最近写的文稿。
看着妈妈一脸的疲劳，
我们都提议不再看球赛，
让妈妈听听音乐，看看舞蹈。

每天，我们全家人都看电视，
我家看电视，可真有些奇妙！
每个人心里都装着一个秘密，
到底是啥？不说你也知道。

——选自（人教版《语文》一年级下册）

引导思考

在这一家人中看电视的奇妙是什么？请你用哲学的观点找到每个人心里藏着的秘密。

启发认识

这一家人看电视的奇妙就是，每个人看电视不仅满足自己，还要想到家里别人的爱好，使家人很和谐快乐。从哲学的角度讲，就是每人都把握自己看电视的度，也就是适度，不能只顾自己而不关照别人，这是每个人心里藏着的秘密。这是一个关爱的问题，更是一个关爱的方法问题。要关爱别人，必须要有一定的方法才能实现。

亲子互动

同学们，人与人之间相处也有一个"度"。俗话说："良言一句三冬暖，恶语伤人六月寒。"和家长讨论：这里的"度"是什么？你平时做得怎么样？你想怎么做？

教学感悟

让学生了解量变都有度，到达一定的度，事物才质变。度是事物发展变化的关节点，想问题做事情要注意适度的原则。小学生生活经验少，有股"初生牛犊不怕虎"的劲头，容易把事做过度。引导学生懂得度的道理，做事注意后果，才不至于把事情做过头，造成事与愿违的后果。

小学生在成长中，启发他们量变一定会引起质变，积极把握向上的量变，严格要求自己，勤奋好学，坚持不懈，达到自己的理想目标。更要控制向下的量变，做到防微杜渐，防止不正确的思想、行为扩大，超过了度，使自己追悔莫及。

哲思哲理

量变只有在一定的范围和限度之内，事物才能保持其原有的性质，所以，当我们需要保持事物性质的稳定时，就必须把量变控制在一定的限度之内，做事情时要注意分寸，掌握火候，坚持适度原则。

事物的发展总要超出自己的度，达到质变，这是合乎规律的事情，是事物发展的总的趋势。所以，我们想问题、做事情，要自觉按事物发展的规律，学会把握事物发展的度，超越事物发展的度，促进事物的质变，使事物发展到一个新的高度，积极促成事物的发展。

第七章　新生事物是不可战胜的

第一节　事物发展的道路是曲折的
——了不起的尝试

学习目标

1. 知道任何事物发展的过程都是一个漫长曲折的过程。

2. 能够懂得事物发展的道路漫长、曲折，而新生事物代替旧事物是不可改变的大方向。

3. 知道要利用事物发展的规律推动事物发展。

问题引导

事物发展的过程是什么样的？是一帆风顺的，还是漫长曲折的？

激趣导入

同学们喜欢蝴蝶吗？你知道蝴蝶是怎样生长发育的吗？请看这幅图。

蝴蝶的一生要经过卵、幼虫、蛹和成虫，就是会飞的蝴蝶这四个阶段。这四个阶段的外部形态毫无共同之处，咱们很难想象，美丽多姿的蝴蝶是由这么丑陋甚至可怕的毛毛虫变来的。

蝴蝶生长的第一阶段是从卵中孵化出幼虫的过程。

第二阶段是幼虫在卵中发育，直到咬破卵壳出来。幼虫在生长过程中还要蜕变3~6次皮，才渐趋成熟。成熟以后，就要化成蛹。

第三阶段就是幼虫发育成蛹的过程。幼虫寄生在植物或其他物体

155

上，吐出丝做成垫，把自己固定在垫上，再吐丝把自己捆在寄生的物体上，脱掉最后的皮成蛹。表面看，蛹是不动的，其实，它的内部发生着剧烈的变化，成长出各种器官，如头、眼、嘴、胸、肢体和翅膀等，向成虫也就是蝴蝶发育。

第四阶段就是蝴蝶在蛹内发育成熟，从蛹中爬出来，这是羽化。刚刚羽化的蝴蝶翅膀是很柔软的，皱缩着，经过数十分钟，翅膀伸展开来，再经过1～2小时，才能展翅飞翔。

这么一个小蝴蝶的生长，它们一代又一代就这么循环往复生长发育，并且生活的环境的变化不断地发生着遗传和变异，至今变化发展为成千上万种外形不同的多姿多彩的蝴蝶。

启发认识

你们看，小小的蝴蝶生长发育的过程简单吗？它们发育的过程中每个阶段和每个阶段的形态一样吗？这些形态之间有关系吗？这个发育过程是什么样的？

这个过程很不简单，每个阶段生长的形态都不一样。一种形态从原来的形态中生长出来，又和原来的形态完全不一样，也就是既离不开原来的形态，又和原来的形态相区别，形成一种形态向一种新的形态变化发展的过程，产生着质变，就是新的事物代替旧的事物的过程。这个过程曲曲折折，但不管怎么曲折，还是不可阻止地生长着、发展着。所以，事物发展的过程不是一帆风顺的，而是曲折的，有时还是很漫长的。

在发展过程中，总是新的事物从旧事物中生长出来，代替了旧的事物。事物的发展是曲折的，但发展的总方向是不可改变的。

哲理故事

飞向蓝天的恐龙

说到恐龙，人们往往想到凶猛的霸王龙，或者笨重、迟钝的马门

溪龙；说起鸟类，我们头脑中自然会浮现轻灵的鸽子或者五彩斑斓的孔雀。二者似乎毫不相干，但近年来发现的大量化石显示：在中生代时期，经过漫长的演化，恐龙的一支最终变成了凌空翱翔的鸟儿。

早在19世纪，英国学者赫胥黎就注意到恐龙和鸟类在骨骼结构上有许多相似之处。在研究了大量恐龙和鸟类化石之后，科学家们提出，鸟类不仅和恐龙有亲缘关系，而且很可能就是一种小型恐龙的后裔。根据这一假说，一些与鸟类亲缘关系较近的恐龙应该长有羽毛，但相关化石一直没有被找到。20世纪末期，我国科学家在辽宁西部首次发现了保存有羽毛印痕的恐龙化石，顿时使全世界的研究者们欣喜若狂。辽西的发现向世人展示了恐龙长羽毛的证据，给这幅古生物学家们描绘的画卷涂上了"点睛"之笔。

恐龙是如何飞向蓝天的呢？让我们穿越时空隧道，访问中生代的地球，看看这一演化过程吧！

地球上的第一种恐龙大约出现在两亿三千万年前，它和狗一般大小，像鸵鸟一样用两条后腿支撑身体。数千万年后，它的后代繁衍成一个形态各异的庞大家族：有些恐龙身长几十米，重达数十吨，有些恐龙则身材小巧，体重不足几公斤；有些恐龙凶猛异常，是茹毛饮血的食肉动物，有些恐龙则温顺可爱，以植物为食。其中，一些猎食性恐龙的身体逐渐变小，长得也越来越像鸟类；骨骼中空，身体轻盈；脑颅膨大，行动敏捷；前肢越来越长，能像鸟翼一样拍打；它们的体表长出了美丽的羽毛，不再披着鳞片或鳞甲。它们中的一些种类可能为了躲避敌害或寻找食物而转移到树上生存。这些树栖的恐龙在树木之间跳跃、降落，慢慢具备了滑翔能力，并最终能够主动飞行。不过，有些科学家认为，飞行并非始于树栖生活过程。他们推测，一种生活在地面上的带羽毛恐龙，在奔跑过程中学会了飞翔。不管怎样，有一点毋庸置疑：原本不会飞的恐龙最终变成天之骄子——鸟类，它们飞向了蓝天，从此开辟了一个崭新的生活天地。

亿万年前，一种带羽毛的恐龙脱离同类，飞向蓝天，演化出今天的鸟类大家族。科学家们希望能够重现这一历史进程。随着越来越多

精美化石的发现，他们离这一愿望的实现已越来越近了。

——选自（人教版《语文》四年级上册）

引导思考

经过几亿年的变化发展，与鸟类有着亲缘关系的恐龙飞向蓝天，这个演化过程说明了什么？

启发认识

说明恐龙在几亿年间没有停止变化发展。

从地球上出现了像狗一样大小，像鸵鸟一样用两条后腿支撑身体的第一种恐龙，经过千万年的生长、发育、繁衍，形成形态各异、习性完全不同的庞大的恐龙家族。在这个家族中，习性温和的、以植物为食的恐龙身躯变小，前肢变长，又长出美丽的羽毛。由于生存条件的变化，它们有了飞翔的能力，渐渐演化为鸟类。这就说明，灭绝的恐龙只是恐龙家族的一部分，由于后来生存环境的变化，这个家族的不同成员，走向了不同的曲折的演化过程。恐龙的变化发展是大自然造就的必然结果。这充分证明事物发展的道路是曲折的，有时是漫长的，但新事物在旧事物中发展出来，代替旧事物的发展过程是不可改变的。

拓展理解故事

了不起的尝试

当莫尔斯1844年发明有线电报，使同一块大陆上的彼此隔绝的人们，几乎可以同时知道世界上发生的事情时，对远隔重洋的欧亚及美洲两大陆地上的人们，使用电进行通信，依然是个奢望。一根电缆能否经受海水的巨大压力，穿越两千多海里的距离，将两块大陆对接进行通信？对此，没有人有把握。菲尔德这位年轻的富商竟毫不犹豫地将自己所有的财产及全部精力投入到此项事业中去。他神速地在英国认购了35万英镑的原始资本，改造了由英美两国政府提供的两艘战

舰，分别装上足够铺设两千多海里的电缆，于 1857 年 8 月 5 日，由爱尔兰瓦伦西亚的一个小海港启航，开始了具有历史意义的铺设海底电缆的第一次尝试。第六天晚上，300 多海里长的电缆，在海面上消失得无影无踪，菲尔德第一次铺设海底电缆的尝试，因此而宣告失败。

第二年，菲尔德带着新的勇气和旧的电缆再次出发，却在第四天上遇上了狂风暴雨，白白扔掉了 200 海里长的电缆，再次宣告夭折。第三次出航已没有人再注意他们这支船队了。然而，海底电缆的第一次铺设成功，就是在这悄无声息的航行中完成的。

1858 年 8 月 16 日，当纽约人第一次接收到英国女皇通过海底电缆发来的贺电时，欣喜若狂。他们为菲尔德举行了盛大的游行，把菲尔德视为英雄。正当人们欢声雷动之时，那根要命的海底电缆突然沉默了。转眼间赞美变成了咒骂，英雄变成了骗子。海底电缆从此一搁浅就是六年。

当人们开始遗忘这件事时，菲尔德却重整旗鼓，第 30 次远渡大西洋，出现在伦敦。用 60 万英镑新资本，购置新巨轮，又开始了一次新的电缆铺设。经历了再一次失败之后，终于在 1866 年 7 月 13 日，使美洲到欧洲的海底电缆铺设成功。

引导思考

你从菲尔德铺设海底电缆的过程懂得了什么道理？

启发认识

纵观菲尔德铺设海底电缆，失败—挫折—再失败—再挫折—成功的过程，我们认识到人们进行的科学实验也不是一次就能成功的，必要经历一个曲折的探索过程。过去有一种叫"红汞"的"220 红药水"，是用来对外伤进行消炎的，叫"220"，是因为实验了 220 次才成功的。但其中仍存在着不利于人体健康的毒素，人们在"220 红药水"的基础上又通过实验制造出新的消炎的药品。所以说，事物的发展有一个曲折甚至漫长的过程，新事物必定会合乎规律地产生。人类正是认识到了事物发展的规律，在科学实验中以坚韧不拔的意志和不

屈不挠的精神，经过艰苦努力获得成功。这也启示我们在人生的道路上，在顺境中，我们不能沾沾自喜，要准备走曲折的路；在逆境时，要处变不惊，在困难和挫折面前，我们要坚信光明的前途，不悲观，不动摇，这样才能满怀信心地战胜困难和挫折，向着正确的人生目标迈进。

实践平台

神舟飞船历次飞行的历程

"神舟"一号1999年11月20日发射升空，11月21日返回，飞行1天。

"神舟"一号是不载人的试验性飞船。这是"长征"二号F型火箭的首次研制型飞行试验，主要目的是考核运载火箭的性能和可靠性。

"神舟"二号2001年1月10日发射升空，1月16日返回，飞行7天。

这是我国第一艘正样无人飞船，技术状态与载人飞船基本一致。开展了植物、动物、水生生物、微生物及离体细胞和细胞组织的空间环境效应实验等。

"神舟"三号2002年3月25日发射升空，4月1日返回，耗时6天零18个小时。

"神舟"三号飞船搭载了"模拟人"，模拟航天员呼吸和血液循环系统中的心律等多种太空生活的重要生理活动参数，为未来航天员进入太空提供可靠的数据。飞船改进和完善了包括伞系统在内的一系列与航天员安全性相关的措施和功能。

"神舟"四号2002年12月30日发射升空，1月5日返回，耗时6天零18个小时。

飞船技术状态与载人飞行时完全一致，解决了前三次无人飞行试验中发现的有害气体超标等问题，运载火箭和飞船完善了航天员逃逸救生功能。

"神舟"五号2003年10月15日发射升空，于10月16日顺利返回，飞行21小时。

这是我国首次载人（宇航员：杨利伟）航天飞船，飞船进一步完善了应急救生系统，从起飞到着陆都精心设计了救生方案。

实验：舱内未安放任何科学实验仪器，旨在保障航天员足够的活动空间和安全。航天员一日三餐甚至包括鱼香肉丝等有中国特色的食物。飞船还搭载总计1000克花卉、蔬菜、水果种子，利用空间技术手段促进改良遗传。

"神舟"六号北京时间2005年10月12日9时整，搭乘两名航天员聂海胜、贾俊龙的中国第二艘载人飞船"神舟"六号，在酒泉卫星发射中心中国载人航天发射场由神箭——长征二号F运载火箭升空，于15日着陆。

针对杨利伟提出的意见，在"神舟"六号设计建造过程中，飞船工程师反复亲身体会，调整了航天员座椅与舱窗的相对关系，并为航天员制定了如何找到最佳观察位置的办法。重新生产用来收集零散物品的袋子，封口处也都尽量改成了尼龙搭扣。

"神舟"七号2008年9月25日21时10分，长征二号F运载火箭点火，神舟七号飞船在酒泉卫星发射中心升空，9月28日傍晚，3位航天员巡天归来。

"神舟"七号载人航天飞行圆满成功实现了我国空间技术发展具有里程碑意义的重大跨越，标志着我国成为世界上第三个独立掌握空间出舱关键技术的国家。

发射"神舟"七号上天的长征二号F型火箭，与3年前送神六上

天的火箭相比，进行了36项技术改进，技术可靠性、航天员安全性、乘坐舒适性都有提高，视频信号也增加了。神五、神六航天员曾服用的中药汤剂，这次也被带上了神七。

引导思考

"神舟"飞船的几次试验过程都达到了预期的目标，说明了什么道理？

启发认识

我们做任何事情都要把握事物发展的渐进性和曲折性的过程规律。为把人送上太空，不能有任何的风险，保证实验飞行一步步达到理想的状态。具体做法是：从基础实验开始，从不载人到技术状态与载人一样，再从模拟载人到解决前三次实验的问题，进而从载一人（杨利伟）完善救生再到载二人，直到载三人这样一个实验过程，既把握事物发展前进的总方向，又正确对待前进和曲折之间的关系，采取了科学推进事物发展的方法和态度，才能正确地认识事物，把事情做好、做正确。

这个科学的实践过程值得我们学习。对自己的学习和进步也不能急于求成，要从自己的实际出发，保持不断进步的态势，不断克服缺点和不足，充满信心地达到自己的理想要求。

新中国航天事业的发展及主要成就

新中国航天事业的发展始于1956年。1956年2月，钱学森先生向中央提出了《建立中国国防航空工业的意见》。同年3月，国务院制定《1956年至1967年科学技术发展远景规划纲要（草案）》，其中提出要在12年内使中国喷气和火箭技术走上独立发展的道路。在这一年的4月，国家还成立了航天工业委员会。

在这一纲要指导下，1960年2月19日，中国自行设计制造的试验型液体燃料探空火箭首次发射成功。1970年4月24日，第一颗人造地球卫星"东方红"一号在酒泉发射成功，使中国成为继苏联、美国、

法国、日本之后世界上第五个使用运载火箭成功发射卫星的国家。"东方红"一号的成功发射在国际范围内产生了广泛而深远的影响，它标志着中国跨入了航天时代。1975 年 11 月 26 日中国首颗返回式卫星发射成功，3 天后顺利返回，自此，中国成为世界上第三个掌握卫星返回技术的国家。与此同时，中国"长征"系列火箭已经走向世界，享誉全球，在国际发射市场占有重要一席。

　　中国航天事业不仅在卫星发射和运载火箭方面取得了骄人的成绩，还在载人航天飞行器的发射方面取得了可喜的成就。从 1999 年 11 月 20 日，中国第一艘无人试验飞船"神舟"一号试飞成功，到 2001 年至 2003 年中国自行研制的"神舟"二号、三号、四号无人飞船的成功发射与返航，再到 2003 年 10 月 15 日，中国第一位航天员杨利伟乘坐"神舟"五号飞船进入太空，实现了中华民族千年飞天梦想。直至 2016 年，中国相继发射了"神舟"六号、七号、八号、九号、十号、十一号飞船。十七年时间，十一艘飞船，十一次飞跃，我国载人航天的速度和效率令世界称奇，令亿万中国人备受鼓舞，倍感自豪。

　　除此之外，中国还积极筹备空间站的建立。自 2004 年起，中国正式开展了月球探测的"嫦娥工程"。自 2007 年至 2013 年七年间，中国共发射三颗人造卫星进行月面勘测等。2011 年 9 月 29 日，"天宫一号"发射成功，标志着中国已经拥有建立初步空间站，即短期无人照料的空间站的能力。2016 年 9 月 15 日，"天宫二号"发射成功。天宫二号空间实验室，是继天宫一号后中国自主研发的第二个空间实验室，也是中国第一个真正意义上的空间实验室，这一实验室将用于进一步验证空间交会对接技术及进行一系列空间试验。自此，"嫦娥奔月""大闹天宫"的古代神话故事表达了人类翱翔太空的梦想，在航天技术日益成熟的今天，已不再是神话和梦想。

　　我国航天事业发展至今已有 62 年的历史，截至 2018 年 5 月 21 日，我国已进行了 290 次航天发射，其中长征系列运载火箭已进行 275 次发射，在轨卫星超过 200 颗，在太空探索方面取得了一系列重大成果。

引导思考

我国在卫星发射、运载火箭、载人航天器和空间站的建立方面都取得了骄人的成就，一次次的试验成功，62年的艰辛探索，使人类翱翔太空梦想变为现实。这说明了什么道理？

启发认识

我们在做任何事情，都要把握事物发展的渐进性和曲折性的过程规律。为把人送上太空，不能有任何的风险，保证实验飞行一步步达到理想的状态。具体做法是：从基础实验开始，从不载人到技术状态与载人一样，再从模拟载人到解决前面实验中所遇到的问题，进而从载一人（杨利伟）完善救生再到载二人，直到载三人这样一个实验过程，最终建立空间试验站，使人类在太空中进一步深入探索。既把握了事物发展前进的总方向，又正确对待前进和曲折之间的关系，采取了科学推进事物发展的方法和态度，才能正确地认识事物，把事情做好、做正确。

这个科学的实践过程值得我们学习。对自己的学习和进步也不能急于求成，要从自己的实际出发，保持不断进步的态势，不断克服缺点和不足，充满信心地达到自己的理想要求。

亲子互动

请同学运用学习的哲学知识，与家长一起讨论"失败是成功之母"的哲学含义，并懂得怎样对待自己前进中的挫折。

教学感悟

根据学生的认知能力，让他们了解"新事物是不可战胜的"，要从事物变化发展的曲折过程为认识起点。

通过实例，让学生了解到事物发展变化过程是从原来形态和一种新的形态变化，产生质变，这个过程是曲折的，又是不可阻止地发展着，变化发展的方向总是前进的，新事物必然会有规律地产生。

　　启发学生知道这个道理，要用这个规律对待所遇到的问题和自己的发展，不要急于求成，要从实际出发，不断克服困难和挫折，坚持不断进步的决心，充满信心地达到自己的理想要求。

哲思哲理

　　事物发展的总趋势是前进的、上升的。唯物辩证法认为，上升性和前进性是事物发展的不可逆的基本方向和基本趋势。前进性就是指事物运动的方向是从简单向复杂、从低级向高级上升的。由否定之否定所构成的一个完整发展过程中，每一次否定都是扬弃，克服和舍弃了旧事物中过时的、消极的要素，保留和发扬了旧事物合理的、积极的要素，并且增加了富有生命力的内容，因而每一次否定都是把事物推向较高的水平或阶段。这就是发展的上升性或前进性。

　　事物发展的具体道路又是迂回曲折的。否定之否定表明了事物发展不是一蹴而就的，而是经历了两次否定才是一个完整过程。肯定的否定和对否定的否定这两次否定所表现出来的事物发展道路不是直线的，而是一个曲线的过程。这就是发展的曲折性和迂回性。

　　前途是光明的，道路是曲折的，是说事物的发展是前进性和曲折性，上升性和回复性的统一，是否定之否定规律的表现形式。

　　任何事物的发展，都要否定自己从前存在的形式，否则，就没有新旧事物的区别。同时，任何事物的发展，都具有连续性，都要继承旧事物中的合理因素，新事物才可能产生的。

第二节　新事物一定能战胜旧事物
—— 不可阻挡的中国超越

学习目标

1. 知道什么是新事物，什么是旧事物以及它们之间的关系。

2. 知道世界上的一切事物都是在变化发展的，新事物一定会战胜旧事物。

问题引导

新事物一定能战胜旧事物吗？

激趣导入

请同学们看这幅图，请你们用刚学过的哲学道理来说说。

启发认识

同学们知道这是一幅关于什么的图吗？

这是一幅表现人进化、发展的图示。

人是从猿、类人猿、原始人一步步、一代代进化发展为现代人的。这是人的变化发展的过程。在这个过程中，新的人不断代替过去的人。事实已经证明，这是不可改变的发展大趋势。

我们都知道，劳动创造了人。人在改造世界、创造世界的过程中也发展着自己的生存能力和智慧。现代人的创造能力是以往任何一个时代的人都无法比的。一代又一代现代的新人，不断在现代生活中被培养出来，人的发展是不可逆转的，而且还会一代超越一代，你们一定会超越我们，成为更有智慧、能创造出一个新世界的新人。尽管这个前进的道路是曲折的，需要付出努力，但是新人代替过去的人的规律是无法改变的。

人的发展是这样，一切事物的发展也是这样。新事物一定会战胜旧事物，这是无法抗拒的规律。

哲理故事

计算机的发展不会止步

计算机是人类有史以来最伟大的发明之一，并被运用到人类社会的各个领域，使人类的社会生活发生了根本性的变化。

世界上第一台电子计算机，是1946年2月在美国问世的。这是第一代电子管计算机。这台计算机是一个庞然大物，重量达30多吨，共用各种电器原件达10万多个，计算速度每秒5000次。

10年后第二代晶体管计算机问世。它具有体积小、重量轻、功能多、可靠性强等优点，计算速度达每秒几十万次。

随着科学技术的发展，又用集成电路制成了第三代、第四代计算机，运算速度每秒几百万次。

到了本世纪，计算机的更新速度更快。以美国的"走鹃"为例，计算速度可达每秒1456万亿次，2009年6月排名世界第一。

2009年10月29日，由中国国防科技大学研制的"天河一号"首

台超级计算机亮相，计算速度每秒 2570 万亿次，超过了当时美国的"美洲豹"的计算速度，被国际超级电脑组织公布的全球超级电脑 500 强名单中排名第一，使中国成为继美国之后世界上第二个能够自主研制千万亿次超级计算机的国家。

到了 2011 年，仅一年多的时间，"天河一号"就被日本研制的"京"超越。2012 年，"天河一号"在世界排名降到第五位。继日本之后，美国研制的"红杉"又重新夺回了最快超级计算机的宝座。

2013 年 6 月 17 日，由中国科技部与中国国防科技大学共同研制的"天河二号"，又达到了世界超级计算的顶峰，创造了"中国速度"。《纽约时报》说"中国才是王者"。

不过，美国著名的计算机设计师史蒂夫·沃列奇则表示：世界不会停止脚步，这只是暂时的情况。中国必须不断超越，领跑世界。现在，我国的"神威·太湖之光"计算机又稳夺世界第一。

引导思考

怎样理解美国计算机设计师的话？

启发认识

通过计算机的发展过程，设计师的话说明计算机的发展总是会有新的计算机代替过时的计算机。这个发展是无止境的。这充分证明了事物的发展就是一个由新事物不断代替旧事物的过程，这是不可阻挡的。事物唯一不变的就是新生事物永远会战胜旧事物而不断发展的。

新事物就是符合事物发展规律的，有发展前途，所以是有强大生命力的东西。旧事物就是同事物发展规律相悖的、没有发展前途的、不断被新事物所代替的正在走向灭亡的东西。

拓展理解故事

不可阻挡的中国超越

1840 年以前，中国是一个封建大国，民穷国弱。1840 年以后，遭到英、法、德、意、日、美、俄等帝国主义国家的侵略、掠夺，中国人民遭受了更深重的灾难。

1931 年，日本帝国主义大举侵略中国，强占东北三省后，通过烧光、杀光、抢光的灭绝人性的侵略行径占领了大半个中国，激起了全国人民同仇敌忾的抗日浪潮。在中国共产党的领导下，全国人民与日本帝国主义进行了长达 14 年的艰苦卓绝的斗争，付出了 3500 多万生命的代价，取得了抗日战争的胜利，又经过解放战争，建成了人民当家作主的社会主义国家。

在党的领导下，中国人民激发了建设自己国家的极大热情，自力更生，艰苦奋斗，用 60 多年的时间，不仅改变了一穷二白的落后面貌，而且到 2008 年成为世界第二大经济体，超越了日本。今天，我们自己发展了，不忘世界上贫穷国家的人民，担当了许多

国际责任。

我们奉行和平、发展、互利、共赢的外交政策，赢得了许多朋友。中国的国际地位空前提高，在处理国际事务、维护世界和平等方面，中国起着重要的作用。一些西方资本主义国家在金融危机的打击下，各方面的发展遭到重创，他们害怕中国发展，千方百计在经济、政治、外交和军事方面打压中国，企图阻止中国的发展。

一个新生的社会主义国家，是代表站起来的中国人民利益的，必定能战胜损害人民利益、到处挑起战争、使一些国家的人民遭到生命和财产巨大损失的资本主义国家。我们有信心，在不久的将来，一定能成为世界第一经济大国，实现"两个一百年"奋斗目标和中华民族伟大复兴的中国梦，为世界人民做出更多的贡献。这同样是不可阻挡的历史发展大方向。

引导思考

中国的崛起说明了什么哲学道理？

启发认识

中国是社会主义国家，是代表广大人民利益的国家，必然得到人民的拥护。而资本主义国家是代表少数资本家的利益，必然损害人民的利益，得不到人民的拥护。社会主义是新生事物，尽管以后发展的道路是曲折的，但一定能不断发展，最终会战胜资本主义，取得胜利。

社会的发展过程进一步说明新生事物战胜即将灭亡的旧事物，这是普遍的规律。

实践平台

真实的高度

大仲马是 19 世纪法国作家。他写了很多作品，其中最著名的有长篇小说《三个火枪手》《基度山伯爵》等。这些作品广为流传。

一天，大仲马得知他的儿子小仲马寄出的稿子总是碰壁，便对小仲马说："如果你能在寄稿时，随稿给编辑先生们附上一封短信，或者只是一句话，说'我是大仲马的儿子'，或许情况就会好多了。"

小仲马说："不，我不想坐在您的肩头上摘苹果，那样摘来的苹果没味道。"年轻的小仲马不但拒绝以父亲的盛名做自己事业的敲门砖，而且不露声色地给自己取了十几个笔名，以避免那些编辑先生们把他和大名鼎鼎的父亲联系起来。

面对一张张冷酷无情的退稿笺，小仲马没有沮丧，仍然不露声色地坚持创作。他的长篇小说《茶花女》寄出后，终于以其绝妙的构思和精彩的文笔震撼了一位资深编辑。这位知名编辑和大仲马有着多年的书信来往。他看到寄稿人的地址同大作家大仲马的丝毫不差，怀疑是大仲马另取的笔名，但作品的风格却和大仲马迥然不同。带着兴奋和疑问，他迫不及待地乘车去拜访大仲马。令他大吃一惊的是，《茶花女》这部伟大作品的作者，竟是大仲马名不见经传的儿子小仲马。

1848 年，小说《茶花女》问世，使小仲马一举成名。1852 年，《茶花女》又被改编成同名话剧，演出获得极大的成功。

那位资深编辑曾经疑惑地问小仲马："您为何不在稿子上署上您的真实姓名呢?"小仲马说："我只想拥有真实的高度。"老编辑对小仲马的做法赞叹不已。

——选自（人教版《语文》四年级上册）

🙂 **引导思考**

你怎么理解小仲马说的"我只想拥有真实的高度"的?

🙂 **启发认识**

因为他不想坐在父亲的肩头摘苹果，这不属于自己的成就，品尝起来没味道。他经历无数次冷酷退稿的曲折过程，充满自信地坚持不懈，以绝妙的构思和精彩的文笔形成了自己的创作风格。这是属于小

仲马自己的真实，是超越大仲马的创新高度。

小仲马的自觉超越精神很值得我们学习。

亲子互动

习爷爷在五四运动 95 周年的时候，到北京大学考察时作了重要讲话。他指出，建设世界一流大学必须有"中国特色"，要扎根中国大地办大学，不要把北大办成"第二个哈佛和剑桥"，而是要办成"第一个北大"。"建设世界一流大学"是我国启动的"985"工程的宏伟目标。将来你上大学就是要上中国的一流大学。

和家长讨论，习爷爷说的"第一个北大"是什么意思？

教学感悟

学生了解了事物发展道路是曲折的，但又是不可阻止的，新事物合规律地产生。

进一步要让学生知道什么是新事物，什么是旧事物，从中知道新事物一定会战胜旧事物。这不仅是自然界规律、人们认识事物的规律，也是社会发展的规律。

引导学生对新事物充满信心，对自己的发展充满信心，坚定中国特色社会主义信念，对他们的世界观、价值观的形成有重要帮助。

哲思哲理

新生事物是符合事物发展规律、适应事物发展客观需要的，因而具有强大的生命力，具有旧事物不可比拟的强大的优越性。当然，新生事物在开始时它可能比较弱小、不完善，有这样或那样的缺憾，其成长过程也不见得一帆风顺，要经历曲折的发展成长过程，但总是由小到大、由弱到强、由不完善到完善。历史的逻辑永远是：暂时显得弱小的、代表进步趋势的新生事物终将战胜那些表面强大的、代表保守方面的、趋向灭亡的旧事物。一定要按照辩证法的要求，学会识别、爱护、扶持新事物。要善于敏锐地发现新事物，热情地

扶植新事物。

在现实生活中，不能像中国古代的成语故事中的《刻舟求剑》《郑人买履》《守株待兔》那样，这都是讽刺囿于思维定式、生搬硬套的现实生活的实例，不遵从事物发展的规律。任何事物都是在发展中千变万化的，不能用固定的模式千篇一律地硬套一切。

第三节　做有创新精神和实践能力的人
——电脑住宅

学习目标

1. 知道我们生活在一个不断创新、不停发展的社会。
2. 要有创新精神和实践能力，推动社会进步。

问题引导

我们生活的社会是怎么发展的？

激趣导入

同学们知道原始社会的人们使用什么工具进行劳动生产吗？现在我们使用的是什么工具呢？

请看图：

请同学们想一想，人们使用的生产工具的不断进步，说明了什么问题？

启发认识

我们知道一切事物都在发展变化着，唯一不变的就是新事物一定会代替旧事物。在人类社会，就是依靠人们在长期的实践中不断创新

174

生产工具，创造了越来越多的物质财富，人们才有了幸福生活。

生产工具的不断创新，推动人类社会的不断向前发展。人在劳动中不断创新生产工具的同时，人也在发展。没有人的发展就没有生产工具的创新。

我们知道劳动是人特有的实践活动，可以说，实践就是一个不断创造和创新的活动。人在实践中不仅用自己创造的生产工具改造着自然，同时也发展着创新的本领。这是一个实践过程中两个不可或缺的方面。说到底，人的创新活动主体是人，也是为了人的幸福生活。

我们要继承先辈们的创新精神和实践本领，担当起为人类创造更美好明天的责任。

哲理故事

电脑住宅

在某城市的中心，有一栋实验性的电脑住宅。这座住宅里安装了一百多台电脑，一切都由电脑指挥。

住宅的大门外有一根竖杆，上面安装着风向标。它同室内的电脑相连，将室外的温度、湿度、风力和和风向等数据输入电脑。电脑根据这些气象资料，为主人提供一个既节能又舒适的家居环境。

要想进入住宅必须要输入密码。门口还有微型摄像机，能将客人的面貌特征输入电脑。如果电脑确认你是"未经登记"的陌生人，你即便知道密码也无法将大门打开。这时，只有主人下达"同意入内"的指令后，大门才会打开。

进入住宅，轻松悦耳的乐曲会立即播放。沿着门厅走进会客室，发现里面只有几件家具。原来，其他物品都分门别类地放在地下室仓库的"集装箱"里。需要的时候，可以通过电脑，将相关的"集装箱"调运到指定的地方，以便取出或放回物品。

厨房在一楼，里面有一套教人做菜的电脑装置。电脑中储存了中餐、西餐和日本菜等烹调方法的资料。它能告诉人们如何备料、烹饪，

还能示范如何操作和自动控制烹炒的火候。

卧室在二楼，床头有一个写着"休息"二字的开关。主人在睡觉前，只要按一下开关，整栋房子便进入"休息状态"，除走廊等处留有必要的灯光外，其他地方的灯全部熄灭。这时，没有关闭的窗户自行关闭，空调系统减弱风力，房子四周的防盗报警装置进入工作状态。这一切将持续到第二天早晨主人起床为止。

浴室的装置也受电脑指挥，人们可以"预约"洗澡时间。如果想一回家就能洗上热水澡，可以给家里的电脑发指令，告知使用浴室的时间，到时候浴缸里便会放满热水，做好洗浴的准备。

住宅里的所有电脑全部设在"暗处"，在室内见不到。它们各有各的职能，分工负责，同时又相互连接，以便对环境作出综合判断，为主人提供舒适的生活条件。

——选自（人教版《语文》四年级上册）

引导思考

你见过电脑住宅吗？人们能住上电脑住宅吗？

启发认识

我们没见过电脑住宅。因为电脑住宅只在一个国家建了一个初步的样子。高科技的发展使人们已经构想，并初步建成了一个电脑住宅，我们用电脑住宅的日子不会很远了。只要是想象到了，并有一个初型，就是现在已经具备了建设更多的电脑住宅的科技条件了。

现在家用电器已经应有尽有了，机器人已经进入家庭生活。人的智慧将会超出电脑住宅的构想，人类已经建立了太空站，将来会在月球和别的什么星球建造人能生存的住宅。

拓展理解故事

软件大王的创新之路

在当今世界，无人不知比尔·盖茨。他是微软公司的总裁，全世

界第一个软件大王。他是一个充满创造奇迹的人物。追寻他的成长道路，可以发现他做事执着，不断创新，这就是他创造奇迹的秘诀。

1955年10月28日，盖茨出生在美国华盛顿州西部港口城市西雅图。盖茨从小就热爱学习，极爱思考，一迷上某事不管别人怎么说，非干到底不可。

盖茨小学毕业后，父母为他选择了本市最好的私立中学——湖滨中学。学校为了学生了解计算机，买了一台电脑。盖茨像着了魔似的喜欢上了计算机，特别是计算机严密的逻辑计算过程，喜欢计算机对人的智力的挑战。为了弄懂计算机的奥秘，他从计算机原理到程序无所不学。他为了玩三连棋，还编写了第一个软件程序。他为了减少使用计算机的费用，和他的好友艾伦私自改变计算机的计费程序。计算机公司不仅没有惩罚他们，还让他们为计算机系统找问题。盖茨借此对计算机硬件到软件进行全面研究。

1970年，当时比尔·盖茨只有15岁，一家信息科学公司让他为公司设计工资管理软件。经过几个月的艰苦研究，他圆满地完成了任务，进一步提高了他的软件编写技巧。

1973年，他进入哈佛大学学习法律，但他的兴趣只在电脑上。

1975年，他和艾伦购买了一台刚刚问世的微型电脑。他创造性地将适用于英特尔芯片的BSC语言成功地应用于电脑。

为把他们创新的软件推广出去，他们成立了自己的微软公司，推动各计算机公司都用他们的软件。不久，在盖茨的谋划下，微软公司创新的MS－DOS系统全面推向市场，从此获得了计算机软件行业的霸主地位，服务全世界。

盖茨的成功在于他对新事物的执着追求和创新精神。

引导思考

你对比尔·盖茨的成功有什么看法？

启发认识

盖茨从小热爱学习，极爱思考问题，一喜欢上干什么就执着地干

到底。他用这种精神像着魔似的喜欢上了计算机，认真地学习、研究和应用。他不是一般地应用，而是创造性地应用，不断创新软件程序，直到他的软件服务全世界。

他对新事物的执着追求和创新精神，很值得我们学习。

实践平台

同学们，你们知道哪些发明创造的故事？这些发明创造的发明家和科学家有什么共同的特点？

我们一起来讨论。

引导思考

大家知道很多发明和创造的故事和科学家：有古代的、现代、中国的、外国的，看来大家都喜欢科学家。你们说得对，他们的共同点就是爱思考、爱钻研，并且还千方百计、不怕困难地进行实践，直到把想象变成成果。他们共有的是创新精神和实践能力。

我还是想提一个问题，你们知道中国有哪些创新成果已经达到了国际先进水平，甚至超过了世界先进水平吗？

启发认识

看来中国的科学技术进步正在超越式发展。同学们说的时候，带着激情和自豪。推动科学技术的进一步发展，接班人就是你们。你们一定要做一个有大国责任感、有创新精神和实践能力的新型人才，外国有的，中国都要有；外国没有的，中国也要有。让中国更强大，为世界做出更多的贡献。

亲子互动

请同学们与家长一起查一查中国的"彩虹无人机"发展的情况，谈谈自己感悟到了什么精神。

178

教学感悟

学生基本知道了一切事物都在变化发展着，而唯一不变的是新事物一定会代替旧事物。引导学生知道在新事物战胜旧事物的过程中，人的能动性、创造性起着巨大的推动作用。人是创新的主体，人的实践过程就是创新过程。

在改造自然、社会和人自己的实践过程中，不断创造着美好生活。启发学生认识，我们今天享受的一切美好生活都是前辈们创造的成果。激发学生担当起为人类创造未来美好生活的责任，必须做一个有创新精神和实践能力的新型人才。

哲思哲理

发展的实质是新事物产生和旧事物灭亡的过程。在人类社会，这一过程就是推陈出新、破旧立新的创新过程。

创新就是破除与客观事物进程不相符合的旧观念、旧理论、旧模式、旧做法，发现和运用事物的新联系、新属性、新规律，更有效地进行认识世界、改造世界的活动。创新是社会发展的不竭动力。整个人类发展进步的历史，就是一个不断创新和创造的历史。没有创新，就没有人类的进步，就没有人类的未来。科技创新、制度创新和理论创新是人类社会创新的基本形式。

推进各种形式的创新，都离不开创新思维。创新思维是唯物辩证法批判性和革命性本质的体现，要求依据实践发展和科学进步转变思维方式、突破思维定式，在把握事物发展客观规律的基础上实现变革和创新，不断提高创新思维能力。

提高创新思维能力，必须把握创新思维能力。创新思维有诸多具体形式，如联想思维、逆向思维、发散思维、超前思维等。在一定意义上说，创新思维往往是对常识局限性的突破和超越。在提高创新思维能力的过程中，既要尊重常识，又不能迷信常识。

实践发展永无止境，认识真理永无止境，理论创新永无止境。人

民群众是历史的创造者，人民群众的创造性实践，既是理论创新的活水源头，又是推动理论创新的根本动力。提高创新思维能力，必须反对各种形而上学的思维方式，做到不唯书、不唯上、只唯实。

一要破除迷信"经验"的惯性思维，二要破除迷信"本本"的惯性思维，三要破除迷信"权威"的惯性思维。

经过30多年的改革开放，中国的发展取得了巨大的进步，但仍然必须保持开拓进取的创新精神，培养一代又一代具有社会责任感、具有创新精神和实践能力的新人。是中国的发展、世界的进步的根本助力。

第四节　荡起理想的双桨

——把理想实现在祖国的大地上

学习目标

1. 知道什么是理想，人为什么要有理想。
2. 懂得要从小树立远大的理想，人生才有意义。

问题引导

人为什么要有理想？

激趣导入

同学们，今天我重提两个感人的故事，一起来分析让我们感动的根本原因。

一个是关于我们敬爱的周恩来总理小时候的故事。

周恩来在少年时，老师问大家"你们为什么而读书"的时候，他是怎么回答的？

"为中华崛起而读书！"多好啊！

还有一个是关于伟大的发明家爱迪生小时候的故事。爱迪生 12 岁时，想试验一下：人怎么能飞起来，就给他的小朋友吃了沸腾粉，差点让小朋友没了命。他妈妈非常生气，要砸他的实验室，他对妈妈说："您砸了我的实验室，我怎么为人类做出贡献？"

请同学们想一想，这两个故事发生在不同的国家、不同的时代，叙述的事情也完全不一样，但是，我们能不能找到故事中蕴藏的共同点呢？你还能讲出类似的故事吗？

启发认识

尽管故事产生在不同的国家、不同的时代，但都表达了共同的思想，就是都有为人民的利益、为人类的利益着想的崇高理想。他们都

为人类做出了伟大的贡献。

我们从中知道了，理想就是人生的奋斗目标。理想的出发点就是为了人民的利益。为了人类的利益而不畏艰险，努力探索，顽强奋斗，理想才能实现，才能得到人民的信任和尊重，人民群众会永远记住你，你的人生才有意义。

这两个故事告诉我们，只有从小树立起远大的理想，长大才能为人民的利益做出贡献，才能成为被人民群众认可的人才，人生才能出彩。

哲理故事

理想铸就伟大的科学家——钱学森

钱学森是我国航天科技事业的先驱和杰出代表，被誉为"中国航天之父"和"火箭之王"。

他于1911年出生在上海市，3岁时随父亲到北京。他父亲钱均夫很懂教育，在他的教导下，钱学森从小就树立了"理工救国"的理想。他树立这个理想，是因为在那个年代，中国的科学技术非常落后，受到几个帝国主义国家的欺压和掠夺，国弱民穷。所以，他学习理工，是走科技救国之路。

1934年，钱学森毕业于上海交通大学，1935年考取美国麻省理工学院，并于1936年转入加州理工学院继续学习，拜著名的航空科学家冯·卡门为师，学习航空工程理论。

钱学森学习十分努力，三年后便获得了博士学位并留校任教。在冯·卡门的指导下，钱学森对火箭技术产生了浓厚的兴趣，并在高速空气动力学和喷气推进研究领域中突飞猛进。不久，经冯·卡门的推荐，钱学森成了加州理工学院最年轻的终身教授。

其后的十几年里，钱学森虽然在学术上取得了巨大成就，生活上享有丰厚的待遇，但他始终想要报效自己的祖国。

1949年10月1日，新中国成立了。钱学森心情兴奋，他更加坚定

了早日回归祖国、用自己的专长建设祖国的决心。

新中国刚成立，在美国国内，正在掀起一股疯狂的反共逆流，几乎每天都会发生对大学和其他机构的人员进行审查和威胁性审查的事件。加州理工学院也未能幸免，美国联邦调查局将怀疑的目光锁定在钱学森身上。

1950 年 7 月，美国政府决定取消钱学森参加机密研究的资格，还诬陷钱学森是美国共产党员，是非法入境。钱学森无法忍受发生的这一切，加上报效国家的愿望，决定以探亲为理由立即回国，准备一去不返，但遭到美国政府的阻拦。

1950 年 9 月 6 日，钱学森突然遭到联邦调查局的非法拘留，被送到移民局看守所关押起来。

在看守所，钱学森像罪犯一样受到种种折磨。不久，加州理工学院的师生、钱学森的老师冯·卡门以及一些美国友好人士，纷纷向移民局提出强烈抗议，为他找辩护律师，还募集 15 万美元保释金将钱学森保释出来。

此后，钱学森继续受到移民局的迫害。他被禁止离开洛杉矶，行动处处受到监视，还要接受定期的查问。

然而，钱学森挚爱祖国的赤子之心反而更加炽热。他日夜思念着新中国，坚持抗争，不断地向移民局提出回国的要求。

这样的生活持续了五年。有国不能回的钱学森，为了实现自己的理想，在那五年里并没有停止钻研他所热爱和献身的科学事业。当时，美国政府阻止他离开美国，是因为他研究的火箭技术有利于中国的国防事业，想通过滞留他来达到阻拦新中国科学技术发展的目的。钱学森知道后，非常气愤。于是，他另行选择"工程控制论"这一新专业进行研究，以便消除回国的障碍。

1954 年，他用英文写出 30 多万字的《工程控制论》。实际上，工程控制论与自动化，与电子计算机的研制和运用，与国防建设都密切相关，只不过当时美国当局并没有意识到罢了。

为了使自己的思想跟上祖国飞速发展的形势，他潜心研读了恩格

斯的《自然辩证法》和马克思的《资本论》，并和一些中国科学家、留学生共同讨论有关问题。

1955年6月的一天，钱学森摆脱特务监视，在寄给比利时亲戚的信中，夹带了一封写在香烟纸上、给全国人大副委员长陈叔通的信，请求祖国帮助他早日回国。陈叔通先生一收到信，立即把它送到周恩来总理的手中。

1955年8月1日中美大使级会谈在瑞士日内瓦进行，王炳南按照周总理的授意，以钱学森要求回国的这封信为依据，与美方交涉，美国政府不得不允许钱学森离美回国。

1955年9月17日，钱学森与夫人和两个孩子终于乘坐美国"克利夫兰总统"号邮轮，离开洛杉矶，返回到日思夜想的祖国。

1956年，他受命于国家，组建我国第一个火箭、导弹研究所——第五研究院并任首任院长。

1958年，他加入中国共产党。他主持完成了"喷气和火箭技术"的建立规划，参与远程导弹、中远程导弹两弹结合的研制和实验，以及我国第一颗人造地球卫星的研制和实验，并取得了成功。

回国至去世，钱学森在应用力学、喷气推进、工程控制论、物理力学、思维科学、教育等诸多科学领域以及我国发展航天事业都做出了开创性的贡献！他实现了自己的伟大理想。

引导思考

钱学森的理想是什么？他是怎样实现自己的理想的？

启发认识

钱学森的理想是"理工救国"，用自己所学的知识改变祖国被帝国主义欺凌的落后局面，走科技救国之路。为了实现自己的理想，他刻苦读书，出国留学，学习最尖端的科学技术。当新中国成立了，他放弃了优越的生活条件，毅然决然地回归祖国。回国的路并不平坦，他千方百计，不畏美国的无理阻挠和无情迫害，终于回到祖国，加入了中国共产党。在国家经济最困难的情况下，克服了各种常人难以承

担的困难，为祖国奉献了自己全部的聪明才智，担当起发展祖国航天事业的重大责任，并取得了巨大成绩。这种爱国主义的崇高理想，表现在他热爱和忠诚祖国的思想、情感和不畏艰难险阻的行为上。

拓展理解故事

把理想实现在祖国的大地上

建造世界上第一个"中国天眼"望远镜的人是天文科学家南仁东爷爷。

他从小热爱学习，以优异成绩考入清华大学，后获得硕士和博士学位。他又到国外深造，成为世界上著名的天文学家。但他始终有一个心愿，就是回到祖国，为祖国造一个世界上最大最好的望远镜。

他知道，在国内一年的收入只是在国外一天的收入，但他更明白，科学家有祖国，为了祖国的强大，要把理想写在祖国的大地上，他回到了祖国。

为了建一个世界上独一无二的望远镜，他决定从 1994 年开始行动。而首要的任务是选择建造"天眼"合适的地形了。他提出在祖国大西南的喀斯特洼地作为望远镜的台地。为了在这里找到地形，他跋涉在大山里，先后对比了 1000 多个洼地，行程的时间长达 12 年。

选好了建址，他作为首席科学家，担当起总设计师的责任，全面指导工程建设，亲自主持攻克一系列技术难题，并亲自参与实验。从 1994 年决定建造到 2016 年 9 月 25 日建成使用，历时 22 年，这个"中国天眼"终于建成使用了，南爷爷的理想实现了。

习近平主席发来贺电，全国人民为之振奋，全世界为之惊叹！而南爷爷却得了重病，于 2017 年 9 月 15 日离开了我们，人民悲痛无比。南爷爷虽然闭上了双眼，而"中国天眼"却永远睁大眼睛，注视着浩瀚的宇宙，为人类开发宇宙指引着方向。

这是一个伟大的爱国者理想的真诚奉献。

引导思考

我们怎么向南爷爷学习？

启发认识

南爷爷是我们学习的好榜样。我们要像他那样，树立为祖国的强大发挥智慧的理想。我们要听习爷爷的话，爱祖国，爱学习，爱劳动，练出大本领，将来也把理想实现在祖国的大地上。

习爷爷说，不忘初心，继续前进。在这伟大的新时代，我们要荡起理想的双桨，加油驶向理想的目标。

实践平台

同学们知道很多有理想、有追求、为人类的利益做出伟大贡献的科学家、革命家。我们的好榜样雷锋说过这样一句话：把有限的生命投入到无限地为人民服务之中。他用自己的行动践行了自己的崇高诺言。但是，也有另一种人，他们只追求金钱、享乐、权利，不择手段地侵害人民的利益，最终走上犯罪的道路。他们的追求也算是一种人生目标，但这是理想吗？

引导思考

在这两种人生目标中，你追求哪一种人生目标呢？你准备做一个什么样的人呢？

启发认识

后一种人的人生目标是与人民的利益背道而驰的，不是理想。理想是崇高的，是对真善美的追求，是为人类利益创造更幸福的生活的追求。这样的追求，成为一个人生活的动力、力量的源泉、生命的真谛。正像爱因斯坦所说：一个人的价值，应该看他贡献什么，而不应看他取得了什么。大家都想做一个对人民有贡献的人。

党的十八大提出，让我们每个人都成为有社会责任感、有创新精神、有实践能力的新人。党的十九大又提出新时代的"新人"要求，

做新时代"新人"，这样才使我们的人生出彩。中国已经成为世界上的经济大国。作为社会主义国家，我们担当着为全世界人民谋求幸福的国际责任。我们学习在芳草地国际学校，办学理念是培养有中国情怀和国际视野的芳草学子，这正符合时代的要求。

这里就是我们理想起航的始发点，让我们在这里树立起远大的理想，好好学习，天天向上，荡起理想的双桨，奔向美好的未来。

亲子互动

与家长一起研究，自己想树立一个怎样的理想？为实现理想该怎么做？

哲思哲理

理想是人们在实践过程中形成的、有实现可能性的、对未来社会和自身发展的向往与追求，是人们的世界观、人生观和价值观在奋斗目标上的集中体现。人们既要满足眼前的物质和精神需求，又憧憬未来的美好生活目标，期盼满足更高的物质和精神需求。对现状永不满足、对未来不懈追求，是理想形成的动力源泉。

人是社会关系的总和。人之为人，很大程度上是由社会因素决定的。个人的活动既是一个生命的自然过程，又是社会实践的历史过程。在这个历史过程中，每个人都不是孤立存在的，他的活动都面临着个人与社会的关系问题。因此要从社会关系入手分析人们所处的经济地位、政治地位等方面，只有如此才能认清人的本质和价值所在，进而做该做的事，成为幸福的人。

个人对社会的贡献是社会发展和进步的前提和基础。社会的发展和进步，总是以一定的物质财富和精神财富的发展为基础的，而社会要满足个人生存和发展的需要，也必须首先把这些财富创造出来。为此，就要求每个社会成员承担应有的责任，进行创造性的劳动，做出更多的贡献。只有这样，人类才能更好地走向理想的社会和美好的未来。

社会对个人的尊重和满足，必须以个人对社会的贡献为基础。所以，个人要实现人生的崇高理想，首要的还是积极地为社会发展做出贡献。

个人对社会的贡献是多方面的。在社会生活的各个领域，每个人对社会对人民做出的贡献，就是人生价值的体现。

我们坚持正确的价值判断，在自己的岗位上，在平凡的生活中，尽职尽责，奋发努力，开拓进取。这本身就是一种奉献和牺牲，就是一种不平凡，就是推动了社会的进步和发展。只有这样，一个理想的社会才终将到来，人的解放才会实现，人们自由和幸福的生活才不会只是梦想。

只有明确了这些问题，人们才能够正确地对待生活中遇到的各种事情，才能更好地处理自己与他人、个人与社会的关系，更好地融入推进社会发展与进步中去。一个国家、一个社会，也需要更多有正确人生观的社会成员普遍认同的价值体系来维系。普遍认同的价值体系是维系社会团结的精神纽带、推动社会全面发展的精神动力、指引社会前进方向的精神旗帜。树立正确的人生观，能够坚定人们的理想信念，提高人们的道德水平，激发人们为社会主义和共产主义的崇高事业而奋斗的勇气和力量。

一个有理想的人，应该看清历史发展的规律，树立正确的人生观，明确人生的意义、价值和目标，给个体的自我实现找到正确的方向，使个体的存在成为社会整体的一个和谐因素，做一个高尚的人，一个纯粹的人，一个有道德的人，一个脱离了低级趣味的人，一个有益于人民的人。

第五节　担当起构建人类命运共同体的责任

——建设各国共享的百花园

学习目标

1. 了解什么是人类命运共同体。
2. 了解"'一带一路'的愿景与行动"倡议。
3. 努力做一个有中国情怀、国际视野的接班人。

问题引导

在新形势下，中国怎样担当起大国责任？

激趣导入

同学们，关于人类对宇宙中其他星球是否适合人类生存的探索你都知道哪些？

截止到目前对宇宙的探索，只有地球适合人类生存，我们共同生活在一个地球上，这是人类唯一的生存之地。

这本是人类的共同家园，可是，人类生存得太平吗？请同学们说说自己的看法。

是的，人们为了生存，无节制地开采利用地球资源，使生态平衡遭到严重破坏；一些发达国家是地球生态的主要破坏者，为了争夺地球资源，用战争的残酷手段掠夺别国资源，使被掠夺国的人民流离失所，人命财产遭到不可挽回的损失；还用不公正的手段对待贸易交往，以及为此制造了人类历史上最残忍的恐怖主义；等等。

启发认识

人类面对这样的生存环境该怎么办？

同学们说了很多办法，我们来看看习爷爷是怎么说的。

习近平主席说："这个世界各国相互联系、相互依存的程度空前加

深，人类生活在同一个地球村，生活在历史和现实的交汇的同一个空间里，越来越成为你中有我，我中有你的命运共同体。"

构建"人类命运共同体"理念的提出，契合了各国人民求和平、谋发展、促合作的共同愿望，顺应了当今世界和平、发展、合作、共赢的时代潮流，体现了中国人民在党的领导下，依靠自力更生、改革开放，迅速崛起成为世界第二大经济体，成功建设中国特色社会主义，将为人民服务的宗旨惠及世界各国人民。

我国能提出构建人类命运共同体的理念，是继承和弘扬了中华优秀传统文化的智慧。

中华优秀传统文化之所以经久不衰，代代相传，一个重要原因是主张平等交往、和平相处、相互合作。中国历来主张"礼行天下"，提倡"海纳百川"，倡导"己所不欲，勿施于人"，崇尚"以和邦国""和而不同""天下大同"。

习近平主席说："几千年来，和平融入中华民族的血脉中，刻进了中国人民的基因里。"这是人类命运共同体的文化基因。

构建人类命运共同体，实现世界各国人民共同发展，共享幸福，中国给出了自己的方案。

哲理故事

建设各国共享的百花园

2013年9月7日，哈萨克斯坦纳扎尔巴耶夫大学礼堂挤满了人，一场不同寻常的演讲牵动人心。台上，习近平主席饱含感情地回忆起曾深刻影响哈萨克斯坦的古丝绸之路，继而由古推今，提出宏阔构想：用创新的合作模式共同建设"丝绸之路经济带"，打造各国人民共享和平、共同发展的新丝绸之路。

时隔不足一个月，习近平主席出访"千岛之国"印度尼西亚。在国会讲演中，他回顾明代航海家郑和七次远航都到访印尼群岛的历史，倡言愿与东盟国家"共同建设21世纪'海上丝绸之路'"。

至此，悠远的文明连接现在"一带一路"重大倡议隆重问世。一海一陆两条彩带将紧紧连接起沿线44亿人，东牵亚太经济圈，西接欧洲经济圈，穿越非洲，环连欧亚，擘画出世界上跨度最长、最有潜力，凝聚最广泛的合作带，一幅高远、美美与共的共同繁荣、共赢发展蓝图，充分依靠中国与沿线各国已有的双边合作机制，融通了中国梦与世界美好的未来。

这里高扬着和平合作、开放包容、互学互鉴、互利共赢的创新精神和时代内涵。

中国作为负责任大国，深知"世界好，中国才能好，中国好，世界才更好"之理，把中华文明推进到世界的前沿。

从2013年9月到2016年8月，习近平主席累计出访30多个国家，参加多场重要国际会议，所到之处，都对"一带一路"进行阐释，"一带一路"是"发展的倡议、合作的倡议"，"旨在沿线国家分享中国发展的机遇，实现共同繁荣"。并说，这不是中国的"独角戏"，而是"大合唱"；不是私宅的"后花园"，而是共享的"百花园"；不是"私家小路"，而是"阳光大道"，把共商、共建、共享合作的理念，刻印在沿线国家人民的心里。

2015年2月，由副总理张高丽担任组长的"一带一路"建设工作领导小组成立。

3月，"一带一路"建设的顶层规划《推动共建丝绸之路经济带和21世纪海上丝绸之路的愿景与行动》公布。

习近平主席说："一个行动胜过一打纲领。"

2016年3月，"一带一路"列入我国的"十三五"规划。

8月，为推进"一带一路"建设，习近平主席提出八条实施要求。

2016年9月8日，李克强总理出访，加快"一带一路"倡议与周边国家经济发展有效对接。

2017年1月，国家发改委协同13个部委共同设立"一带一路"工作机制……

顺应潮流，人心所向。60、70……到2017年5月14日召开"一

"带一路"国际合作高峰论坛，已有100多个国家和国际组织加入"一带一路"计划。

"一带一路"牵引着各国的前途命运从来没有像今天这样紧密相连，休戚与共。中国的朋友圈不断壮大。

"一带一路"沿线国家不仅是高铁、公路、港口、隧道、机场、核电、水电、……三年多文化交流项目——134所孔子学院、130个孔子课堂、318个政府间文化交流合作协定、……，中华文明的种子在"一带一路"沿线播洒。"一带一路"倡议首次写入联合国大会决议，联合国安理会决议首次载入"构建人类命运共同体"理念。

3年多来，"一带一路"建设从点到面，进度和成果超出预期，进入全面推进务实阶段，证明了中国方案的感召力、吸引力之大，赢得广泛参与和赞誉，彰显了一个大国的影响力和责任担当。

引导思考

当你知道了"一带一路"从提出到取得重大成果，你感受到了什么？

启发认识

我们感到党特别伟大，领导我们国家成了世界第二大经济体，中国人民幸福了还不忘世界人民，面对世界的复杂问题，为世界人民的幸福，有勇气有智慧，提出构建人类命运共同体的理念，为世界发展指出了方向。为了实现这个伟大目标，以务实精神提出"一带一路"倡议，指出了为世界各国人民发展愿景和具体行动的中国方案，把构建人类命运共同体的理念变具体行动。

拓展理解故事

丝绸之路的故事

一座古朴典雅的"丝绸之路"巨型石雕，矗立在西安市玉祥门外。那驮着彩绸的一峰峰骆驼，高鼻凹眼的西域商人，精神饱满，栩

栩如生。商人们在这个东方大都市开了眼界，正满载货物返回故乡。望着这座群雕，就仿佛看到了当年丝绸之路上商旅不绝的景象，仿佛听到了飘忽在大漠中的悠悠驼铃声……

公元前115年，一个天高气爽的早晨。

在伊朗高原北部，一位身着戎装的将军正在安息国边境守候。将军骑在高头大马上，身后兵马不计其数。这浩浩荡荡的大军奉安息国国王的命令，正在迎候远道而来的友好使节。

东方隐约传来一阵叮零叮零的驼铃声，士兵们循着铃声望去，远处出现了一支骆驼队，骆驼队前面飘扬着鲜艳的旗帜。

"来了！来了！"安息国士兵欢呼起来。

"列队欢迎！"将军发出了命令。

骑兵迅疾分列两队，一左一右，摆成夹道欢迎的阵势。乐队奏起了军乐，人群一片欢腾。

中国使者从骑着的骆驼上下来，右手高擎节杖，满面笑容，大步向前走去。将军翻身下马，立正高呼："本将军奉命率官兵欢迎大汉国使者！"中国使者抱拳，作揖还礼："有劳将军远迎。我是博望侯张骞的副使，谨代表大汉皇帝向安息国国王陛下致敬！"将军还礼表示感谢。

中国使者指着身后的骆驼队，说道："这是大汉皇帝敬赠安息国国王陛下的一点薄礼。"只见每头骆驼的背上都驮着两个大包袱。打开包袱，各色绫罗绸缎，五彩缤纷。

安息国将军高兴地连连点头，说道："盼望已久的大汉使者终于到了！我谨代表安息国国王陛下，向大汉皇帝的使者赠礼。"他把手一招，四名士兵送上两个大礼盒。打开一看，里面装着许多特别大的鸟蛋，每个足有斤把重。这是当时中国没有的鸵鸟蛋。

中国使者正要道谢，将军又把手一招，走上两个人来，原来是魔术师。打头的一个拔出一把匕首，插入自己嘴里，顿时吞了下去。只见他一拍肚子，匕首又从嘴里吐了出来。第二个则张开大口，喷出一团又一团火苗。魔术师的精彩表演，让在场的人们都看得惊呆了。将

军含笑说道："今天是个值得庆祝的日子，特地让他们前来助兴。"

中国使者拱手致谢，高兴地说："没想到，一条道路将远隔千里的我们联系在了一起，这真是一条伟大的路呀！"

丝绸之路加强了汉朝与西域各国的友好往来。从那以后，一队队骆驼商队在这漫长的商贸大道上行进，他们越过崇山峻岭，将中国的养蚕、缫丝、冶铁、造纸、凿井、灌溉等技术带向中亚、西亚和欧洲，将那里的葡萄、核桃、石榴、蚕豆、黄瓜、芝麻、无花果等食品带到我国，还有狮子、犀牛、良马等动物，也传进了我国。我国的音乐、舞蹈、绘画、雕刻，由于吸收了外来文化的长处，变得更加丰富多彩、美轮美奂。

两千多年后的今天，每当人们凝望"丝绸之路"巨型石雕，无不引起对往日商贸、文化繁荣的遐想……

——选自（人教版《语文》五年级下册）

引导思考

1. 你知道谁是开拓陆上丝绸之路第一人？是谁开拓了海上丝绸之路？

2. 你知道什么是丝绸之路？为什么我国能提出"一带一路"倡议？

启发认识

开拓陆上丝绸之路的是2000多年前汉朝的张骞，开拓海上丝绸之路的是郑和。他七次下西洋，开拓广阔的海上丝绸之路。

丝绸之路是起始于古代的长安，连接亚洲、非洲和欧洲的古代陆上商业贸易路线，最初的作用是运输中国古代出产的丝绸、瓷器等商品，后来成为东方与西方之间在经济、政治、文化等诸多方面进行交流的主要道路。

我们中华民族在人类历史上创造过历史的辉煌，我们的民族精神就是"治国平天下"，主张"天下太平""天下一家""和为贵"，和平、发展、合作融入了民族的血脉。正像习近平主席说的，这是我们

民族文化的基因。我们民族开拓了历史上的丝绸之路，创造了辉煌，后来也经历过苦难。我们深知辉煌的自豪，也深知苦难的屈辱。当我们强大了、发展了，不忘不发达国家的人民，提出了《推动共建丝绸之路经济带和 21 世纪海上丝绸之路的愿景与行动》，让中国梦成为世界发展、人类共同幸福的梦。

我们要继承和发扬中华民族的优良传统，把中国的发展和世界人民的幸福责任担当起来。

实践平台

惜墨如金的掌声

习主席参加 2015 年 12 月 12 日巴黎气候变化大会，为推动《巴黎协定》达成世界共识，中国做出了几项承诺，并且说，一分承诺，九分努力。向来掌声"惜墨如金"的联合国大会，习主席 20 分钟讲话，获得了 15 次掌声。当他走出会议大厅时，有十几位国家领导人在大厅门口等着表示祝贺。

当年的殖民者听着

习近平主席参加 2015 年中非合作论坛峰会，提出将中非关系提到战略伙伴关系，以"永远做可靠的朋友和真诚的伙伴"为题发表演讲。30 分钟讲话获得 30 次掌声。非洲联盟轮值主席、津巴布韦总理穆加贝听到习主席提到要将"一带一路"同非洲经济圈紧密联通时，他激动地说："过去的殖民者给非洲带来灾难，现在中国给非洲带来新生。如果当年的殖民者有耳朵，就请他们听听习主席的讲话！"

G20 峰会的中国智慧

2016 年 6 月在中国杭州举行了 G20 峰会。峰会主题为"构建创新、活力、联动、包容的世界经济"。

习主席分析世界经济的"病根"，指出要彻底走出危机，必须在

创新上下功夫；提高世界经济抗风险能力，必须释放经济增长的潜力；以"联动"式推动世界经济共同发展；包容增长、成果惠及全球，促进公平公正，实现世界经济可持续发展。

杭州峰会，为推动世界经济新的发展，中国提出了四大方案、48个小项建议，得到与会者的共识，并给予高度评价。

引导思考

通过中国为世界发展所做的努力和评价的三个典型事例，你有什么想法？

习爷爷说："一个人要做出一番成就，就要有自己的志向。一个人可以有很多志向，但人生最重要的志向应该同祖国和人民联系在一起，这是人们各种具体志向的底盘，也是人生的脊梁。你们要注意培养追求真理、报效祖国的志向，爱祖国、爱人民、爱劳动、爱科学、爱社会主义，时刻把祖国和人民放在心中，从小听党的话、跟着党走，努力做祖国和人民需要的好孩子，做祖国和人民事业发展的接班人。"

请同学们把习爷爷的话与自己的想法联系起来，说说你有什么体会。

启发认识

我们党、国家和人民以中国的发展引领世界的发展，担当起重大的责任，得到了世界人民的广泛赞誉。我为祖国的强大自豪，为祖国的责任担当而骄傲。

我们一定听习爷爷的话，把人生的志向和目标与祖国和人民联系在一起，听党话、跟党走，努力学习，增长本领，把祖国更强大、世界人民更幸福的责任担当起来，做一个有中国情怀和国际视野的接班人。

教学感悟

这一节内容涉及我们党当前和今后长期的重大的战略任务，内容丰富，理论性强，具有重要的现实指导意义。学生理解起来有一定的

困难，但是必须让学生知道我们党现在和将来的奋斗目标是什么。因为党的奋斗目标为学生的理想信念导航，对学生人生观、价值观的形成有根本的指导意义。为了让学生初步理解，我们以爱国情感的事实为依据，激发学生的责任担当意识，让学生基本明白，不仅要为建设好中国特色社会主义努力学习，锻炼本领，同时也为构建人类命运共同体担当起责任，自觉做一个具有中国情怀和国际视野的接班人。

亲子互动

请同学们跟家长说一说你的理想是什么，你想怎么做。

听习爷爷的话

习爷爷说："各国之间的联系从来没有像今天这样紧密，世界人民对美好生活的向往从来没有像今天这样强烈，人类战胜困难的手段从来没有像今天这样丰富。"这就告诉我们，只要国际社会携起手来，牢固树立人类命运共同体意识，就一定能够让世界更美好、人民更幸福。

习爷爷还说，"一带一路"建设植根于丝绸之路的历史土壤，重点面向亚欧非大陆，同时向所有朋友开放。不论来自亚洲、欧洲，还是非洲、美洲，都是"一带一路"建设国际合作的伙伴。"一带一路"建设将由大家共同商量，"一带一路"建设成果将由大家共同分享。

哲思哲理

马克思恩格斯在《共产党宣言》中指出，无产阶级只有解放全人类，才能解放自己。

党的十八大以来，以习近平同志为核心的党中央站在全局和战略高度，针对全球治理领域出现的新情况新挑战，鲜明提出构建人类命运共同体的崭新命题和时代使命，既确立了当代中国外交的总目标、总布局、总路径，又指明了当今世界全球治理的大趋势、大潮流、大方向，为开辟中国特色大国外交新境界，为推进全球治理体系新变革，提供了理论指南，制定了行动纲领，贡献了中国方案。

人类命运共同体，就是要在维护以联合国宪章宗旨和原则为核心的国际关系基本准则和国际法基本原则的基础上，坚持以和平发展为主题、以合作共赢为核心、以共同价值为支撑、以共同利益为纽带、以共同安全为基石、以交流互鉴为桥梁，推动全球治理能力和治理体系的改进创新，努力建设共生共荣、公正合理、互惠互利、幸福安宁、绿色环保的人类新家园。这是中国向世界发出的真诚呼吁，更是中国共产党人为全世界全人类高高举起的一面旗帜。

习近平总书记指出："当今世界，相互联系、相互依存是大潮流。随着商品、资金、信息、人才的高度流动，无论近邻还是远交，无论大国还是小国，无论发达国家还是发展中国家，正日益形成利益交融、安危与共的利益共同体和命运共同体。"构建人类命运共同体适应时代发展的必然要求，符合历史演变的内在逻辑，是人类创造新型文明的重要阶梯。

从共建"一带一路"的倡议由愿景变为行动，中国不仅坚持走和平发展道路，而且敞开胸怀欢迎各国搭乘中国"快车"，共享中国发展机遇、分享中国发展成果，以实际行动为打造人类命运共同体注入中国智慧和中国力量，取得了显著成效。

通过人类命运共同体，中国持续向国际社会传递对人类文明未来走向的价值理念和行动原则。倡导构建人类命运共同体这一超越民族国家和意识形态的全球观，我们不断开创中国特色大国外交新局面，努力为构建全球治理新格局新秩序新体系做出更大贡献。

后 记

  在教育界热议"核心素养",在大众创业万众创新的热潮中,一个新兴的群体——创客悄然出现。创客教育的萌生与发展,凝聚着师生集体智慧,经过六年多实践探索,《儿童哲学》终于问世了。这六年多的实践证明,儿童不仅能学哲学,而且能学得好。哲学反思是"理解过去的钥匙",我们必须深入思考:儿童学哲学到底让学生实际获得什么?

  "儿童哲学"兴起于20世纪70年代的美国,至今普及到世界上许多国家。

  我国自古以来就重视对儿童进行哲学教育。从《三字经》的"人之初,性本善;性相近,习相远"到《幼学琼林》的"混沌初开,乾坤始奠",在识字的教育中,蕴含着世界观和人生观的初步启蒙,进行着思维方式的训练,非常值得我们继承与发扬。

  马克思主义哲学深刻揭示了自然界、人类社会、人类思维发展的普遍规律,是科学的世界观和方法论。

  我们的《儿童哲学》是以马克思主义哲学为指导,借鉴西方儿童哲学以故事为载体,目的是对儿童进行思维训练,发展儿童的思维能力。我们把儿童哲学的核心目标定位在:适应儿童思维发展,引导儿童初步学习用辩证思维方法培养思维能力,认识自己和世界,成为有社会责任感、有创新精神和实践能力的时代新人。

  美国哥伦比亚哲学教授、"儿童哲学"的创立者马修·李普曼,把"儿童哲学"定义为:"一种运用到教学中,目的在于培养具有高水平的、熟练的推理和判断能力的学生的哲学。"西方儿童哲学的主要

目标是以训练儿童的形式逻辑思维方法为主要目的。

我们认为，"儿童哲学"的性质应从哲学"爱智慧"的本原出发。哲学对智慧的热爱，对真理的追求，源自人类对周遭世界的困惑和好奇。在儿童的天性中，天生的好奇心，最本真、最纯正地追求那一个个"为什么"，这原本就是对未知的一种探索欲望，对美好的追求与向往。"儿童哲学"恰恰是充分利用孩子身上强烈的好奇心和求知欲，为儿童的探索精神推开通往智慧大门，走进他们的理想国。

儿童哲学的价值首先在于满足儿童思维发展的需要，学会用科学的思维方法获得知识，认识世界。人是"万物之灵"，就是因为人能思维，思维是人的"特质"。没有思维支配的行为是不存在的。爱因斯坦曾在名篇《培育独立思考的教育》中说："用专业知识教育人是不够的，通过专业教育，他可以成为一个有用的机器，但不能成为一个和谐发展的人。……他——连同他的专业知识……就像一只受过很好训练的狗，而不像一个和谐发展的人。"他还告诫我们，知识没有自由，而思维是自由的，过分依赖知识会限制和阻碍思维的发展，没有思维的自由，也就没有了智慧。他还说："学习知识要善于思考、思考、再思考，我就是靠这个方法成为科学家的。"钱学森说，只有具备形象思维和逻辑思维的人，才能成为人才。这引起我们的深思，"育人为本"的"本"到底是什么？

习近平总书记高度重视在学习中提升思维品质，强调："学而不思则罔，思而不学则殆。"并指出，学习的过程实际上是一个不断思考认知的过程。要求我们在学习中要联系实际，开动脑筋，对现实的疑惑进行深入思考，力求把零散的东西变为系统的，把孤立的东西变成相互联系的，把粗浅的东西变为精深的，把感性的东西变为理性。只有这样，才能提高思维的准确性、逻辑性、深刻性、敏捷性、创造性。

让我们看一看，一个偌大的"物质"概念是怎么让学生知道的。

学习"我们生活在多姿多彩的世界"这个内容时，老师提问："你们能把香蕉、苹果、鸭梨这类东西用一个词语表达出来吗？"

同学们说："水果。"

　　老师问："你能不能把地球上所有的东西，宇宙里所有的天体也用一个词语表达出来呢？"学生先是想，接着是争论，没有满意答案，以期待的目光看着老师。当老师说出"物质"时，学生的兴奋、新奇弥漫了课堂。

　　当老师用解释的方法问：物质都是能看得见、摸得着的东西吗？正在学生思考时，老师读到一年级学过的语文课文《地球爷爷的手》，学生毫无争议地说：地球爷爷的手是"地球引力"。

　　老师问：你是怎么知道的？

　　有的学生跳起来又落地说：地球吸引我！有的学生说：没有引力我们都飞起来了！有的宇航员离开地球在空中飘着！……

　　老师问：我们感觉到的地球引力算不算物质？

　　同学们展开激烈争论，最后多数同学说地球引力是存在的东西，应该算物质。

　　老师归纳说：物质就是本来存在的东西，不管我们人类能不能看到或摸到。

　　接着老师讲了宇宙中的"黑洞"，学生表现出极大的新奇、兴趣。有个学生提出：黑洞能不能把地球吃掉？又激起了一场激烈的争论。

　　老师说：这是一个大的物质秘密，也可以看作是一个大科学猜想，留给你们有了知识去解密吧！

　　这个学习内容，从学生已有的知识、经验出发，运用类比推理的思维过程，引导学生从生活中的现象运用抽象思维方法，概括出学生能初步体验到的"物质"的本质属性。在学习中不仅激起学生思维的自由飞翔，也引发了他们发现问题、解决问题的灵性，用新的眼光看世界，用探索的精神充实了自己的生命情感。

　　又如，在学习"矛盾双方在一定条件下可以相互转化"的哲学观点时，我们用学生可以接受的表达方法，叫"换个角度思考"。教学中运用分析优缺点相互转化的条件时，学生思维的敏捷、思考问题的宽度，连老师都想不到。

　　有个学生说，我的最大优点是跑得快！老师想，在什么条件下就

变成缺点了呢？老师还没反应过来，学生说：在楼道里就不能快跑！

有个学生说，我的最大的优点是助人为乐！又是老师还没转过神来，学生说：助错了人，我就不乐了！还举了一个生动的例子。

还有学习内外因的辩证关系、因果联系等等，都出现老师始料不及地面对学生思维的挑战。

学生的思维能力一旦被激发出来，他们之间的相互影响、启发，就会产生出更大的活力。所谓学生的潜能，实质上就是思维的能力。一旦放开自由思考的大门，学生的智慧就会迸发出来。

思维给孩子带来无限的快乐，体验获得新知的乐趣，感受成功的满足。学生喜欢自己思考，自己发现问题，自己解决问题。喜欢对问题的争论和别人对自己看法的挑战。

如在学习"自己试，自己做"这一课时，通过"小马过河"的故事，鼓励学生自己的事自己做，勇于实践，但又不能蛮干。实践一定要具备条件，条件不够，要创造条件。

当老师提出：小松鼠也要到河那边去玩，但它不具备过河条件，咱们给小松鼠想想办法，创造条件吧！有的说，让同伴小马和老牛帮助小松鼠过河；给小松鼠造个船；在河上建一座桥……有个学生大声地说：给小松鼠克隆两个翅膀，飞过去！一下子引起学生的热议，把学生引导到科学幻想的联想和想象，创造思维在这里绽放了。

在教学中，我们常常对提高学生的表达能力不理想而困惑。在哲学的学习中，学生表达观点的明确、语言的流畅，妙趣横生，这是因为思维与语言存在着内在的辩证关系。语言是思维的工具，是思维的"物质外壳"。人们运用语言进行思维，用语言表达思维的过程和结果。思维的内容即外部世界的情境信息进入头脑之后，头脑通过"由此及彼、由表及里、去粗取精、去伪存真"的思维操作过程，也就是运用概念进行判断和推理过程，把结果用语言表达出来。当我们割裂了思维和语言的关系，跳过了思维过程，表达就成了无源之水，无本之木。大量的写作事实证明，"准确的语言来自明晰的思维，精确的语言来自深邃的思维，生动的语言来自活跃的思维"。一方面，思维不能

脱离语言而存在；另一方面，语言又从属于思维。脱离思维的语言和脱离语言的思维都是不可思议的。所以，我们在教学中，一定要把思维方法寓于其中，才能收到预期的效果。

儿童哲学让我们深深领悟到，这对培养儿童的智力美德，形成人生美好理想的价值不可低估。正像英国儿童哲学家罗伯特·费舍尔所说，"儿童哲学"是发展儿童的"智力美德"，这是十分有道理的，也是"儿童哲学"的重要价值所在。

对于"智力"的理解有多种，但都提出思维能力是智力内在的重要因素。"智力美德"通识是一系列品质的组合，包括好奇心、追求真理、探索的勇气和决心，在思考中善于进行分析、判断和自主推出的结论；对不同观点有开放的态度，敢于否定自己的观点，善于集体思维等等，表现出良好的思维能力和思维品质。在学习中，儿童从"习真习善习美"中"知真知善知美"，这正是"爱智慧"的深刻寓意。

我们知道，古今中外不同时代有许多科学家正是把童年、少年时代的"好奇"成为理想，投入一生的追求；那些伟大的社会活动家正是对社会问题的"质疑"，产生了对理想社会的追求，对哲学社会科学进行真理性探索，为人类做出了不可磨灭的贡献！

"儿童哲学"把学生从狭窄的课堂空间引导到对整个世界的关注。在教材中我们编入了富含哲理的 200 多个典型故事和现代科学成果，从学生的心理发育和认知能力出发，引导学生初步认识自然、社会和自身的发展规律，开阔了学生视野，学生成了自主思考的主体，得到自主探索的满足，从中生发出发现问题和解决问题的责任感和担当意识，成为探索未知和创造未来的动力。

我们的教学是从情趣导入，激发奇点，提出问题，进行讨论。争论、诘问，引发思考，课堂成了自由发表见解的理想阵地。学生为了说明自己的看法，也学会倾听和尊重。在争论中，彼此挑战智慧。为了找到一个合理的答案，没人怕说错，并且学会寻找自己观点的支持者、合作者，有时以小组的名义发表见解，开展集体博弈，发挥集体

智慧，产生合作的友情。

我们在三年级开展一场辩论会，主题是"人生的价值是奉献还是索取"。组成正方和反方。老师和家长共同帮助准备。在辩论中，学生激情辩答，一个也不示弱。观点的陈述、反驳的力量、精神的表达，令老师和家长震惊。有个家长激动地说："孩子长大了！"

教材最后一章的第四节"荡起理想的双桨"，引导学生以伟人和科学家的理想追求为榜样，结合学校"培养具有中国情怀和国际视野的芳草学子"的办学理念，以培育"一带一路"共同愿景和"人类命运共同体"的责任担当意识为目标，激发学生结合自己的兴趣、爱好，畅谈自己的理想，对未来充满了激情和自信，"儿童哲学"成了学生们成长的理想国。

现在，让我们思考育人为本的"本"到底是什么。历史唯物主义有一个伟大的观点——"人是目的"，明确阐明人区别于动物的本质特征是人会思考，是认识世界和改造世界的能动主体。在当今，知识以几何级数增长，学富五车已经不可能，只有触类旁通才有出路，能够做到触类旁通，只有依靠人的思维能力。辩证思维是一切思维的基础。创新人才必须要有创造性思维，创造性思维是以辩证思维为核心的各种思维形式的综合运用。创造性思维能充分发挥认识的能动作用，能突破固定思维的束缚，以灵活新颖的方式和多维视角探索事物内在本质联系的思维活动。创造性思维是创新人才的核心能力。

人的责任感不是说教出来的，是在社会实践活动中，在处理人与自然、人与社会、人与自己的相互关系中生发出来的。人要生存要发展必须实践，必须创造，人类的创造过程就是一个创造历史、创造人类美好生活的过程，是人的社会责任感的发源地。

儿童作为未来人才，今天面对一个人工智能时代。当 AlphaGo 击败围棋高手，预示一个更高水平的人工智能时代的到来。人工智能毕竟是对人脑思维力的模拟，发展人的思维能力，解放人的思想，彻底颠覆以知识灌输为核心的教育目标，培养学生思维能力，提升思维品质，给他们认识世界和未来改造世界提供科学的思维方法，已经是不

可回避的现实。明乎此，育人为本的"本"就十分清楚了。

儿童哲学从这里起步，为孩子扬起理想的风帆是我们的目标。

芳草地国际学校"儿童哲学"研究团队能克服很多困难，坚持六年多的实践研究，以马克思主义哲学是我们时代的真理和良心为理想信念的精神支撑，贯彻马克思主义实践观的研究方法。为了让哲学滋养学生的成长，团队成员几年来认真研读马克思主义哲学，力求掌握"看家本领"。为与学生发展实际相结合，广泛地搜集和挖掘学生喜闻乐见的、富含哲理的故事。借鉴马修·李普曼的"儿童哲学"、英国罗伯特·费舍尔的《教儿童学会思考》及台湾詹栋梁教授《儿童哲学》等研究成果，在教学实践中，用典型性研究对一个问题进行反复思考，一课一课地反复打磨，请多位专家听课指导，直到学生有获得感再梳理成体系。这个过程是辛苦的，也是快乐的，让我们感到创造的幸福。

我们的"儿童哲学"以马克思主义哲学为指导，以辩证唯物主义和历史唯物主义的最新研究成果为体系脉络，以马克思主义哲学"实践观的思维方式"为研究范式，直指学生求真、向善和求美的价值追求，最终落实到学生发展需要的满足，贡献我们的智慧。

研究刚起步，虽然有了初步的成果，但我们会不忘初心，继续前进，以习近平新时代中国特色社会主义思想为指导，为"儿童哲学"的深入研究不懈努力，为培养"时代新人"贡献智慧。

芳草地国际学校儿童哲学研究团队

2018 年 7 月